죽음정치

POLITIQUES DE L'INIMITIE
by Achille Mbembe

ⓒ Editions La Decouverte, Paris, 2016, 2018
Korean translation copyright ⓒ 2025 by Dongnyok Publishers

이 책의 한국어판 저작권은 대니홍에이전시를 통한 저작권사와의 독점 계약으로 도서출판 동녘에 있습니다.
저작권법에 의해 한국 내에서 보호를 받는 저작물이므로 무단전재와 복제를 금합니다.

죽음정치
증오의 정치에 관하여

초판 1쇄 펴낸날　2025년 8월 31일
초판 3쇄 펴낸날　2025년 11월 25일

지은이 아쉴 음벰베　　　　　편집 김현정 김혜윤 이심지 이정신 이지원 홍주은
옮긴이 김은주 강서진　　　　디자인 김태호
해제 김은주　　　　　　　　마케팅 임세현
펴낸이 이건복　　　　　　　관리 서숙희 이주원
펴낸곳 도서출판 동녘

만든 사람들
편집 이정신　디자인 김태호

인쇄·제본 영신사　　라미네이팅 북웨어　　종이 한서지업사

등록 제311-1980-01호 1980년 3월 25일
주소 (10881) 경기도 파주시 회동길 77-26
전화 영업 031-955-3000　편집 031-955-3005　팩스 031-955-3009
홈페이지 www.dongnyok.com　전자우편 editor@dongnyok.com
페이스북·인스타그램 @dongnyokpub

ISBN 978-89-7297-181-8 (03100)

・잘못 만들어진 책은 구입처에서 바꿔 드립니다.
・책값은 뒤표지에 쓰여 있습니다.

죽음정치

아쉴 음벰베 지음
김은주·강서진 옮김
김은주 해제

증오의 정치에
관하여

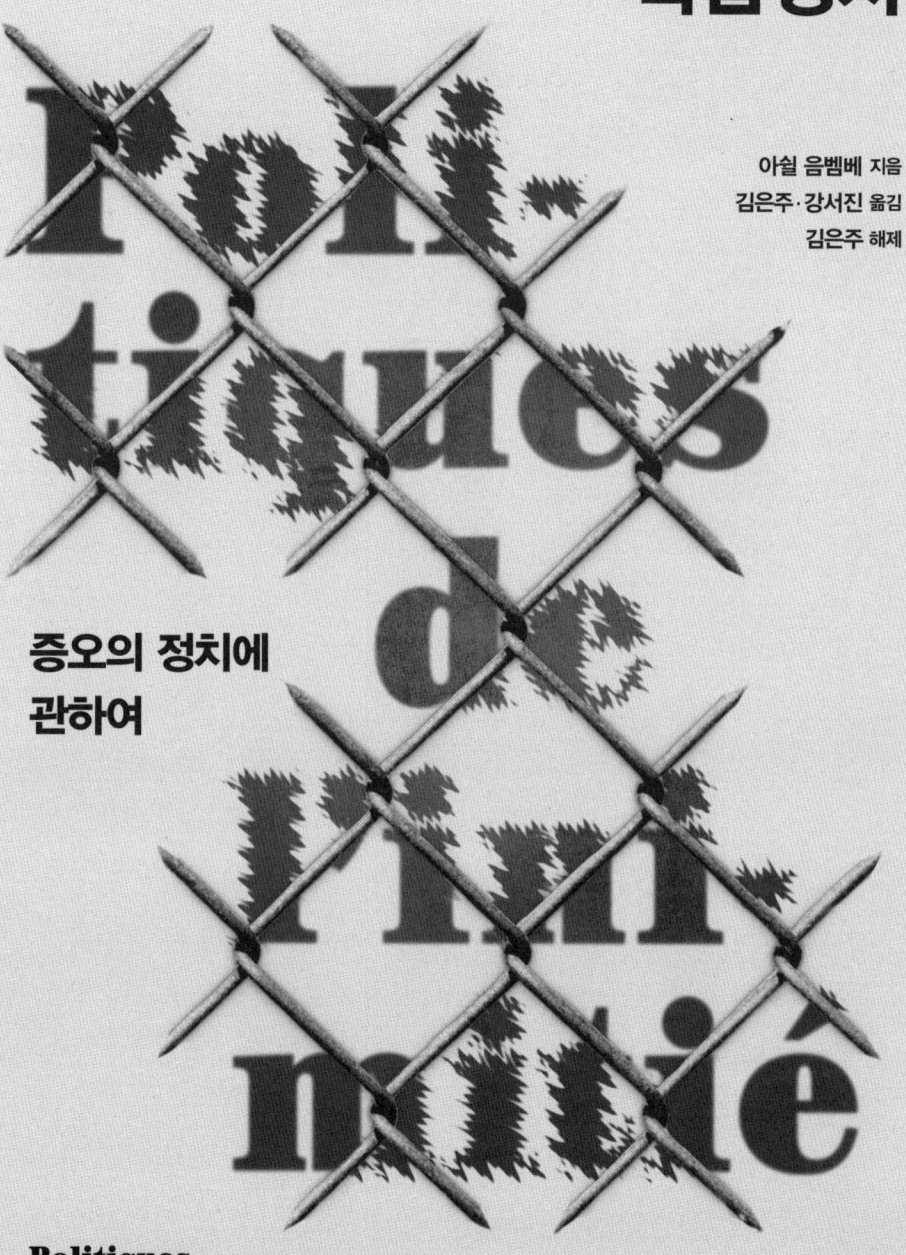

Politiques
de l'inimitié

동녘

일러두기

1. 이 책은 아쉴 음벰베(Achille Mbembe)의 *Politiques de l'inimitie*(La Decouverte, Paris, 2016)를 우리말로 옮긴 것이다. 다만 지은이의 요청으로 원서에는 없는 "Necropolitics"(*Public Culture*, vol. 15, no. 1, pp. 11-40, 2003)를 이 책의 3장에 배치했고, 원서의 3장과 4장을 한국어판에서는 4장과 5장으로 배치했다.
2. 독자의 이해를 돕기 위해 옮긴이가 본문에 보탠 내용은 대괄호([ ])로 표시했다.
3. 본문의 각주는 원서의 주(註)이며, 옮긴이의 주는 '옮긴이주'로 표시해 각주로 두었다.
4. 원서의 이탤릭은 **고딕체**로 옮겼다.
5. 출판물은 2022년 대한민국 교육부와 한국연구재단의 지원을 받아 수행된 연구임(NRF- 2022 S1A5C2A02093521).

차례

서론　세계의 시련 ———————————— 6
감사의 말 ———————————————— 19

1장　**민주주의로부터의 이탈** ——————— 21
2장　**증오의 사회** ——————————— 81
3장　**죽음정치** ———————————— 125
4장　**파농의 약국** —————————— 179
5장　**숨 막히는 한낮** ————————— 251

결론　통행자의 윤리 —————————— 295
해제　죽음정치: 민주주의와 증오의 정치에 관하여 —— 305

서론
세계의 시련

 책을 손에 쥐고 있다고 해서 그것을 제대로 사용할 줄 아는 것은 아닙니다. 처음에는 신비로움이 거의 없는 책을 쓰고자 했다. 그러나 결국 우리 앞에 놓인 것은 거칠게 스케치된 음영, 나란히 배열된 장章, 다소 불연속적인 선, 날카로운 터치들, 날렵하고 재빠른 몸짓, 그리고 가벼운 물러섬 뒤에 갑작스런 반전으로 이루어진 짧은 글이다.
 주제가 거칠었기에 바이올린 선율 같은 부드러운 음조는 어울리지 않는다. 그보다 그 요소에 죽음의 뼈와 두개골, 해골이 있다는 걸 암시하는 것만으로 충분하다. 이 죽음의 뼈와 두개골, 그리고 해골에는 이름이 있다. 지구의 재인구화, 민주주의의 퇴장, 증오의 사회, 욕망 없는 관계, 피의 목소리, 우리 시대의 약이며 독으로서 테러와 반反테러가 그것이다(1, 2장). 이처럼 해골들 각각에 접근하는 가장 최선의 방법은 견고한 형식, 긴장과 에너지로 충만한 형식을 만들어내는 것이었다. 어쨌든 이 글은 독자가 어떤 통제나 허가 없이 자유롭게 미끄러지듯 읽어나갈 수 있는 표면 위에 있다. 독자는 원하는 만큼 머무를 수 있고, 제 마음 내키는 대로 이동하며, 언제라도 어떤 문을 통해서든 드나들 수 있다. 그 각각의 말과 각각의 확언에 대해 비판적 거리를 균등하게 가지고, 필요하다면 회의주의의 편린을 유지하고서 어떤 방향으로든 출발할 수도 있을 것이다.

글쓰기의 모든 몸짓은 사실상 어떤 힘을 불러일으키거나, 경우에 따라 불일치différend—여기서는 이를 원소적 힘élément이라 부른다—의 호명을 위한 것이기도 하다. 이번 경우 우리가 다루는 것은 날것의 원소적 힘이며, 응축된 힘이다. 이 힘은 연대나 유대를 강화하는 힘이 아니라, 오히려 분리의 힘이다. 그 힘은 단절과 진정한 고립의 힘이자, 오직 자기 자신만을 향해 작동하며, 세계의 나머지부터 스스로를 예외시키려는 동시에 그곳의 최종적 지배를 보장하려는 힘이었다. 이어지는 고찰은 사실상 오늘날 행성적 차원에서 재구성되고 있는 증오의 관계와 그것의 다양한 재편성에 관한 내용이다. 이 논의의 중심에는 플라톤의 파르마콘pharmakon, 즉 치료제이자 독인 약이라는 개념이 자리한다. 프란츠 파농Frantz Fanon의 정치적·정신분석학적 작업을 기반으로 하여, 탈식민 갈등의 여파 속에서 전쟁이 (정복, 점령, 테러, 반테러 진압의 형상으로) 어떻게 20세기 말에 이르러 우리 시대의 성례가 되었는지를 보여준다.

이러한 전환은 다시금 정념의 흐름들을 해방시켰고, 이 흐름들은 차츰 자유민주주의 국가들로 하여금 예외상태[1]의 외피를 걸치고, 먼

---

[1] 옮긴이주. 예외상태(état d'exception)는 카를 슈미트(Carl Schmitt)에 의해 처음 체계화된 개념으로, 국가가 헌법적 질서를 일시적으로 중단하면서도 여전히 법적 권위의 위치를 점유하는 상태를 말한다. 조르조 아감벤(Giorgio Agamben)은 이를 계승·변형하여, 예외상태를 법과 비법, 내재와 초월, 정치와 생명이 중첩되는 '역설적 공간'으로 해석한다. 그는 이 상태에서 인간의 생명이 법의 보호 밖에 놓이면서도 권력의 대상이 되는 '벌거벗은 생명(bare life)'의 조건이 형성된다고 설명한다. 조르조 아감벤, 《호모 사케르》, 박진우 옮김, 새물결, 2005 참고.

서론

타국에서 무제약적 행위를 실행하며, 자신과 적을 향해 독재를 행사하도록 몰아가고 있다. 이 글은 이러한 전도의 결과와 폭력과 법, 규범과 예외, 전쟁상태와 안전상태, 자유상태 사이의 관계가 오늘날 어떤 새로운 개념틀 속에서 제기되고 있는지를 비롯한 여러 문제를 고찰한다. 지구의 축소와 재인구화, 그리고 새로운 인구 이동의 순환이 전개되는 오늘의 조건에서 이 책이 하려는 건 단지 원초적 민족주의를 비판하는 새로운 길을 여는 것뿐 아니라, 더 나아가 인간중심주의 너머 살아있는 존재의 정치와 공동적인 것의 계보의 가능성을 구성할 수 있는 기반이 무엇인지 간접적으로 질문하는 것이다.

이 글은 세계와 맺는 어떤 유형의 배열arrangement 혹은 사용 방식을 다룬다. 그 방식은 21세기 초에 들어 나타난 자신이 아닌 모든 것을 아무것도 아닌 무가치한 것으로 여기는 태도에 있다. 이러한 태도는 하나의 계보를 가지며, 이름 또한 있다. 분리와 단절déliaison을 향한 질주가 그것이다. 이 과정은 전멸에 대한 불안이라는 배경 위에서 펼쳐진다. 오늘날 실제로 많은 사람이 공포에 사로잡혀 있다. 침략당하고 사라질 위기에 처할 것이라는 두려움이다. 많은 사람이 자신들의 정체성을 유지할 자원이 고갈되었다는 인식 아래 살아간다. 그들은 더 이상 외부란 존재하지 않으며, 위협과 위험에서 자신을 보호하기 위해서는 울타리를 더 많이 만들어야 한다고 생각한다. 그들은 더는 아무것도 기억하고 싶어하지 않으며, 특히 자신의 죄와 악행에서 더욱 그렇다. 결국 그들 스스로 만들어낸 나쁜 대상mauvais objets들이 그들을 괴롭히기 시작하고, 이제는 그 대상을 폭력적으로 제거하려 한다.

그들은 자신들이 끝없이 만들어낸 '악령'에 사로잡혀 있으며, 이제는 극적인 반전 속에서 그 존재들에게 포위당하고 있다. 그로 인해 이제 그들은 과거 식민주의와 제국주의라는 훨씬 더 파괴적인 힘의 올가미에 휘말린 수많은 비서구 사회가 맞닥뜨려야 했던 질문과 비슷한 물음을 스스로에게 던지고 있다.[2] 이 모든 상황에서 대타자l'Autre를 여전히 나와 같은 존재로 여길 수 있을까? 지금 여기의 우리가 그렇듯, 극단의 상황에 이르렀을 때 나와 타자의 인간성은 정확히 무엇에 달려 있을까? 대타자에 대한 부담이 너무나 무거워진 지금, 내 삶이 더 이상 그의 존재에 묶여 있지 않아도 되는 것이 아닌가? 마치 그의 삶도 내 삶에 묶여 있지 않은 것처럼? 왜 나는 모든 역경에도 불구하고 여전히 타자를 돌보고, 그의 삶에 가장 가까이에서 기어코 그를 보살펴야만 하는가? 만약 그가 바라는 것이 오직 나의 파멸이라면? 결국 인간성이란 세계 내에 있고 세계로부터 비롯될 때만 존재한다면 우리는 어떻게 공통된 취약성과 유한성에 대한 상호적 인정을 기반으로 타자와의 관계를 구축할 것인가?

이는 분명 포용의 원을 더 넓히는 것이 아니다. 오히려 국경은 적과 침입자, 낯선 자들, 즉 우리가 아닌 모든 사람을 멀리 밀어내기 위한 원초적인 것으로 변모하고 있다. 그 어느 때보다 이동 능력이 불평등하게 재분배된 세계, 그와 동시에 많은 이들에게 움직이고 떠도는 것만이 생존의 유일한 방법인 세계에서, 국경의 잔혹성은 이제 우리 시대의 근본적 현실로 자리잡았다. 국경은 이제 건너가는 장소가 아니라 분리하는 선이다. 이 축소되고 군사화된 공간에서 모든 것은 움직임을

---

2   Chinua Achebe, *Le Monde s'effondre*, Présence africaine, Paris, 1973.

멈춰야 한다. 그 안에서 수많은 사람이 목숨을 잃는다. 그들은 조난하거나 감전되어 죽고 그렇지 않다면 강제추방을 당한다.

평등의 원칙은 흔들리고 있다. 그 이유는 하나의 공통된 기원이라는 법칙과 혈통 공동체의 논리뿐 아니라, 시민권이 '순혈' 시민권(선주민autochtones의 시민권)과 차용된 시민권(이미 불안정한 상태이며 언제든 박탈될 수 있는 시민권)으로 나뉘기 때문이다. 이 시대의 위태롭고 위험한 조건들 앞에서, 더 이상 표면적으로는 삶과 자유의 실현을 진리 인식과 타자에 대한 배려와 어떻게 조화시킬 것인지는 문제가 아니다. 이제 문제는 일종의 원초적 분출 속에서, 절반의 잔혹함과 절반의 도덕적 수단을 사용하여 어떻게 권력 의지를 현실화할 것인가이다.

그 결과 전쟁은 민주주의의 목표이자 필연일 뿐 아니라, 정치와 문화에서도 그렇게 자리 잡았다. 전쟁은 약이자 독인 파르마콘이 되었다. 그리고 전쟁이 우리 시대의 파르마콘으로 변모하면서 다시금 비극적인 열정을 풀어놓고, 이는 점차 식민주의하에서 그랬던 것처럼 우리 사회를 민주주의에서 이탈하도록, 증오의 사회로 변하도록 몰아간다. 이러한 식민 관계의 전 지구적 재구성과 그 동시대적 재편은 북반구 사회들조차 예외로 남겨두지 않는다. 테러와의 전쟁과 전지구적 차원의 '예외상태'의 도입은 이 과정을 더욱 증폭시키고 있을 뿐이다.

하지만 오늘날 이 시대의 파르마콘으로서의 전쟁을 제대로 논하기 위해, 프란츠 파농을 불러내지 않고 과연 진정 그것을 논할 수 있을까? 이 글은 바로 그의 그림자 아래에서 쓰인 글이다. 그가 주로 말한 것은 식민지 전쟁이다. 그리고 그 전쟁은 비록 지구의 노모스

nomos³의 궁극적 원형은 아니더라도, 결국 적어도 노모스를 제도화하는 특권적 수단 중 하나이다. 정복과 점령의 전쟁이자, 여러 면에서 절멸의 전쟁이었던 식민지 전쟁은 포위전이자 외부와의 전쟁이며 인종 간의 전쟁이었다. 그러나 이 전쟁은 내전의 성격도 있으며, 방어 전쟁 혹은 해방 전쟁이 초래한 '반反폭동' 전쟁의 형태로 되돌아오기도 했다는 사실을 어떻게 잊겠는가? 실제로 이 전쟁들은 서로를 원인으로 삼고 결과로 낳는, 얽히고설킨 연쇄의 전쟁들이었다. 이것이 그 전쟁들이 크나큰 공포와 잔혹을 불러일으켰던 이유다. 이는 전쟁을 겪었거나 참여하는 이들에게 전쟁이 때로는 환상적인 전능감, 때로는 존재한다는 감각의 완전한 소멸과 깊은 공포를 불러일으키는 이유이기도 하다.

테러와의 전쟁 및 다양한 형태의 점령을 포함한 대부분의 동시대 전쟁처럼, 식민지 전쟁 역시 착취와 약탈의 전쟁이었다. 패배한 쪽이나 승리한 쪽이든 모든 진영에서 이 전쟁들은 형상화할 수 없고, 거의 이름조차 붙일 수 없고, 말하기조차 어려운 어떤 것의 파괴에 이른다. 어떻게 우리는 쓰러뜨리려는 적의 얼굴이자 동시에 상처를 치료해줄 수도 있을 그 얼굴을 통해서, 우리와 같은 인간으로서의 또 다른 얼굴, 즉 완전한 인간성을 지닌 존재로 그를 알아볼 수 있을까(4장)? 이 전쟁은 정념적 힘을 해방시켰고, 그로 인해 인간들은 그 자

---

3   옮긴이주. 노모스(nomos)는 고대 그리스어로 법, 규범, 관습을 의미하며, 인간 공동체의 질서를 구성하는 기본 원리를 가리킨다. 이는 자연적 질서(physis)와 대비되는 인위적인 사회규범으로 이해되며, 법률뿐 아니라 도덕, 정치 체계, 풍속 등 다양한 차원의 규칙과 질서를 포함하는 개념이다.

신을 서로 분열시키는 능력을 더욱 증폭시켰다. 전쟁은 어떤 이들에게 그간 억눌러왔던 욕망을 과거보다 더 노골적으로 고백하게 하도록, 그들의 가장 어두운 신화와 더 직접적으로 접속하도록 했다. 또 어떤 이들에게 전쟁은 심연의 잠에서 깨어나, 주변 세계의 존재의 힘을 처음이자 마지막으로 느낄 가능성을 열어주었고 그 과정에서 그들 자신의 취약성과 불완전성을 견뎌내도록 하는 계기를 제공했다. 또 어떤 이들은 낯선 타인의 고통에 갑작스레 노출되어, 그 고통에 마음이 움직이고 영향받는 경험을 하게 되었다. 그리고 마침내 그들은 그간 스스로를 가둔 무관심의 고리에서 빠져나와, 셀 수 없이 많은 고통받는 몸들의 부름에 응답하게 되었다.

식민 권력과 그 전쟁을 마주하며, 파농은 살아있는 자만이 주체라는 것을 이해했다(4장). 살아있는 자로서, 주체는 즉시 세상을 향해 열린다. 살아있는 자와 살아있지 않은 자의 삶을 이해하면서 그는 자신의 삶을 이해했다. [그제야] 그는 그 자신이 살아있는 모습으로 존재했다. 그리고 그때부터 비로소 관계의 비대칭을 바로잡고 거기에 상호성의 차원을 도입하며 인류에 관심을 기울일 수 있었던 것이다. 한편, 파농은 돌보는 몸짓을 호혜성과 상호성의 가능성(타자와의 진정한 만남)이 항상 작동하는 재상징화의 실천으로 여겼다. 그는 거세당하길 거부하는 식민지 피지배자에게 유럽에 등을 돌리라고, 이를테면 자신의 힘으로 시작하라고, 그를 굴복한 채로 꼼짝 못 하게 하는 범주 밖에서 일어서라고 충고한다. 문제는 단지 하나의 인종으로 지정되었다는 것이 아니라, 그 지정의 항목들을 내면화했다는 것이었다. 결국 그 거세를 원하며 스스로 그에 대한 공모자가 되기에 이르렀다는 것이다. 대타자가 식민지에 대해 만들어낸 허구를 식민지인 스스로가 자신의 피부처럼, 실상처럼 거주하도록 모든 것이 부추기기 때문이다.

그러므로 이 인종의 짐에서 벗어나고자 하는 억압받는 이에게 파농은 긴 치유의 여정을 제안한다. 이러한 치료는 언어와 지각에서 시작되었고, 세계 속에서 인간이 된다는 것은 바로 타자에게 노출됨을 받아들이는 일이라는 근본적 현실을 아는 데서 출발했다. 그 치유는 자기 자신에 대한 거대한 작업을 통해, 신체의 새로운 체험을 통해, 움직임의 새로운 체험을 통해, 함께 존재함être-ensemble의 새로운 체험(나아가 교감), 즉 인간의 생명성과 취약성의 공동적 기반을 통해, 그리고 경우에 따라서는 폭력의 실천을 통해 이어졌다. 이 폭력은 식민지 체제에 대항하는 것이었다. 식민지 체제의 특징 중 하나는 온갖 형태로 고통의 장치를 생산하면서도, 그 고통이 어떤 책임도, 배려도, 공감도, 연민도, 그 무엇도 불러일으키지 않도록 하는 데 있었다. 오히려 토착민indigène이 겪는 고통에 고통스러워하지 않도록, 그 누구도 고통에 영향을 받지 않도록 감각을 무디게 만드는 것, 그것이 이 체제의 목표였다. 더 나아가 식민지의 폭력은 종속된 사람의 욕망의 힘을 포획하여, 그 힘을 비생산적 투자들로 전환시키는 역할을 했다. 토착민의 이익을 대리한다는 명목 아래, 식민 권력은 사실상 삶에 대한 그들의 욕망을 차단하려는 것에 그치지 않고, 그들이 스스로를 도덕적 주체로 여길 수 있는 능력 자체를 훼손하고 약화시키려고 했다.

파농의 정치적이고 임상적 실천은 바로 이러한 질서에 단호히 맞섰다. 파농은 누구보다도 근대가 남긴 거대한 모순 중 하나를 정확히

지적했으며, 그의 시대는 바로 그 모순을 해결하지 못해 끊임없이 몸부림치고 있었다. 근대의 끝에 시작된 세계의 거대한 재인구화는 인류 역사에서 이제껏 알려진 바 없는 규모와 기술을 동원한 대대적인 '토지 수탈(식민화)'이라는 결과를 가져왔다. 이 새로운 토지들을 향한 돌진은 민주주의의 행성화로 이어지기는커녕 오히려 새로운 지구의 법(노모스)을 등장시켰는데, 그 중심에는 전쟁과 인종을 마치 역사의 두 가지 특권적 성례聖禮, sacrements처럼 봉헌하는 것이 있었다. 식민주의의 용광로에서 전쟁과 인종의 성례화는 근대성의 해독제인 동시에 독인, 즉 근대성의 이중의 파르마콘이 되었다.

이러한 조건에서 파농은 [정치적 존재 조건을 구성하는] 제정적인 정치적 사건으로서의 탈식민화는 폭력 없이는 거의 불가능하다고 여겼다. 어떤 경우이든 폭력이란 원초적이며 능동적 힘, 탈식민화의 출현에 앞서 이미 존재한다. 탈식민화는 살아있는 신체가 움직이도록 하는 것이며, 그 몸은 자기보다 앞서 존재하고, 외부에 있으며, 자신이 자신의 개념에 도달하는 것을 막는 방해물들과 완전히 정면으로 충돌하는데, 마침내 자기 자신을 철저히 해명할 수 있는 힘을 지닌다. 하지만 아무리 창조적인 힘으로 의도될지라도 순수하고 무제한적인 폭력은 무분별하게 될 위험에 놓여 있다. 그 폭력이 불모의 반복 속에 갇히게 될 경우, 언제든지 그 에너지는 순수한 파괴를 위한 파괴로 퇴행할 수 있는 것이다.

파농에게 치유 행위의 본래적 기능은 질병을 근절하거나 죽음의 제거하고 불사를 도래하는 데 있지 않았다. 그가 보았을 때 병든 인간은 가족도, 사랑도, 인간관계도, 공동체와의 교감도 없는 사람이었다. **처음부터** 출신이나 혈통을 공유하지 않는 타자들과 진정한 만남을 가질 가능성이 박탈된 사람이었다(4장). 이 관계없는 인간들(혹은 타자로부터 단절되기만을 원하는 인간들)의 세계는 끊임없이 외형만 달라졌을 뿐, 여전히 우리 곁에 존재한다. 그 세계는 유대인 혐오의 부활과 그 미메시스적 짝패인 이슬람 혐오의 교묘한 술책 속에서 우리 곁에 있다. 또한 우리 시대를 좀먹는 아파르트헤이트(남아프리카의 인종격리)와 근친혼endogamie에 대한 갈망이라는 욕망 속에도 살아있다. 이 욕망은 우리를 '이방인 없는 공동체'라는 환각적인 꿈에 빠뜨리고 있다.

거의 모든 곳에서 혈통의 법, 응보의 법(탈리오법)⁴과 인종의 의무가 다시 표면으로 떠오르고 있다. 이 세 가지는 원초적 민족주의를 구성하는 두 가지 핵심 보완 요소이며, 지금 이 시대에 다시금 모습을 드러내고 있다. 그동안 민주주의 속에 어느 정도 감춰져 있던 폭력이 이제 표면으로 떠오르면서 상상력을 조여오는 죽음의 고리를 그려내고 있으며, 그 고리에서 벗어나는 일은 점점 더 어려워지고 있다. 오늘날의 정치적 질서는 거의 모든 곳에서 죽음을 위한 조직이라는 형태로 재편성된다. 점진적이고 분자적이며 자칭 방어적이라는 테러는 폭력, 암살과 법, 신념, 명령과 복종, 규범과 예외, 혹은 자유, 추적, 안전 사이의 관계를 점차 흔들어놓으면서 자신의 정당성을 주장하고 있다. 법과 정의를 통해 살인을 공동의 삶의 규범에서 배제하려는 시도조차 사라졌다. 매번 위험을 무릅쓰는 것이 최상의 투자다. 테

---

4 옮긴이주. 탈리오법(Lex Talionis)은 고대법에서 유래한 보복의 원칙으로, '눈에는 눈, 이에는 이'라는 표현으로 나타난다. 가해자가 피해자에게 가한 해악과 동등한 해악을 돌려주는 방식의 형벌 원칙이다.

러를 행하는 자도 테러에 의해 고통받는 자도 모두가 이제 시민의 대체자가 되었으며, 그 누구도 살인을 부정하지 않는다. 오히려 그들은 죽음(주어지거나 받아들인 죽음)을 신봉하며, 그것을 불과 칼로 담금질된 역사—존재의 역사—에 대한 궁극적 보증으로 여긴다.

인간 유대의 환원 불가능성, 인간과 다른 살아있는 것들의 분리 불가능성, 일반적인 인간의 취약성, 특별하게는 전쟁으로 병든 인간의 상처, 그리고 살아있는 존재를 시간 속에 서술해내기 위해 요구되는 돌봄—이러한 문제의식들을 파농은 처음부터 끝까지 자신의 사유와 실천 모두에서 일관되게 견지했다. 이 책의 다음 장들에서는 이러한 질문들을 간접적으로 그리고 변화하는 형상들을 통해 다룰 것이다. 파농은 아프리카에 대해 각별한 애정을 보였고, 자신의 운명을 이 대륙의 운명과 깊이 연결 지었다. 그렇기에 이 성찰에서 아프리카가 중심적 자리를 차지하는 것은 당연하다(5장).

실제로 어떤 이름들은 사물chose을 제대로 가리키지 않고, 그 위를 지나치거나 옆을 비껴가기도 한다. 그 이름들은 사물의 형상을 훼손하고 왜곡하는 작용을 한다. 그래서 진짜 실재하는 것, 즉 사물 그 자체는 사실 이름뿐 아니라 모든 번역에 저항하려는 성향이 있다. 이는 그 사물이 어떤 가면을 썼기 때문이 아니라, 그 증식하는 힘(즉, 스스로를 끊임없이 생성해내는 힘)이 강력해서 모든 규정을 돌연 쓸모없게 만들기 때문이다. 파농에게는 아프리카, 그리고 그것의 가면인 네그르Nègre[5]가 바로 그런 경우였다. 그것은 단지 모호하고, 역사적 무게도 없고, 깊이도 없이 모든 것이 뒤범벅된 실체였을까? 누구나 그에 대해 아무 말이나 해도, 아무런 결과도 남기지 않는 그런 공허한 명

칭이었을까? 아니면 그것만의 생명력을 지닌 힘이자, 자신의 개념에 도달하고 새로운 행성적 시대에 자신에 대해 써내려갈 수 있는 기획이었을까?

살아있는 자들의 세계를 반복 없이 서술하기 위해, 파농은 사람들이 겪는 표면과 깊이의 경험, 빛과 반사의 세계, 그림자의 세계에 이르기까지 세심한 주의를 기울였다. 파농에게서 궁극적 의미들은 구조적 층위 못지않게 삶의 어두운 측면 모두에서 탐색되어야 하는 것이다. 그래서 그는 언어, 말, 음악, 연극, 춤, 의례, 장식, 무대 그리고 온갖 종류의 기술적 오브제와 심리 구조에 특별한 관심을 기울였다. 이 책은 죽은 이들을 위한 송가라기보다는 '**변형**transfiguration'의 사유를 펼친 한 위대한 사상가를 파편적 방식으로라도 그려내는 데 있다.

이를 위해 가장 적합한 방식으로 찾아낸 것은 형상적 글쓰기écriture figurale였다. 이 글쓰기는 현기증을 일으키며, 해체되고 흩어지는 경계를 오가고, 교차하는 고리들로 구성되며, 그 고리들의 선과 모서리들이 매번 소실점에서 서로 만난다. 이러한 글쓰기에서 언어의 기능은 명확하다. 죽음의 권력에 버려졌던 것을 다시 삶으로 불러오는 것이다. 그리고 미래의 저장소들, 특히 얼마 전까지도 인간적인 부분과

---

5 옮긴이주. 프랑스어에서 '누아르(Noir)'는 '검은'을 뜻하며, 인종과 관련해서는 일반적으로 피부색을 지칭하는 비교적 중립적인 표현이지만, '네그르(Nègre)'는 식민주의적·인종주의적 맥락 속에서 흑인을 환원하고 비하하여 지칭해온 역사적 흔적을 지닌다. 네그르는 단순히 색깔을 지시하는 것이 아니라, 존재하지 않는 주체, 백인의 환상 속에서 표상으로만 호출되는 상징적 위치를 드러낸다. 음벰베는 네그르가 자연적 사실을 가리키는 것이 아니라 서구 인종주의 담론 속에서 흑인의 몸을 죽음, 성, 폭력과 동일시하는 기호로 고정시키는 장치임을 강조한다.

동물, 대상, 사물, 상품인 부분 사이의 구별조차 불분명했던 존재들의 미래에 다시금 접근할 수 있도록 길을 열어주는 것이다(5장).

2016년 1월 24일 요하네스버그

감사의 말

이 책은 내가 남아프리카공화국 요하네스버그에 위치한 비트바테르스란트대학교 사회경제연구소Witwatersrand Institute for Social and Economic Research, WISER에서 오랜 시간 머무르며 쓴 글이다. 여기에 머무는 동안 나의 동료인 세라 너털Sarah Nuttall, 키스 브레켄리지Keith Breckenridge, 파밀라 굽타Pamila Gupta, 사라 더프Sara Duff, 조너선 클라런Jonathan Klaaren, 캐스 번스Cath Burns와 최근에는 흘로니파 모코에나Hlonipa Mokoena와 시린 하심Shireen Hassim의 지속적인 교류로부터 많은 이익을 얻을 수 있었다. 아담 하비브Adam Habib, 타와나 쿠페Tawana Kupe, 제블론 빌라카지Zeblon Vilakazi, 룩사나 오스만Ruksana Osman과 이자벨 호프메이르Isabel Hofmeyr는 나에게 지속적으로 용기를 불어넣어주었다. 내가 비트바테르스란트대학교 사회경제연구소에서 박사 후 연구 세미나에서 함께했던 동료 수 반 자일Sue Van Zyl, 샤르네 라버리Charne Lavery, 클라우디아 개스트로Claudia Gastrow, 조슈아 워커Joshua Walker, 세라 더프Sarah Duff, 커크 사이드Kirk Side와 티모시 라이트Timothy Wright는 헤아릴 수 없는 연구와 창의성으로 기여했다.

폴 길로이Paul Gilroy, 데이비드 테오 골드버그David Theo Goldberg, 장

코마로프Jean Comaroff, 존 코마로프John Comaroff, 프랑수아즈 베르제스Françoise Vergès, 에리크 파생Éric Fassin, 로랑 뒤부아Laurent Dubois, 스리니바스 아라바무단Srinivas Aravamudan, 엘사 돌랭Elsa Dorlin, 그레구아르 샤마유Grégoire Chamayou, 아크바르 아바스Ackbar Abbas, 딜립 가온카르Dilip Gaonkar, 나디아 얄라 키수키디Nadia Yala Kisukidi, 에얄 바이츠만Eyal Weizman, 주디스 버틀러Judith Butler, 가산 하지Ghassan Hage, 아토 콰이슨Ato Quayson, 술레이만 바시르 디아뉴Souleymane Bachir Diagne, 아디 오피르Adi Ophir, 셀레스탱 몽가Célestin Monga, 시바 그로보기Siba Grovogui, 수전 반 자일Susan Van Zyl, 헨리 루이스 게이츠Henry Louis Gates와 조렐라 망쿠Xolela Mangcu는 모든 영감의 비옥한 원천이었고, 때로는 본인도 모르는 사이에 내 사유 속의 핵심적인 대화 상대가 되어주었다.

나는 요하네스버그 이론과 비평 워크숍Johannesburg Workshop in Theory and Criticism, JWTC의 리앤 나이두Leigh-Ann Naidoo, 젠 마리Zen Marie와 켈리 길레스피Kelly Gillespie가 충실한 동료가 되어준 것, 나지바 데슈무크Najibha Deshmukh와 아딜라 데슈뮤크Adila Deshmukh의 깊은 우정에 감사한다.

나의 편집자인 위그 잘롱Hugues Jallon과 그의 팀인 파스칼 일티스Pascale Iltis, 토마스 델통브Thomas Deltombe, 델핀 리부숑Delphine Ribouchon은 든든한 지지대였다.

이 책을 모든 이름을 초월한 한 사람 파비앙 에부시 불라가Fabien Éboussi Boulaga와 영원한 두 친구 장 프랑수아 바야르Jean-François Bayart와 피터 L. 게시에르Peter L. Geschiere에게 바친다.

1장 민주주의로부터의 이탈

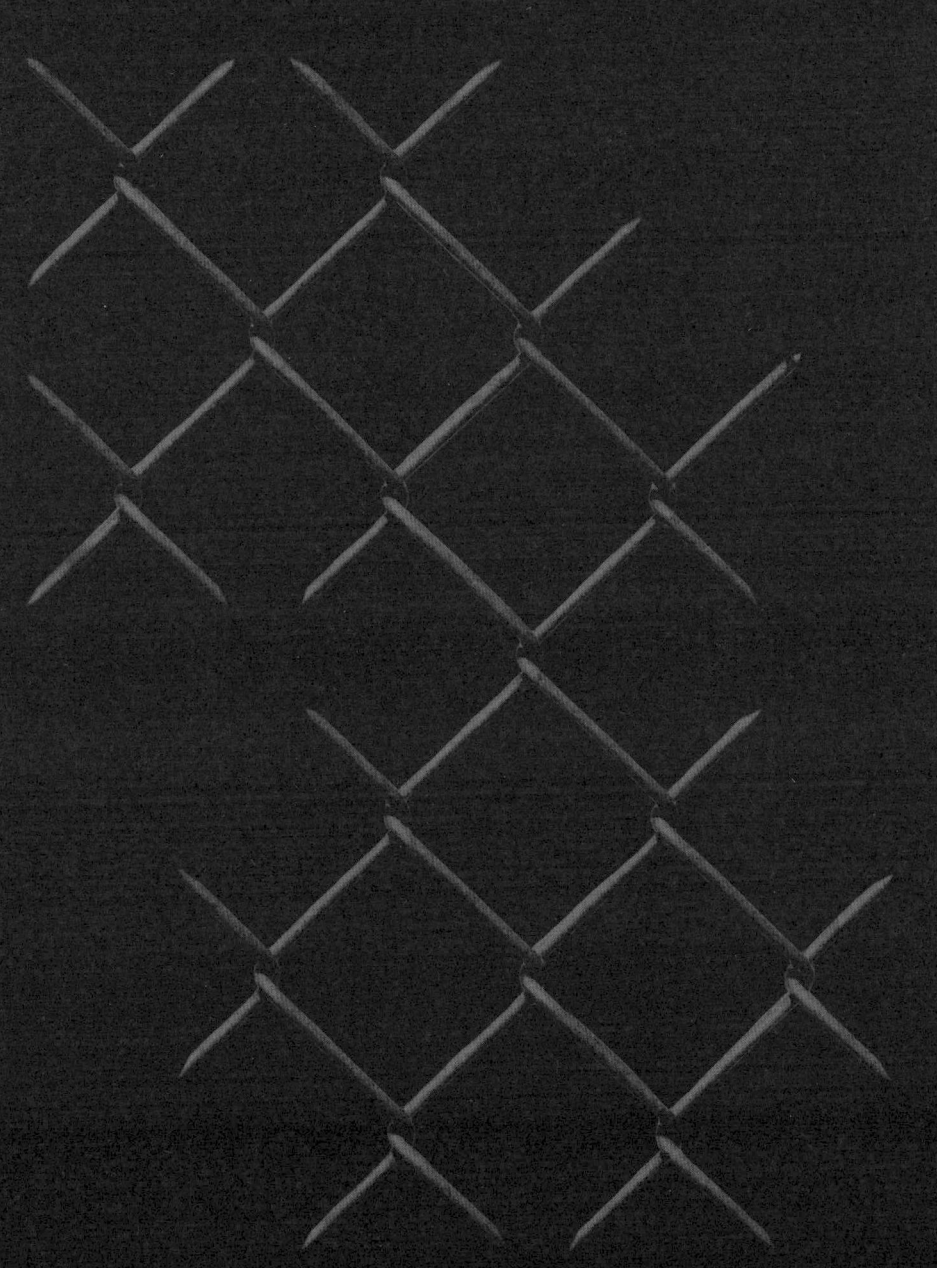

이 책의 목적은 내가 살았고 일했던 아프리카에서 (또한 내가 끊임없이 누벼온 세계의 다른 곳들에서) 시작해서 우리 시대의 비판에 기여하는 데 있다. 우리가 살고 있는 이 시대는 군국주의와 자본의 기치하에 세계의 재인구화와 행성화가 되는 시대, 그리고 그 최후의 결과로 민주주의에서 이탈한, 또는 민주주의가 전도된 시대다. 이 기획을 성공시키기 위해 우리는 개방, 횡단, 순환이라는 세 모티브에 주목하며 횡단적 접근 방식을 따른다. 이러한 방식은 현재에 대한 **결을 거스르는 독해**에 자리를 내어줄 때에만 수확을 얻을 수 있다.

    이 방식은 어떤 전제에서 출발한다. 오늘날 세계에 대한 참된 해체는 우리의 담론이 필연적으로 지방적provincial 지위에 있으며, 우리의 개념 또한 불가피하게 지역적regional이라는 성격을 충분히 인식하는 데서 시작해야 한다는 것이다. 다시 말해 모든 형태의 추상적 보편주의에 대한 비판이 선행되어야 한다는 것이다. 이러한 인식에서 이 책은 우리 시대의 기류, 그러니까 오늘날 '세계적 사유'라고 여겨지는 것 대부분이 사실상 폐쇄와 온갖 구획짓기(여기와 저기, 가까운 곳과 먼 곳, 내부와 외부 사이에 마지노선을 긋는 행위)에 치우쳐 있는 기류를 단절하고자 한다. 그러나 이론적 분리를 단호히 거부하고, 에두아르 글리상 Édouard Glissant이 "전 세계"[1]라고 부르는 것의 아카이브에 실제로 의존하는 사유가 아닌 한 진정한 '세계적 사유'란 있을 수 없다.

방향 전환, 반전, 그리고 가속화

여기서 개괄하는 사유들을 위해, 우리 시대의 네 가지 특징적 요소를 강조하는 것이 좋겠다. 첫 번째는 세계의 축소, 그리고 오늘날 남반구에 유리하게 작용하고 있는 인구학적 변동으로 인한 지구의 재인구화다. 지리적, 문화적 뿌리 뽑힘, 그리고 과거 선주민들만 거주했던 광대한 영토로 전체 인구가 자발적 이주나 강제이주를 하게 된 것은 우리에게 근대성에 도달하는 데 결정적 사건이었다.[2] 지구의 대서양 연안에서 산업 자본주의의 팽창과 관련된 의미심장한 두 시기가

---

1   옮긴이주. 에두아르 글리상의 '전 세계(Tout-Monde)' 개념은 그의 저서 《전 세계 Tout-Monde》(1997)에서 관계의 장, 즉 다양한 공동체들이 크리올화(creolization)와 교류를 통해 역동적으로 상호작용하고 생성되어가는 세계로 설명된다. '전 세계'는 획일적인 보편주의에 맞서며, 차이의 공존과 예측 불가능성, 그리고 동일화되지 않는 관계성을 핵심으로 한다. 글리상은 이를 '관계의 시학(poétique de la relation)'으로 개념화하며, 차이들이 동등하게 울림을 가지면서도 동일성에 흡수되지 않는 세계를 상상한다. '전 세계'는 식민주의적 세계화의 지배 논리에 대한 탈식민적 대안으로 제시되며, 불투명성(opacité), 혼종성, 비지배성을 긍정하는 정치적·미학적 전망을 담고 있다.

2   Paul Gilroy, *L'Atlantique noir. Modernité et double conscience*, Éditions Amsterdam, Paris, 2010[1993].

이러한 인구의 행성적 재분배 과정과 박자를 맞춘다.

이는 16세기 초 아메리카 대륙의 정복과 함께 시작된 식민화와 흑인 노예무역을 말한다. 노예무역과 식민화는 서구의 중상주의 사상의 형성과 시기가 대체로 일치하며, 그것의 기원 그 자체라고 해도 틀린 말은 아닐 것이다.[3] 노예무역은 노예를 공급하는 사회에서 가장 유용한 일손과 가장 활력 있는 에너지를 흡혈하고 뽑아내는 방식으로 작동했다.

아메리카 대륙에서 아프리카 출신 노예 노동자들은 합리적이고 수익성 있는 개발을 위해 환경을 지배하는 원대한 계획의 일환으로 작업에 투입되었다. 여러 면에서 플랜테이션 체제는 무엇보다 정기적으로 베어내고 불태우고 벌목해야 하는, 숲과 나무들에 관한 것이다. 원래 있던 자연을 없애고 목화나 사탕수수로 대체되어야 했고, 옛 풍경은 재구성되어야 했으며, 기존의 식생은 파괴되어야 했다. 하나의 생태계는 제거되고, 대신 하나의 농업 체제agrosystème로 대체되어야 했다.[4] 그러나 플랜테이션은 단지 경제적인 장치에 그친 것이 아니다. 신대륙으로 강제이주된 노예들에게는 또 다른 시작이 펼쳐지는 무대였다. 이제 본질적으로 인종적 원칙에 따라 살게 되는 삶이 시작되었다. 그러나 이처럼 이해된 인종은 순수한 생물학적 의미에

---

3   일반적 개관을 위해서는 다음을 참고하라. Parkakunnel Joseph Thomas, *Mercantilism and East India Trade*, Frank Cass, Londres, 1963; William J. Barber, *British Economic Thought and India, 1690-1858*, Clarendon Press, Oxford, 1975.

4   다음을 참고하라. Walter Johnson, *River of Dark Dreams. Slavery and Empire in the Cotton Kingdom*, The Belknap Press of Harvard University Press, Cambridge, 2013.

그치지 않고, 세계를 갖지 못한 몸, 뿌리 뽑힌 몸, 연소 가능한 에너지원으로서의 몸, 노동을 통해 자산이나 축적 가능한 자원으로 변환시킬 수 있는 일종의 자연의 복제품인 몸을 가리키게 된다.[5]

한편 식민화는 식민지 지배 국가 내부의 '잉여 인구', 여러 측면에서 쓸데없다고 판단되는 이들을 배출하는 기능을 했다. 특히 사회가 부양하는 가난한 사람들, 나라에 해를 끼친다고 여겨지는 부랑자와 범죄자의 경우가 특히 그러했다. 식민화는 이주의 움직임을 규제하는 기술이었다. 당시에는 이런 형태의 이주가 결국 출발국에 이득이 된다고 생각하는 사람이 많았다. 예를 들면 17세기 초 앙투안 드 몽크레티앵Antoine de Montchrestien은 그의 책 《정치경제학 논고Traité d'économie politique》에서 이렇게 썼다. "지금 여기에서 무위도식하며 살고 짐이나 부담이 되며, 이 왕국에 기여하지 않는 다수의 남자들이 이렇게 해서 노동에 투입될 뿐만 아니라 12세나 14세, 또는 그보다 더 어린 아이들 또한 무위도식과 멀어져 온갖 하찮은 일들을 하게 되고, 그것들이 어쩌면 이 나라에 좋은 상품이 될 수 있을 것이다." 그는 더 나아가 "우리의 게으른 여자들은 (…) 깃털을 뽑아내고 염색하고 분리하는 일에, 삼을 두드리고 작업하는 데에, 목화와 염색을 위한 다양한 것들을 수확하는 일에 고용될 것이다"라고 덧붙였다. 남자들은 그들 스스로 "광산에, 육체노동 작업에 고용될 수 있고, 심지어 고래를 잡는 일에, (…) 여기에 더해 대구, 연어, 청어를 잡는 일에, 그리고 나

---

5 이 제도의 비교 분석은 다음을 참고하라. Richard S. Dunn, *A Tale of Two Plantations. Slave Life and Labor in Jamaica and Virginia*, Harvard University Press, Cambridge, 2014.

무들을 벌목하는 일에 고용될 수 있을 것이다"라고 끝맺는다.[6]

16세기에서 19세기까지 인적 약탈, 천연자원의 추출, 하층 사회 집단의 노동 투입에 의한 행성의 재인구화의 두 가지 양식은, 이 시기의 주요한 경제적, 정치적 쟁점과 여러 철학적 쟁점을 형성했다.[7] 경제 이론뿐만 아니라 민주주의 이론도 인구가 공간적으로 재분배되는 두 가지 양상[즉, 노예무역과 식민화] 중 어떤 것 하나를 옹호하거나 비판하는 데 어느 정도 근거해서 세워졌다.[8] 그리고 이 두 양상은 곧 자원의 분배와 독점을 둘러싼 수많은 갈등과 전쟁의 원인이 되었다. 행성적 규모의 운동으로 지구는 중심부의 서구 열강과 그 외부와 둘레의 주변부로 새롭게 분할되었다. 이 주변부는 극단적인 투쟁의 영역, 점령과 약탈에 바쳐진 영역이었다.

그래도 상업적 식민화(또는 교역소 식민화)와 이주 식민화 사이에 일반적으로 구분이 있다는 점을 여전히 고려해야 한다. 물론 두 경우 모두 식민지의 부는 본국의 부에 기여할 때만 의미가 있다고 여겨졌다. 그러나 이주 식민지는 본국의 확장으로 여겨진 반면, 교역소 식

---

6   Antoine de Montchrestien, *Traité d'économie politique*, Droz, Genève, 1999 [1615], p. 187.

7   다음을 각각 참고하라. Josiah Child, *A New Discourse of Trade*, J. Hodges, Londres, 1690, p. 197; Charles Davenant, "Discourses on the public revenue and on the trade", *in The Political and Commercial Works. Collected and Revised by Sir Charles Whitworth*, R. Horsfield, Londres, 1967 [1711], p. 3.

8   다음을 참고하라. Christophe Salvat, *Formation et diffusion de la pensée économique libérale française. André Morellet et l'économie politique du xviie siècle*, thèse, Lyon, 2000; Daniel Diatkine (dir.), "Le libéralisme à l'épreuve: de l'empire aux nations (Adam Smith et l'économie coloniale)", *Cahiers d'économie politique*, no. 27-28, 1996.

민지 혹은 상업적 식민지는 본국이 비대칭적이고 불공정한, 현지에 큰 투자도 거의 하지 않는 거래를 이용해 본국을 부유하게 만들기 위한 하나의 수단으로 여겨졌다는 데 차이가 있다.

게다가 착취 식민지에 대한 지배는 이론적으로는 일시적인 것이었고, 유럽인의 이주와 정착도 완전히 임시적인 것으로 여겨졌다. 반면 이주 식민지의 경우 이주 정책은 본국에 머물렀다면 잃고 말았을 사람들을 국가의 품에 붙들어두기 위한 것이었다. 이런 불청객들, 즉 '범죄와 방탕함'으로 '순식간에 파멸'할 수 있거나, 빈곤으로 감옥에 보내지거나 구걸할 수밖에 없는 인구 집단들은 국가에 쓸모없는 존재로 여겨졌는데, 식민지는 이들의 배출구 역할을 했다. 인류를 '유용한' 인구와 '무용한' 인구—'잉여의' 또는 '여분의' 사람—로 분할하는 것은 여전히 일반적인 규범이었으며, 유용성은 결국 얼마나 노동력으로 동원할 수 있는지에 의해 측정되었다.

그밖에 근대 초기 지구의 재인구화는 식민화만으로 이루어진 것은 아니다. 이주와 이동은 종교적 요인으로도 설명된다. 낭트칙령의 폐지 직후, 1685년에서 1730년까지 약 17만~18만 명의 위그노가 프랑스에서 도망쳤다. 종교로 인한 이주는 다른 많은 공동체에 영향을 주었다. 실제로 다양한 유형의 국제적 이동이 서로 뒤얽혔는데, 포르투갈 유대인들의 상업적 그물망은 유럽의 대항구였던 함부르크, 암스테르담, 런던, 보르도, 이탈리아의 군도 주위로 연결되었다. 이탈리아인들은 금융과 무역의 세계와 고도로 전문화된 유리공예와 사치품의 생산에 투자했고, 그 시대의 여러 분쟁을 이용해 폭력의 시장에서 다른 폭력의 시장으로 태평스럽게 건너가는 군인, 용병, 기술자들

도 있었다.[9]

21세기가 시작되자 지구 재인구화는 더 이상 노예무역과 먼 지역의 식민화로 이루어지지 않게 되었다. 전통적인 의미의 노동은 더 이상 반드시 가치를 형성하는 특권적인 수단이 아니다. 그럼에도 지금 21세기는 동요, 크고 작은 해체와 전이, 요컨대 새로운 형태의 집단 탈출exode의 시대다.[10] 새롭고 순환적인 역동과 디아스포라의 형성은 대부분 상업 또는 무역, 전쟁, 생태적 재난, 환경적 재앙, 온갖 종류의 문화적 이동을 경유했다.

세계의 부유한 국가들의 급속한 인구 고령화는 이러한 관점에서 중대한 영향력을 지닌 사건이다. 이는 앞에서 환기한 19세기의 전형적 인구 과잉과는 정반대의 현상이다. 지리적 거리는 더는 그 자체로 이동을 가로막을 수 없게 되었다. 이주의 대항로는 다양해졌고, 국경을 우회해 넘어가는 더 정교한 방법들이 등장하고 있다. 그 결과 이주의 흐름이 구심점을 갖는 동시에 여러 방향을 향하더라도, 특히 유럽과 미국은 여전히 이동하고 있는 수많은 인구에게 주요한 목적지이며, 특히 행성의 빈곤한 곳에서 온 이들에게는 더 그렇다. 이곳에서는 새로운 도시 집합체가 생겨났고, 결국 새로운 다국적 도시들이 건설되었다. 새로운 국제적 이동을 겪으며 점차 전 세계에 모자이크

---

9   다음을 참고하라. Jean-Pierre Bardet·Jacques Dupaquier (dir.), *Histoire des populations de l'Europe. I. Des origines aux premices de la revolution demographique*, Fayard, Paris, 1998.

10 이러한 새로운 형태의 이동의 규모에 대해서는 세계은행의 다음 자료를 참고하라. *Development Goals in an Era of Demographic Change. Global Monitoring Report 2015/2016*, 2016(다음 사이트에서 열람할 수 있다. www.worldbank.org).

같은 영토의 조합이 나타났다.

   남반구에서 시작된 기존의 집단적 이주의 흐름에 더해진 이 새로운 확산은 국가에 소속된다는 것의 기준을 뒤죽박죽으로 만들어놓았다. 국가에 속한다는 것은 더 이상 출신의 문제만이 아닌 선택의 문제였다. 계속 증가하는 일군의 사람들은 이제 여러 유형의 국적(원래의 국적, 거주지의 국적, 선택한 국적)에 속하고 정체성에 귀속감을 갖는다. 이들은 이중적 충성심을 끝내도록 하나의 소속만을 선택해 그 사회에 완전히 융합될 것을 강요받기도 하며, '국가의 존립'을 위태롭게 하는 비행을 저지른 경우에는 수용된 국적을 상실할 위험을 감수해야 하는 경우도 있다.[11]

   더군다나 지금 진행 중인 전 지구적 재인구화의 중심에는 인간만 있는 것이 아니다. 이 세계의 거주자는 이제 인간 존재만으로 한정되지 않는다. 그 어느 때보다 거기엔 많은 인공물과 모든 생명종, 즉 유기체, 식물이 포함된다. 지질학적, 지형학적 힘들과 기후학적 힘들까지 지구의 새로운 거주자의 범주를 완성하는 데 포함된다.[12] 물론 이것들은 그 자체로 개별적 존재자라거나 존재자들의 집단이나 계열

---

11 Seyla Benhabib·Judith Resnik (dir.), *Migrations and Mobilities. Citizenship, Borders, and Gender*, New York University Press, New York, 2009; Seyla Benhabib, *The Rights of Others. Aliens, Residents, and Citizens*, Cambridge University Press, Cambridge, 2004[세일라 벤하비브,《타자의 권리》, 이상훈 옮김, 철학과현실사, 2008(절판)].

12 '새로운 거주자(nouveaux habitants)'라는 표현은 그들이 이전에는 존재하지 않았다는 뜻이 아니다. 여기서 말하는 '새로운'이란, 그들의 재현 체계 속에서의 지위가 변화되었음을 의미한다. 이러한 문제들에 대해서는 다음을 참고할 것. Bruno Latour, *Face à Gaïa. Huit conférences sur le nouveau régime climatique*, La Découverte, Paris, 2015.

은 아니다. 극단적으로 말해 그것들은 환경도 자연도 아니다. 이것들은 바로 삶의 행위자들과 매개자들이다. 물, 공기, 먼지, 미생물, 흰개미, 벌, 곤충처럼 특정한 관계들을 생성해내는 주체들인 것이다. 그리하여 우리는 이제 **인간의 조건**에서 **지구적 조건**[13]으로 이동했다.

우리 시대의 두 번째 특징은 일반 생태학과 이제는 확장되고, 구형 球形, sphérique이며, 돌이킬 수 없는 행성적 지리학의 범주 내에서 인간이라는 개념이 재정의되고 있다는 점이다. 이제 세계는 더 이상 단지 인간이 만들어낸 인공물로만 여겨지지 않는다. 석기과 은기, 철과 금의 시대를 넘어, 오늘날 인간은 가소적 인간[14]이 되어가는 경향이 있다. 가소적 인간과 그에 따르는 디지털 주체의 도래는 최근까지도 확고부동한 진리로 여겨지던 많은 신념에 정면으로 반한다.

동물이나 식물의 세계와 분리될 수 있는 '인간의 고유성', '진짜 인간'이 존재하리라고는 더 이상 여겨지지 않는다. 인간이 거주하고 착

---

13 옮긴이주. 음벰베는 '인간의 조건'이라는 근대적 전제를 넘어, 오늘날의 존재 조건을 '지구적 조건'으로 재정립할 필요성을 제기한다. 이러한 문제의식은 이후 《지구적 공동체The Earthly Community》(2022)에서 인간을 자연과 구분된 고립된 주체로 보았던 서구 근대의 사유를 비판하고, 공기, 토양, 생명 등 지구적 요소들과의 얽힘 속에서 인간의 존재를 재정립시키는 논의에서 제시된다. 이때 '지구적 조건'은 공통성(communalité), 돌봄, 상호의존성에 기반한 새로운 윤리적-정치적 상상력을 요청하며, 식민성과 자본주의에 의해 파편화된 세계를 다시 연결하는 탈식민적·행성적 사유의 핵심 개념이다.

14 옮긴이주. 'plastique'는 '플라스틱'으로 번역되나, 플라스틱의 물리적 특질인 가소성, 유연성을 반영해 'l'homme plastique'를 '가소적 인간'으로 번역한다. 이는 인간의 정체성과 신체가 고정적이지 않을 뿐 아니라 생명공학으로 유전자 편집 사이보그화, 디지털화를 통해 끊임없이 재구성되는 기술적 변형 가능성의 의미를 담는다.

취하는 지구가 인간이 개입하는 수동적 대상에 불과하다는 믿음, 살아있는 모든 종 가운데 '인간종'만이 동물성에서 해방된 유일한 종이라는 생각 같은 것도 마찬가지다. 생물학적 필연성의 사슬이 끊어졌으니 인간은 거의 신성의 높이에 다다른 것으로 여겨졌던 것이다. 이러한 믿음과 다른 많은 믿음과는 반대로, 이제 우주에서 특히 인간이라는 종은 동물과 식물은 물론, 다른 종들까지 포함하는 더욱 방대한 살아있는 주체들의 집합의 일부에 지나지 않는다는 것을 인정해야 한다.

생물학과 유전공학에 관점에서 보면, 지켜야 할 어떠한 '인간의 본질'도, 보호해야 할 '인간 본성'도 엄밀히는 없다고 봐야 할 것이다. 결국 인간의 생물학적, 유전학적 구조를 수정하는 데는 거의 어떠한 한계도 없게 될 것이다. 실제로 유전적이고 발생학적 조작을 허락하면서, 인간 존재를 강화시키는 것만이 아니라, 자기를 스스로 창조하는 스펙터클한 행위 속에서 기술의학technomedicine으로 새로운 생명을 만들어내는 것까지 충분히 가능하다고 여겨진다.

이 시대를 구성하는 세 번째 특징은 예측과 연산의 도구 및 기계를 사회생활의 모든 면에 널리 끌어들인 것이다. 수치화된 현상의 힘과 편재성 덕분에 스크린과 삶 사이에 철저한 분리란 이제 존재하지 않는다. 오늘날 삶은 스크린 위에서 펼쳐지며, 게다가 스크린은 이제 코드로 파악될 수 있는, 살아있는 것들의 가소적이고 시뮬레이션된 형식이 되었다. 게다가 "이제 주체는 더 이상 거울에 비친 초상, 분신 형상과의 대면으로 인식되지 않고, 오히려 복사본calque 혹은 투영된 그림자ombre portée와 더 가까운 새로운 존재 형태의 구성을 통해 경험

된다".[15]

 그래서 최근까지도 모든 인간 존재가 일정한 방식으로 식별 가능한 정체성을 부여받은 한 사람이 되도록 했던, 주체화와 개별화 작업이 폐제된다. 따라서 원하든 원하지 않든 이 시대는 가소성, 수분受粉, 다양한 형태의 이식의 시대이다. 뇌의 가소성, 인공물과 유기체의 수분 교배, 유전자 조작과 컴퓨터적 이식, 인간과 기계 사이의 긴밀한 접속이 그것이다. 이 모든 변이는 진정으로 무한한 생명에 관한 몽상만 퍼뜨리는 것은 아니다. 이제 생명에 대한 지배력, 혹은 인간종을 의도적으로 변형시키는 능력이 어쩌면 가장 절대적인 권력의 형태를 만들어내고 있는 것이다.

 인간종(나아가 다른 생명종, 겉보기에 비활성적인 물질적인 종)을 의도적으로 변형시키는 능력과 자본의 권력이 유기적으로 결합하는 것이 우리 시대의 네 번째 특징이다. 자본의 힘, 즉 시장을 확장하고 이익을 축적하는 것과 관련될 때는 살아있는 동시에 창조적인 힘이고, 존재자들과 종들의 삶을 주저 없이 파괴하는 것과 관련될 때는 탐욕의 잔혹한 과정인 이 힘은 금융시장이 유동성 흐름을 최적화하기 위해 인공지능 도입을 선택한 순간부터 현저하게 커졌다. 대부분의 초고빈도 거래HFT[16]는 증권 시장에서 교환되는 정보 단위를 다루기 위해

---

15 Claire Larsonneur (dir.), *Le Sujet digital*, Les Presses du Reel, Paris, 2015, p. 3.

16 옮긴이주. 'high-frequency trading'의 약어로, 금융시장과 디지털 기술의 교차점에서 작동하는 초고속 알고리즘 기반 자동 거래 시스템을 뜻한다. 밀리초(millisecond)와 마이크로초(microsecond) 단위로 거래 수행하고 아주 작은 가격 차이를 이용한 아주 빠른 매매로 수익을 창출한다.

첨단 알고리즘을 사용하기 때문에 인간이 접근할 수 없는 미세한 시간적 규모까지 조종한다. 오늘날 증권거래소와 트레이더 사이에서 정보가 전송되는 시간은 1,000분의 1초 단위인 밀리초로 측정된다. 이 극단적인 시간 압축은 다른 요소들과 결합해 역설적인 상황을 이끌었다. 한편으론 시장의 취약성과 불안정성이 눈에 띄게 증가하고, 다른 한편으로는 시장의 파괴적 힘이 거의 무한해졌다는 것이다.

따라서 이제 제기되는 질문은 과연 지구에 대한 착취가 절대적 파괴로 기울어가는 것을 막을 기회가 여전히 있느냐는 것이다. 이러한 질문은 시장과 전쟁 사이의 대칭성이 오늘날처럼 명백했던 적이 없었던 만큼 더욱 시사적이다. 지난 세기 동안 전쟁은 기술적 발달의 원천이었을 것이다. 모든 종류의 군사적 장비가 오늘날에도 이 역할을 계속하고 있고, 시장 자체가 이전보다 더 전쟁 모델에 기반하여 작동하고 있다.[17] 그런데 지금의 전쟁은 이제 종과 종을 서로 대립시키고 자연을 인간종에 대립시키는 전쟁이다. 이러한 자본, 컴퓨터 기술, 자연과 전쟁의 긴밀한 얽힘과 그로 인해 가능해진 권력의 새로운 성좌들은 그때까지 민주주의라는 통치 방식의 기반이 되었던 정치 사상을 가장 직접적으로 위협하는 것임이 틀림없다.

---

17 Pierre Caye, *Critique de la destruction creatrice*, Les Belles Lettres, Paris, 2015, p. 20.

민주주의의 밤의 몸

이러한 생각은 비교적 단순했다. 원론적으로 논쟁에서 벗어날 수 있는 인간 공동체의 원칙(혹은 확고부동한 기반)이란 없다는 생각이다. 공동체는 그 원칙의 우연성과 잠재된 폭력을 인식하며 끊임없이 자신의 기원을 다시 문제 삼으려고 하는 점에서 정치적이다. 이러한 영원한 개방―더 넓은 것을 향한―이 보장되면서 국가의 삶이 공적 성격을 획득할 때, 권력이 시민의 통제 아래 놓이고, 시민들이 언제나 필요할 때마다 진실, 이성, 정의, 공공선을 자유롭게 추구하고 이용할 때 공동체는 민주적이다. 힘의 이상, 기정사실화된 상태(정치적 자의성), 비밀주의적 태도에 맞서 이제 평등, 법치주의, 공공성의 개념이 대립한다. 오늘날 동시대 사회에서 민주주의적 질서를 합법화하기 위해 그 기원의 신화를 불러들이는 것만으로는 더 이상 충분하지 않다.

그럼에도 근대 민주주의의 힘이 끊임없이 자신의 형식만이 아니라 사상과 개념까지도 재발명하고 발견하는 역량에서 계속해서 흘러나오는 것이라면, 이는 종종 폭력적인 그 기원을 폭력 속에 은닉하고 은폐하는 대가를 치러야 했다. 이러한 발명과 재발명, 은닉과 은폐의 동시적인 기획의 역사는 더할 나위 없이 역설적이고 나아가 혼란스러운 것이다. 어쨌든 그 역사는 민주주의적 질서가 그 여정의 다양성 속에서 얼마나 지극히 모호한지를 보여준다.

공인된 이야기에 따르면, 민주주의 사회는 평화로운 사회일 것이다. 이는 전사戰士들의 사회와 구별되는 점이다. 여기서는 무자비한 행위와 물리적 폭력이 금지되지 않았더라도, 적어도 제어되었다. 중세 사회에서부터 르네상스까지 신체적 폭력이 발현했던 몸과 몸의 육탄전은 국가가 힘을 독점하게 되고 개인이 속박을 내면화하게 되면서 자기억제, 절제, 시민적 태도에 자리를 넘겨주었다. 이러한 육체와 행동과 정동에 대한 새로운 통치 형식은 사회적 공간의 평온을 가져온다.

신체의 폭력은 형식의 힘이 대체하게 된다. 행동의 규율, 행위의 통치, 무질서와 폭력에 대한 방지책은 이제 전적으로 사회 구성원들이 받아들인 의식에 의해서 행해진다.[18] 형식과 의례는 개인들 사이의 거리를 설정함으로써, 도덕을 통한 도덕의 문명화des mœurs par les mœurs에 기여하게 된다. 그 결과 민주주의 사회는 군주제 혹은 전제 정권과 달리, 자신을 규율하도록 허락해줄 수 있는 능력을 가진 유일한 강력한 인물에게 복종한다는 원리에 기반하지 않는 사회다. 많은 경우 민주주의 사회의 힘은 그 형식의 힘에 기반할 것이다.[19]

하지만 민주주의 안에서의 삶이 근본적으로 평화롭고 문명화되었고 폭력에서 완전히 벗어나 있다는 생각은 (전쟁과 유린의 형식 아래 있는 것을 포함해서) 면밀한 검토를 견뎌내기 어려울 것이다. 확실히 민주주의의 출현과 공고화는 개인의 폭력을 통제하고, 그것을 규제하며 줄

---

18 Norbert Elias, *La Societe de cour*, Calmann-Levy, Paris, 1969; *La Civilisation des mœurs*, Calmann-Levy, Paris, 1973[노르베르트 엘리아스, 《문명화과정》 1, 2, 박미애 옮김, 한길사, 1996, 1999].; *La Dynamique de l'Occident*, Calmann-Levy, Paris, 1975.

19 Erving Goffman, *Les Rites d'interaction*, Minuit, Paris, 1974[어빙 고프먼, 《상호작용 의례》, 진수미 옮김, 아카넷, 2013].

이고, 나아가 도덕적 비난과 사법적 승인을 이용해서 가장 극단적이고 혐오적 형태로 폭력이 발현되는 것을 제거하려는 수많은 시도와 함께 진행되어왔다.

그러나 민주주의의 잔인성은 은밀한 형태였을 뿐 결코 사라진 적이 없다. 그 기원에서부터 근대 민주주의는 비합법적인 폭력까지 포함하여 언제나 어떤 정치적 폭력에 대한 관용을 보여왔다. 그것은 자경단, 민병대, 여타의 준군사적 집단 혹은 이익집단처럼, 다양한 비공식적 제도에 의해 생겨나서 국가의 돌출부로 작동하는 폭력의 형식들을 자신의 문화 속으로 통합시켰다.

오랫동안 미국은 **노예제 민주주의** 국가였다. 미국의 흑인 인권 운동가 W.E.B. 듀보이스W.E.B. Du Bois가《흑인 재건 시대 1860~1880Black Reconstruction in America 1860-1880》에서 상기시켰듯이, 이 국가의 중심에 놓인 모순을 상기시킨다. 즉, 미국은 국가의 시작부터 인간의 평등을 선언했고, 그 정부가 통치받는 이들의 동의에서 권력을 얻는다고 했으나, 노예제를 실행함으로써 그 도덕성의 완전한 불일치를 받아들인 것이다.[20] 1830년대 초 무렵 실제로 미국에서 네그르의 수는 200만에 가까웠고, 1900년에는 전체 인구의 11.6퍼센트였다. 그들의 운명은 백인의 운명과 단단히 얽혀 있지만, 그들의 미래는 물론이고 각자의 조건은 서로 섞이지 않았다. 수많은 역사학자가 지적했듯이, 두 집단이 완전히 분리되는 것은 완전히 결합되는 것만큼이나 어렵다.

---

20   W.E.B. Du Bois, *Black Reconstruction in America, 1860-1880*, Free Press Edition, New York, 1998 [1935].

법적으로 보자면 노예는 동질적인 미국 사회 복판에서 이방인의 지위에 있다. 미국에서 태어났다는 것(1860년 당시 그들 중 90퍼센트) 또는 혼혈의 자손으로 태어났다는 것(같은 시기 그들 중 13퍼센트)은 그들이 처한 비천한 처지도, 그들이 당했던 치욕도 변화시키지 못했는데, 이는 독이 든 유산으로 대물림되었다.

그러므로 노예제 민주주의에는 그 중심에 두 가지 질서가 공존한다. 적어도 이론적으로는 평등의 법으로 규제되는 **동류의 공동체**와 역시 법으로 지정된 **동류가 아닌 이들의 부류 또는 소속이 없는 자들**이 있다. 선천적으로 소속이 없는 자들은 권리를 가질 권리조차도 없었다. 그들은 불평등의 법으로 다스려졌다. 이러한 불평등, 그리고 불평등을 만들어내고 불평등의 근거가 되는 법은 인종에 대한 편견에 기초한다. 편견 그 자체만이 아니라 그에 기초한 법 역시 동류의 공동체와 다른 공동체 사이에 거의 넘을 수 없는 거리를 유지하도록 허용했다. 이러한 공동체라면, 노예제 민주주의는 **분리**의 **공동체**일 수밖에 없을 것이다.

알렉시 드 토크빌Alexis de Tocqueville이 1848년에 지적했듯이 "노예제가 폐지된 거의 모든 주에서" 흑인에게 투표권을 주었지만, 흑인이 투표를 하러 나타나려면 목숨을 걸어야 했다. 박해당한 흑인은 고소할 수 있었지만, 법관들은 모두 백인이었다. 법은 그에게 배심원의 벤치를 열어주었지만, 편견은 그를 거기서 밀어냈다. 그의 아들은 유럽인의 후손이 공부하러 오는 학교에서 쫓겨났다. "극장에서, 그들은 매우 비싼 값을 지불하고도, 그의 주인이었던 사람 옆에 앉을 권리를 살 수 없었다. 병원에서 그는 따로 떨어져 누웠다. 흑인에게 백인과 같은 신에게 호소할 것을 허락했지만 같은 제단에서 기도할 것을 허락하지는 않았다. 흑인에게는 그들의 사제와 사원이 따로 있었다. 흑인에게 천국의 문을 닫아버린 것은 아니었으나, 불평등은 저세상의 가장자리에서야 겨우 멈추었다. 흑인이 세상을 떠나면, 그들의 뼈를 따로 버렸으며, 신분의 차이는 죽음의 평등 속에서조차 다시 나타난다."[21]

노예제 민주주의에서 동류가 아닌 자는 "토지의 단 한 부분에 대한 소유"도 주장할 수 없다.[22] 노예제 민주주의의 강박관념은 단지 그들을 조심스럽게 격리하는 것뿐만이 아니었다. 무엇보다 어떻게 그들에게서 벗어날지, 어떻게 그들이 자발적으로 나라를 떠나도록 만들지, 또는 필요하다면 그들을 집단으로 강제추방할 방법을 아는 것이었다.[23] 그리고 어쩌다가 때로 그들을 우리만큼 끌어올리고, 나아가 그들이 우리와 섞이는 것을 허용한다면, 그것은 정확히 말해 그 후에 "그들을 먼지 속으로", 비천한 인종의 자연스러운 상태 속으로 "되던지기" 위해서였다.[24] 노예는 권리의 주체가 아니라 다른 모든 것들처럼 상품이었기 때문이다. 먼지 속에 내던져지는 가장 극적인 장면은 린치다. 이것은 인종차별의 잔인성이 지닌 장엄하고 기괴하고 자기 과시적 형식을 드러낸다. 린치는 감옥 안의 담 뒤편에서가 아니라 공

---

21 Alexis de Tocqueville, *De la démocratie en Amérique, I*, GF Flammarion, Paris, 1981, p. 457[알렉시 드 토크빌,《미국의 민주주의 1》, 임효선·박지동 옮김, 한길사, 2002].

22 *Ibid.*, p. 466.

23 Kenneth C. Barnes, *Journey of Hope. The Back to Africa Movement in Arkansas in the Late 1800s*, The University of North Carolina Press, Chapel Hill, 2004.

24 *Ibid.*, p. 457.

공장소에서 일어났다.²⁵ 처형의 공개를 통해 인종차별적 민주주의는 지독한 폭력을 연출하고, 공개 처형의 흥분에 불을 붙인다. 인종차별적 권력의 기술로서 처형 의식의 목적은 그 희생자들의 영혼에 공포를 심어놓고, 백인 우월주의의 기반을 형성하는 죽음을 지향하는 충동을 되살리는 것이었다.²⁶

많은 노예를 소유했던 토머스 제퍼슨Thomas Jefferson은 소위 자유로운 사회에서 플랜테이션과 노예 상태가 어떤 딜레마를 갖는지 특히 잘 알고 있었다. 그는 "이러한 제도[노예제_저자]가 우리 국민의 태도에 끼치는 불행한 영향"을 줄곧 애석하게 여겼다. 그가 보기에 사실상 노예제의 시행은 무제한의 방종과도 같았다. 그것은 가장 억제할 수 없는 정념의 끊임없는 발현을 초래했다. 미국 민주주의의 저주받은 일면인 노예제는 부패하고 고질적인 전제정이 표명된 것이며, 노예가 된 자들의 비천한 타락 위에 놓여 있었다.²⁷ 사실상 플랜테이션

---

25 비슷한 시기, 예를 들어 프랑스에서는 정반대의 경향이 나타난다. 민주주의는 직접적 폭력 없이 복종을 얻어내려 하며, 가장 비인간적 폭력의 표현을 점점 더 눈에 띄지 않는 공간으로 밀어내려 한다. 다음을 참고하라. Emmanuel Taieb, *La Guillotine au secret. Les executions publiques en France, 1870-1939*, Belin, Paris, 2011.

26 다음을 참고하라. Ida B. Wells-Barnett, *On Lynchings*, Arno Press, New York, 1969; Robyn Wiegman, "The anatomy of lynching", *Journal of the History of Sexuality*, vol. 3, no. 3, 1993, pp. 445-467; David Garland, "Penal excess and surplus meaning. Public torture lynchings in twentieth-century America", *Law and Society Review*, vol. 39, no. 4, 2005, pp. 793-834; Dora Apel, "On Looking. Lynching photographs and legacies of lynching after 9/11", *American Quarterly*, vol. 55, no. 3, 2003, pp. 457-478.

27 Thomas Jefferson, *Notes on the State of Virginia*, Penguin Classics, Londres, 1999 [1775].

은 신체에 대한 공격과 고문 또는 즉결 처형을 막론하고 가혹 행위의 가장 눈부신 형식들이 활개 치는 제3의 장소였다.

서인도 제도의 플랜테이션 농장주들이 축적한 자금 덕분에, 18세기 영국은 새로이 태동하고 있던 취향의 문화, 갤러리와 카페 같은 장소들— 교양과 예절을 익히는 대표적 장소들—을 재정적으로 뒷받침할 수 있었다. 윌리엄 벡포드William Beckford와 같은 식민지의 귀족들, 조지프 애디슨Joseph Addison, 리처드 스틸Richard Steele, 크리스토퍼 캐링턴Christopher Carrington과 같은 플랜토크라트plantocrates[플랜테이션 지배계층]는 문화 시설에 대한 후원을 약속했다. 그들은 예술가, 건축가와 작곡가에게 작품을 의뢰했다. 교양과 사치품 소비와 나란히 커피, 설탕과 향신료가 교양 있는 인간 삶에 필수적인 요소가 되었다. 그러는 동안, 식민지의 귀족들과 [인도에서 큰 부를 축적한 유럽인 식민 관리인] 나바브nabab들은 새로운 귀족 정체성을 구성하기 위해 부정하게 취득한 재산을 다시 활용했다.[28]

그러니까 '도덕의 문명화'는 식민지 모험으로 시작된 새로운 부의 축적 방식과 소비의 형식 덕분에 가능해졌다. 사실상 17세기부터 외국과의 무역은 국가의 부를 약속하는 왕도로 여겨졌다. 이제 국제 교역의 흐름을 통제하는 일은 바다를 지배하는 능력에 달려 있게 되었고, 불평등한 교환 관계를 만들어내는 능력은 그 자체로 권력의 핵심적 조건이 되었다. 바다 건너의 금과 은이 모든 국가와 유럽의 여러

---

28 Simon Gikandi, *Slavery and the Culture of Taste*, Princeton University Press, Princeton, 2015, p. 149.

주요 왕족에게 탐욕의 대상이었고, 후추, 시나몬, 정향, 육두구 같은 향신료들도 마찬가지였다. 게다가 먼 곳에서 헐값에 사서 유럽의 시장에서 엄청난 가격에 되팔았던 목화, 비단, 인디고 염료, 커피, 담배, 설탕, 향유, 각종 주류, 고무, 약용 나무도 같은 경우였다.

도덕을[풍속을] 만족시키기 위해서는 사실 식민지를 장악하고, 독점권이 있는 회사를 설립하고, 먼 세계에서 오는 생산물을 더 많이 소비하는 것이 중요하다. 따라서 서구에서 시민적 평화는 대개 먼 곳의 폭력, 우리가 불붙이는 잔인한 범죄의 화로, 지구 도처에 무역 거점을 세우는 데 동반되는 영지 전쟁과 그 밖의 학살들에 크게 의존하고 있다.[29] 설탕 이외에도, 범선에 필요한 천, 돛대, 늑재肋材, 송진, 리넨, 밧줄뿐 아니라, 생사生絲, 무늬가 날염된 인도산 면직물 같은 사치품, 생선을 염장하기 위한 소금, 직물 산업을 위한 잿물과 염료의 공급에 달린 것이다. 달리 말하면, 욕망, 사치품에 대한 사랑, 또 다른 열정들은 더 이상 성급한 비난의 대상이 되지 않는다. 그러나 이 새로운 욕망에 대한 만족은 행성적 규모의 불평등한 지배 체제가 제도화되는 데 좌우된다.[30] 식민지화는 이 체제를 굴리는 주요한 수레바

---

29   다음을 참고하라. Sidney W. Mintz, *Sweetness and Power. The Place of Sugar in Modern History*, Penguin Books, New York, 1986[시드니 민츠, 《설탕과 권력》, 김문호 옮김, 지호, 1998(절판)].; K.N. Chaudhuri, *The Trading World of Asia and the English East India Company, 1660-1760*, Cambridge University Press, Cambridge, 1978.

30   다음을 참고하라. Klauss Knorr, *British Colonial Theories, 1570-1850*, Toronto University Press, Toronto, 1944, p. 54; Joyce Oldham Appleby, *Economic Thought and Ideology in the Seventeenth-Century England*, Princeton Universit Press, Princeton, 1978; William Letwin, *The Origin of Scientific Economics. The English Economic Thought 1660-1776*, Methuen, Londres, 1963.

퀴다. 이에 대해 역사학자 로맹 베르트랑Romain Bertrand은 식민지 국가는 "여전히 전시 태세에 있는 국가"라고 암시했다.[31] 이 말은 정복 전쟁에서 자행된 수탈, 잔인한 사적私的 정의의 행사나 민족주의 운동에 대한 가혹한 탄압만을 지칭하는 것이 아니다. 그는 분명 '공포를 통한 식민 정치'라고 부를 만한 것, 이를테면 모든 권리를 이미 박탈당한 이들을 쓰러뜨리는 폭력과 잔혹성의 한계 수준을 의도적으로 더 넘어서려는 행위를 염두에 두고 있다. 그들을 산산조각 내려는 욕망은, 마을과 벼농사를 짓고 있는 논에 불을 지르고, 마을 사람들을 단지 본보기로 처형하고, 공동 식량 저장고와 곡물 창고를 약탈하고, 민간인을 극도로 잔인하게 소탕하거나, 고문을 체계화하는 행위들의 일반화로 나타난다.

따라서 식민지 체제와 노예제 체제는 결과적으로 민주주의의 쓰라린 앙금을 구성한다. 토머스 제퍼슨의 직관에 따르면 그것은 자유의 본체를 부패시키고, 자유의 붕괴를 향해 가차 없이 휩쓸어가는 것이다. 서로를 이어받으며 교대하는 세 가지 질서—플랜테이션의 질서, 식민지의 질서, 민주주의 질서—는 결코 서로 떨어지지 않는다. 마치 조지 워싱턴George Washington과 그의 노예이자 동료인 윌리엄 리William Lee, 혹은 토머스 제퍼슨과 그의 노예 주피터Jupiter가 그랬듯이. 겉보기엔 떨어져 있으나 가까움과 친밀함이 억눌린 팽팽한 관계 속에서, 한 사람은 다른 사람에게 자신의 아우라를 더한다.

---

31   Romain Bertrand, "Norbert Elias et la question des violences imperiales. Jalons pour une histoire de la 'mauvaise conscience' occidentale", *Vingtieme Siecle*, no. 106, 2010, pp. 127-140.

신화들

민주주의의 폭력에 대한 비판은 새로운 것은 아니다. 이러한 비판은 민주주의가 19세기에 등장하고 승리를 거두는 과정에서 수반된 대항 담론들과 투쟁의 실천 속에서 직접적으로 드러난다. 예를 들어, 19세기에 등장한 또 다른 새로운 사상인 사회주의의 다양한 사조 안에서도 그것을 확인할 수 있는데, 19세기 말의 아나키즘이나 제1차 세계대전 이전부터 1929년 대공황 직후까지 프랑스의 혁명적 생디칼리즘[노동조합주의] 전통에서도 그것을 볼 수 있다.

이 시대에 제기된 근본적인 질문 중 하나는, 정치가 국가와 관련된 활동이자, 국가가 소수의 특권을 보장하기 위해 이용되는 행위 외에 다른 것일 수 있는가 하는 것이었다. 또 다른 질문은 미래 사회의 도래를 재촉하는 급진적인 세력이 어떤 상황에서 유토피아를 확신하고 실현하기 위해 폭력을 사용할 권리를 주장할 수 있는가이다. 철학적 차원에서는 인류가 초월성에 조금도 의지하지 않고 스스로 자기 능력의 발전과 자기가 행동하는 힘의 증대에 도달할 수 있는가, 그리고 그것만이 인간 역사가 스스로 자신을 나타낼 수 있는 유일한 수단인가 하는지 자문한다.

19세기 말 즈음, 직접행동action directe이라는 개념이 나타났다. 직접행동은 국가라는 매개 없이 자율적으로 추진되는 폭력적 행동으로 이해된다. 그것은 인간이 자신의 고유한 에너지의 보고와 소통하는 것을 가로막는 제약을 뛰어넘고, 그렇게 함으로써 자기생산auto-produire을 하는 것을 목적으로 삼는다. 혁명은 이러한 것이 성취된 예이다. 혁명은 사회 토대의 변화에 반대하는 모든 실질적 반대 세력을 폭력적으로 제거하는 수단이며, 계급의 반목을 없애고 평등한 사회가 도래하도록 하는 것이 그 목적이다.

재산을 몰수하는 총파업은 또 다른 예인데, 이는 다른 생산양식을 확립하는 것을 목표로 한다. 이런 종류의 중재 없는 충돌은 당연히 타협을 배제한다. 게다가 화해를 모조리 거부한다. 사람들은 혁명이 폭력적인 사건이라고 생각한다. 이러한 폭력은 계획적이다. 혁명적인 사건이 일어날 때, 그 폭력은 전복되려 하는 질서를 육화하는 인물들을 표적으로 삼을 수도 있다. 피할 수 없다 해도, 그 폭력은 억제되어야 하고 구조와 제도에 대항하는 것으로 방향을 바꾸어야 한다. 사실상 혁명적 폭력에는 돌이킬 수 없는 무언가가 있다. 그것은 확립된 질서를 파괴하고 청산하기를 계획하며, 그 청산은 평화롭게 얻을 수 있는 것이 아니다. 그 폭력은 사람들의 질서보다는 사물들의 질서를 겨냥한다.[32]

아나키즘은 다양한 모습으로 나타나는데, 특히 의회 민주주의를 극복하는 사상으로 이야기된다.[33] 아나키즘의 주된 흐름은 부르주아 지배 너머의 정치를 생각하려고 분투한다. 그들의 계획은 모든 정치적 지배를 끝장내는 것인데, 의회 민주주의는 그중 한 가지 방식이다. 예를 들어 미하일 바쿠닌Mikhaïl Bakounine에게 부르주아 민주주의

---

32 Mikhail Bakounine, *Fédéralisme, socialisme et antithéologisme, in Œuvres*, vol. 1, Stock, Paris, 1980; vol. 8.

33 우파의 관점은 다음을 참고하라. Carl Schmitt, *Parlementarisme et démocratie*, Seuil, Paris, 1988.

의 극복은 국가의 극복을 경유해서 가능하다. 국가는 본질상 국가 자신의 존속과 국가를 독점했다가 이제는 그것을 점유하는 계급들의 존속을 우선 추구하는 체제이기 때문이다. 국가를 극복하는 것은 '코뮌' 출현의 막을 여는데, 이 코뮌은 단순한 경제적, 정치적 단위를 넘어 사회의 자율적 조직화의 전형적 형태로 여겨진다.

민주주의의 폭력성에 대한 또 다른 비판은 혁명적 생디칼리스트[노동조합주의자]들의 활동에서 나타난다. 그들에게 중요한 것은 존재하는 시스템에 영향을 주는 것이 아니라, 폭력을 통해 그것을 파괴하는 것이다. 폭력은 힘과 구분된다. 조르주 소렐Georges Sorel이 쓴 바와 같이,[34] "힘의 목적은 소수가 지배하는 모종의 사회 질서가 조직되도록 강제하는 것"이고, 이는 "자동적인 복종을 실현하고자" 한다.[35] 반면 폭력은 "이러한 질서를 파괴하고 이러한 권력을 부수려고 하는 경향이 있다". 1919년부터 1930년대 초까지 프랑스에서 많은 노동자 시위는 분명 이러한 목적을 겨냥했다. 대개의 시위는 사람들의 사망, 거리 점거, 바리케이드 설치로 귀결되었다. 봉기/진압/동원의 순환은 장기간의 파업 투쟁과 치안유지 세력과의 계속되는 대립만큼이나 계급의 정체성을 표명하는 데 기여했다. 국가 기구에 의한 폭력

---

34 옮긴이주. 조르조 소렐은 《폭력에 대한 성찰》에서 민주주의와 계몽주의 이성의 산물로서의 평화 개념을 비판하며, 정치 변화는 혁명적 폭력 없이는 달성될 수 없다고 주장한다. 그는 혁명적 폭력을 낡은 사회 구조와 지배를 흔들 수 있는 유일한 계급적 실천 방식으로 이해하고 정치적 신화의 중요성, 특히 총파업과 같은 집단 신화의 동원력을 강조한다.

35 Georges Sorel, *Réflexions sur la violence*, Marcel Rivière, Paris, 1921, p. 257, 및 p. 263[조르주 소렐, 《폭력에 대한 성찰》, 이용재 옮김, 나남, 2007(절판)].

이 반동적인 데 반해, 프롤레타리아의 폭력은 도덕적이라는 생각이 자리하고 있다. 1871년 파리코뮌의 진압과 1876년 제1인터내셔널의 해산 이후 거의 20년이 지나 아나키즘은 프랑스에서 비약적 성장을 경험했다. 재산의 파괴와 소유물의 몰수는 이들이 공표한 목적 중 하나였고, 억압된 이들의 테러는 그들의 무기 중 하나였다. 1890년대에 이 테러는 프롤레타리아 대의를 위한 희생이라는, 희생의 경제 économie du sacrifice 안에서 기습적 행동의 양상을 띠었다.[36]

민주주의에 대한 이러한 비판—원래 바로 그 서구에서 민주주의의 폭력성을 감당했던 사회계급의 관점에서 구성된 비판—은 상대적으로 널리 알려져 있다. 반면, 민주주의의 다중적 계보와 그 얽힘은 충분히 강조되지 않았다. 마치 근대 민주주의의 역사가 서구 사회 내부의 역사로만 귀착되는 것처럼, 그리고 마치 이들 사회가 자기 자신과 세계에 대해 폐쇄되어 있으며, 그들의 가까운 주변 환경이라는 협소한 한계 안에 갇혀 있는 듯 굴었다. 하지만 사정은 결코 그렇지 않았다. 서구에서 근대 민주주의가 승리한 시기는 이 지역이 내부의 공고화와 바다 너머로의 확장이라는 이중의 운동에 착수한 역사적 시기가 일치한다. 근대 민주주의의 역사는 사실상 두 개의 얼굴을 가진 역사, 나아가 두 개의 몸을 가진 역사다. 한편으론 태양의 몸이

---

36 다음을 참고하라. Romain Ducoulombier, *Ni Dieu, ni maître, ni organisation? Contribution à l'histoire des réseaux sous la Troisième République (1880-1914)*, Presses Universitaires de Rennes, Rennes, 2009 ; Miguel Chueca (dir.), *Déposséder les possédants. La grève générale aux "temps héroïques" du syndicalisme révolutionnaire (1895-1906)*, Agone, Marseille, 2008.

며, 다른 한편으론 밤의 몸이다. 식민지 제국과 노예제 국가—그리고 더 정확히 플랜테이션과 유형지bagne[37]—는 이 밤의 몸의 주요한 상징들이다.

특히 유형지는 배제의 징벌이 집행되는 장소였다. 이러한 징벌의 목적은 그것을 치르는 이들을 멀리 보내거나 제거하는 것이었다. 원래는 정치적 숙적, 강제노역형을 선고받은 일반 형사범, 나아가 재범자들의 경우가 그랬다.[38] 프랑스에서는 1792년 8월 26일의 법이 정치적 추방을 제도화한다.[39] 1852년과 1854년 사이에 식민지 유형소는 비약적으로 확대된다. 19세기 동안 특히 프랑스령 기아나로 대규모 송치가 이

---

37 옮긴이주. 주로 해외의 식민지에 있던 유형지를 칭하는 'bagne'는 18세기부터 20세기 초까지 프랑스 및 그 식민지에서 운영된 유형(流刑) 제도이며, 일반적으로는 강제노역형이 집행되는 수용소 또는 노동 교화소를 지칭한다. 군함(갤리선) 노역에 처해진 죄수들을 가리켰지만, 프랑스 대혁명 이후 육상 유형지로 제도화되었고, 1852년 이후 기아나, 뉴칼레도니아 같은 식민 유형지로 확대되었다. 유형지는 단순한 처벌의 공간을 넘어, 제국의 사회적·인종적 주변인을 물리적으로 배제하고 격리하는 장치로 기능했다. 특히 정치범, 재범자, 빈곤자, 제도 밖 인간들을 '국가의 안보 질서'라는 명목 아래 추방하여 유형지에 둔다는 점에서, 유형지는 식민지적 생명정치의 실행 공간이며, 법적 예외상태와 영속적 처벌이 일상화된 장소이자, 현대 감옥, 난민 수용소, 무국적 수용소의 선형적 전조로도 이해될 수 있다.

38 Odile Krakovich, *Les Femmes bagnardes*, O. Orban, Paris, 1990.

39 옮긴이주. 1792년 8월 26일 법률은 프랑스 혁명기의 입법국회가 제정한 법으로, 정치적 반대자에 대한 '추방형(deportation politique)'을 처음으로 제도화하였다. 해당 법은 반혁명 혐의를 받는 자, 왕당파, 공화주의 정권에 위협이 되는 자들을 공공의 안정을 이유로 법적 절차를 통해 격리·유배할 수 있도록 하였다. 정치적 추방은 단순한 처벌이 아닌 공화정 보호를 위한 예방적 형벌로 프랑스 제2제정에 이 형벌은 더욱 강화되며, 특히 기아나, 뉴칼레도니아 등지로의 유형지 송치 정책과 연결된다.

루어졌는데, 때로는 가벼운 징역형이 종신형으로 바뀌기도 했다.[40] 여러 면에서 식민지 유형지는 동시대의 특징적인 감금의 대중화, 즉 극단적이고 보편적인 강제수용과 고립 수용이 대중화되는 것을 예고한다.[41] 죄수를 다루는 폭력과 그들에게 부과된 박탈의 형식들은 무력화의 논리와 추방의 논리라는 두 가지 논리를 뒤섞는다.[42]

사실상 근대 민주주의는 처음부터 그 원칙의 우연성과 내막을 이루는 폭력을 숨기기 위해서 신화적인 구조로 자신을 포장할 필요가 있었다. 방금 상기했듯이 민주주의의 질서, 플랜테이션의 질서, 식민지의 질서는 오랫동안 쌍둥이 같은 관계를 유지했다. 이 관계들은 결코 우연한 것이 아니었다. 민주주의, 플랜테이션, 식민지 제국은 객관적으로 동일한 역사적 틀의 일부를 이룬다. 이 기원적이고 구조적인 사실은 동시대 세계 질서의 폭력을 역사적으로 이해하기 위한 핵심이다.

민주주의 질서와 식민지-제국의 질서 사이 관계의 성격, 그리고

---

40 오딜 크라코비치(Odile Krakovich)는 1852년부터 1938년까지의 유형수(bagnards)의 수를 10만 2,100명으로 추정한다. 다음을 참고하라. Ibid., p. 260. 또한 다음을 참고하라. Danielle Donet-Vincent, "Les 'bagnes' des Indochinois en Guyane (1931-1963)", criminocorpus.revues.org, janvier 2006.

41 Ruth Gilmore, *Golden Gulag. Prisons, Surplus, Crisis, and Opposition in Globalizing California*, University of California Press, Berkeley, 2007.

42 이러한 논의들에 대해 다음을 참고하라. Marie Gottschalk, *The Prison and the Gallows. The Politics of Mass Incarceration in America*, Cambridge University Press, Cambridge, 2006; Michelle Alexander, *The New Jim Crow. Mass Incarceration in the Age of Colorblindedness*, New York University Press, New York, 2010; Lorna A. Rhodes, *Total Confinement. Madness and Reason in the Maximum Security Prison*, University of California Press, Berkeley, 2004.

이 관계가 민주주의의 폭력을 결정하는 방식을 잘 파악하기 위해서는 여러 요소(정치적인 것, 기술적인 것, 인구학적인 것, 역학적인 것, 심지어 식물학적인 것)를 고려하는 것이 중요하다.[43] 18세기부터 식민지 제국의 형성에 기여한 여러 기술적 도구 중 가장 결정적인 것은 아마도 무기 기술, 의학, 운송 수단이었을 것이다. 그런데 그 정복에 투입된 자금과 병력의 약소함이 증언하는 것처럼 이따금 헐값에 제국을 얻었다 해도 그것만으로는 충분하지 않았다. 새로운 땅에서 사람들이 살게 하고 그곳을 효율적으로 개발해야만 했다. 예를 들면 대영제국, 네덜란드, 프랑스는 무굴 제국, 자바 왕국, [오스만 제국의 전신인] 오스만 베일리크의 쇠퇴를 틈타 인도와 인도네시아, 알제리에서 이러한 일을 했고, 때로는 산업혁명 이전의 기술을 사용해서 이를 해냈다.[44]

서구가 세계를 장악하는 데 키니네가 끼친 영향은 아무리 강조해도 지나치지 않다. 킨키나나무 껍질의 사용이 널리 퍼지고,[45] 이를 인

---

43 Daniel R. Headrick, *The Tools of Empire. Technology and European Imperialism in the Nineteenth-Century*, Oxford University Press, New York, 1981; Philip D. Curtin, *Disease and Empire. The Health of European Troops in the Conquest of Africa*, Cambridge University Press, Cambridge, 1998; Marie-Noelle Bourquet·Christophe Bonneuil (dir.), "De l'inventaire du monde à la mise en valeur du globe. Botanique et colonisation (fin xviie siècle-début xxe siècle)", *Revue française d'histoire d'outre-mer*, vol. 86, no. 322-323, 1999.

44 Bouda Etemad, *La Possession du monde. Poids et mesure de la colonisation*, Complexe, Bruxelles, 2000.

45 옮긴이주. 키니네(quinine)는 말라리아 치료에 효과적인 알칼로이드 약물로, 남아메리카 안데스 지역의 킨키나나무(quinquina, 학명: Cinchona) 껍질에서 추출된다. 17세기 이후 유럽 식민 세력은 열대 지역 정복과 정착의 최대 장애물이었던 말라리아를 통제하기 위해 키니네를 적극적으로 활용하였다. 키니네의 대규모 채취

도나 자바의 플랜테이션에서 재배하고, 안데스산맥에서 채집되면서 백인의 열대지방 적응 능력을 비약적으로 향상시켰다. 마찬가지로 유럽 밖에서 민주주의 국가들이 수행한 식민지 전쟁이 법의 테두리 밖에 있었다는 특징 역시 아무리 강조해도 지나치지 않다. 특히 아프리카에서 벌어진 식민지 급증은 산업화 시대의 초기 군사적 혁명 중 하나와 그 시기가 일치했다. 군사 기술과 탄도의 속도가 군사적 충돌을 "진정으로 비인간적인 과정"으로 변화시키기 시작한 것도 1850년대부터다.[46] 앞선 시대의 전쟁에서 사용된 대포와 소총, 보루 요새와 해군 함대에 더해, 곡사포와 장거리포, 기관총 같은 보병 지원용 자동화 무기, 자동차와 비행기까지 뒤섞여서 더해진다.

민주주의가 대량생산이라는 산업 원칙을 대량 파괴와 전쟁의 기술로 이전시키려고 애쓰던 때 역시 그 시기다. 이 과정에서 신형 산업 무기 중 몇 가지는 미국 남북전쟁 기간(1861~1865)과 러일전쟁 기간(1904~1905)에 시험적으로 사용되었는데, 이러한 시도의 목적은 기술에 대한 어느 정도의 복종과 죽음에 대한 체념적인 수용을 바탕으로 화력을 배가하는 데 있었다. 이런 관점에서 식민지 정복은 특권적인 실험장이 된다. 여기에서부터 힘과 기술에 대한 사유가 출현하게 되며, 이 사유는 극단으로 치달았을 때 현대의 강제수용소와 집단학

와 약제화는 유럽 제국주의의 생명정치적 도구로 작동하였다. 18세기부터 19세기 사이, 영국과 프랑스, 네덜란드는 인도, 자바(인도네시아), 아프리카 등지의 식민지 플랜테이션에서 킨키나나무를 재배하거나 채집하여 키니네를 대량생산하였다. 이는 열대지방의 '백인 정착 가능성'을 획기적으로 확장시킨 계기로 설명된다.

46　Laurent Henninger, "Industrialisation et mécanisation de la guerre, sources majeures du totalitarisme (xixe-xxe siecles)", *Astérion*, no. 2, 2004, p. 1.

살 이데올로기로 향하게 되는 길을 열어놓았다.[47]

식민지 정복을 계기로 인간과 기계 사이의 대결이 가속화되었으며, 이는 '산업화된 전쟁guerre industrielle'과 도살극의 전조로, 1914~1918년 [제1차 세계대전]이 그 상징이다. 식민지 정복 전쟁은 적군의 높은 인명 손실에 익숙해지도록 하는 계기이기도 했다. 대체로 식민지 정복 전쟁은 처음부터 끝까지 비대칭적인 인종 전쟁이었다.[48] 150년에 걸친 식민지 전쟁 기간에 식민지 주둔 군대의 인명 손실은 크지 않았다. 역사가들은 그 손실을 28만에서 30만 명 사이로 추정한다. 크림전쟁 한 번으로 25만여 명의 사망자가 발생했다는 것과 비교해보면 상대적으로 낮은 수치다. 탈식민화의 주요한 '더러운 전쟁sales guerres' 중 세 번의 전쟁(인도차이나, 알제리, 앙골라 및 모잠비크)을 보면 식민 측에서는 약 7만 5,000명이 사망한 반면, 토착민 측에서는 약 85만 명이 사망했다.[49] '더러운 전쟁'의 전통은 바로 이러한 식민지 전쟁에서 기원한다. 그 전쟁은 보통 선주민들을 대대적으로 학살하고—즉, 인구의 격감—이렇게 유린당한 지역의 병리학적 생태계에 심각한 변동을 가져오는 것으로 귀결된다.

---

47 Iain R. Smith·Andreas Stucki, "The colonial development of concentration camps (1868-1902)", *The Journal of Imperial and Commonwealth History*, vol. 39, no. 3, 2011, pp. 417-437.

48 Olivier Le Cour Grandmaison, *Coloniser, exterminer. Sur la guerre et l'État colonial*, Fayard, Paris, 2005.

49 카메룬에 관해서는 다음을 참고하라. Thomas Deltombe·Manuel Domergue·Jacob Tatsitsa, *Kamerun! Une guerre cachée aux origines de la Françafrique (1948-1971)*, La Découverte, Paris, 2011.

자신들이 법을 따르는 체제라 자처하는 정권들이 벌이는 식민지 전쟁들은 대부분 정확히 말해서 정복의 시기에는 특히, 자기방어를 위한 전쟁이 아니었다. 그 전쟁들은 재산을 되찾거나, 정의가 유린된 곳에 어떤 정의든 다시 세우려는 목적으로 수행된 것이 아니다. 애초에 실질적으로 그 심각성을 가늠할 수 있는 어떠한 범죄도 없다. 이 전쟁이 일으킨 폭력은 비례의 원칙도 전혀 따르지 않는다. 사실상 적이라고 선고된 존재에게 가하는 약탈에는 어떠한 분명한 한계도 없었다. 수많은 무고한 사람들이 죽임을 당하는데, 대부분이 밝혀진 죄의 결과가 아니라 미래의 죄 때문이었다. 따라서 정복 전쟁은 법을 집행하는 것이 아니다. 적을 범죄자로 만들었다면, 그건 어떤 정의를 다시 세우고자 하는 목적에서 그런 것이 아니다. 무기를 소지했든 아니든, 처벌의 대상인 적은 본질적인 적, **본연의 적**일 뿐이었다. 요컨대, 식민지 정복은 민주주의가 벌이는 규제되지 않는 전쟁, **법 밖의 전쟁**의 영역에 전례를 만드는데, 이렇게 함으로써 민주주의는 규범을 벗어난 합의와 관습이 지배하는 제3의 지대로 폭력을 외부화한다.

역설적이게도 법 밖의 전쟁이라는 이 영역은 서구에서 유스 인 벨로(전쟁 중의 법)는 물론 유스 아드 벨룸(전쟁 개시의 법)[50]을 개혁하려는

---

50 옮긴이주. 유스 아드 벨룸(ius ad bellum)은 전쟁 개시의 법으로, 국제법상 국가가 무력을 사용할 수 있는 정당한 조건을 규율하는 법적 체계를 의미한다. 이는 전쟁을 시작할 수 있는 정당한 사유(just causes of war), 예컨대 자위권, 유엔 안보리의 승인, 인도주의 개입 등을 포함한다. 현대 국제법에서는 유엔 헌장 제51조(자위권)와 제2조 4항(무력 사용의 금지)가 중심이 된다. 유스 인 벨로는 전쟁 중의 법이며 전쟁이 이미 시작된 이후에, 전투 수행 방식과 그 한계를 규율하는 법적 규범을 의미한다. 이는 민간인 보호, 전쟁포로의 권리, 고문·학살·화학무기 사용의 금

많은 시도가 있었던 바로 그때 번성했다. 이 시도는 17~18세기에 시작되었으며, 그중에서 적대의 성격(어떤 유형의 전쟁을 행하는가?)과 적의 자격(어떤 유형의 적과 대결하는가? 누구와 어떻게 싸우는가?), 전쟁 수행 방식, 전투원과 비전투원 및 폭력과 유린에 노출된 모든 이들이 그 지위에 따라 준수해야 하는 일반적 규칙에 관한 것이다. 국제인도법의 토대는 19세기 말에 마련되는데, 이 법은 특히 전쟁을 '인간화'하기 위한 것으로, 아프리카에서 '잔혹화된 전쟁'이 한창일 때 등징했다. 근대에 성립한 전쟁법은 1874년 브뤼셀 회의, 1899년 및 1907년 헤이그 회의에서 처음으로 공식화된다. 그러나 전쟁에 관한 국제 원칙의 발전이 전장에서 유럽 열강의 행태를 당연히 바꾸지는 않는다. 과거에도 오늘날에도 마찬가지다.

민주주의의 폭력은 매우 빠르게 식민지로 외부화되는데, 거기서 폭력은 노골적인 억압 행위의 양상을 띤다. 식민지에서 권력은 사실상 기존의 어떠한 적법성에도 기대지 않고 있기에, 스스로를 마치 운명처럼 받아들이길 강요한다. 상상에서도 현실에서도 정복당하고 복종하는 토착민의 삶은 이미 예정된 사건들의 연속인 것처럼 그려진다. 사람들의 생각에 이러한 삶은 이렇게 될 수밖에 없는 것이며, 국가가 행하는 폭력은 매번 단지 필요한 조치일 뿐 아니라 무고한 것으로 여겨진다. 식민지 권력은 합법과 불법의 구분으로 구조화되지 않기 때문이다. 식민지의 법은 정치적 명령에 무조건 복종한다. 법을 전적으로 도구화하는 이와 같은 방식은 권력을 가진 이들을 모든 실

지 등을 포함하며, 제네바 협약 및 헤이그 협약이 그 주요 근거가 된다.

질적 속박으로부터 해방시키는 결과를 가져온다. 전쟁의 실행, 저항의 불법화, 일상의 통치 속에서든 말이다. 이 체제를 구성하는 순간은 아무런 유보 없는 비어 있는 힘force vide⁵¹의 순간이었다.

거의 줄곧 절멸의 욕망, 즉 제거주의에 시달리는 식민지 전쟁은 정의상 국경을 넘는 전쟁, **무법의**hors-la-loi 전쟁이다.⁵² 점령이 확실해지자마자 투항한 주민들은 몰살을 결코 완전히 피할 수 없다.⁵³ 게다가 식민지의 주요한 집단학살이 이주 식민지에서 벌어진 일이라는 것은 놀랍지 않다. 사실상 그곳은 제로섬 게임이 지배한다. 유럽인의 점령을 합법화하기 위해 미리 선주민의 존재를 모조리 부인하고 그들의 흔적을 지워버릴 것을 요구한다. 대규모 유혈 사건들 외에도 거의 억제되지 않는 분자적 폭력이 만연해 있다. 이 폭력은 활성적이고 원초적인 힘으로서, 미세하고 퇴적된 형태를 띠며 식민 사회 전반에 가득 스며들어 있는 힘이다.⁵⁴ 토착민indigènes에게 적용되는 법은 식민지 개척자에게 적용되는 법과 결코 같지 않다. 토착민이 저지른 범죄는 이들이 정당한 권리를 누리는 사법 주체로 거의 인정받지 못하는 규

---

51 옮긴이주. 폭력은 있지만 규범은 없다는 바를 의미한다.

52 다음을 참고하라. Kevin Kenny, *Peaceable Kingdom Lost. The Paxton Boys and the Destruction of William Penn's Holy Experiment*, Oxford University Press, New York, 2009.

53 A. Dirk Moses (dir.), *Empire, Colony, Genocide. Conquest, Occupation, and Subaltern Resistance in World History*, Berghahn, New York, 2008; Martin Shaw, "Britain and genocide. Historical and contemporary parameters of national responsibility", *Review of International Studies*, vol. 37, no. 5, 2011, p. 2417-2438.

54 세부사항은 다음을 참고하라. Elizabeth Kolsky, *Colonial Justice in British India. White Violence and the Rule of Law*, Cambridge University Press, Cambridge, 2010.

범 틀 안에서 처벌된다. 반면, 선주민에게 범죄(살인을 비롯한)를 저질러서 고발된 모든 식민지 개척자는 정당방위나 보복에 호소하는 것만으로도 모든 유죄 판결을 피하기에 충분하다.[55]

많은 역사가가 지적했듯, 식민 제국은 절대적 일관성이 부여된 체제가 전혀 아니었다. 예상치 못한 상황 앞에서의 즉흥적 대처와 임시적 대응, 그리고 아주 빈번한 약식 절차와 빈약한 제도화가 관례였다.[56] 그러나 이러한 다공성과 분절성은 폭력과 가혹 행위를 줄이기는커녕 더욱 위험한 것으로 만든다. 비밀의 두터운 장막이 불법 행위를 덮어버릴 때, 안전을 명분으로 내세우는 것만으로도 면책의 구역을 합리적 한계를 넘어서는 수준까지 확장할 수 있었고, 이 불투명성은 그것들을 거의 자연적인 관성의 기계처럼 만들었다.[57] 재현을 통해 만들어진 세계와 현상적 세계가 정확히 일치하지 않는다는 점은 중요하지 않았다. 증거 없이도 비밀과 안보를 내세우면 충분했다. 민주주의의 산물인 식민지 세계는 민주적 질서의 안티테제가 아니었다. 그것은 항상 민주주의의 분신 내지는 밤의 얼굴이었다. 이름

---

55 Lisa Ford, *Settler Sovereignty. Jurisdiction and Indigenous People in America and Australia, 1788-1836*, Harvard University Press, Cambridge, 2010.

56 특히 다음을 참고하라. Martin Thomas, "Intelligence providers and the fabric of the late colonial state", in Josh Dulfer·Marc Frey, *Elites and Decolonization in the Twentieth Century*, Palgrave Macmillan, Basingstoke, 2011, pp. 11-35.

57 Priya Satia, *Spies in Arabia. The Great War and the Cultural Foundations of Britain's Covert Empire in the Middle East*, Oxford University Press, Oxford, 2008; Martin Thomas, *Empires of Intelligence. Security Services and Colonial Disorder after 1914*, University of California Press, Berkeley, 2008.

과 구조가 어떻든 그 분신, 자신의 식민지를 가지지 않은 민주주의란 없다. 식민지는 민주주의 외부에 있는 것이 아니다. 반드시 담장 바깥에 있는 것도 아니다. 식민지가 종종 가면 쓴 모습으로 민주주의를 품고 있는 것처럼, 민주주의는 그 안에 식민지를 품고 있다.

프란츠 파농이 환기한 대로, 사실상 이 밤의 얼굴은 가장 근원적이며 근원적이며 정초적인 공백을 감춘다. 그 기원이 법 아닌 것에 있고 법 바깥의 법으로서 제정되는 법이다. 기반이 되는 이 공백에 두 번째 공백이 더해지는데, 이번에는 보존의 공백이다. 이 두 공백은 서로 밀접하게 뒤엉킨다. 역설적으로 본국의 민주주의적 정치 질서에는 이 이중의 공백이 필요하다. 우선은 자신과 겉으로 드러나는 이면 사이에 환원 불가능한 대조가 존재한다고 믿게 하기 위해서이고, 그다음은 자신의 신화적 자원을 보충하고 내부와 외부에서 모두 자신의 이면을 더 잘 숨기기 위해서다. 달리 말하면, 근대 민주주의가 작동하고 생존하는 데 꼭 필요한 신화적 논리는 민주주의의 태생적 폭력을 제3의 장소, 즉 비-장소non-lieux에 외부화하는 것과 맞바꾸어 얻어진 것이다. 이 비-장소를 전형적으로 보여주는 것이 플랜테이션, 식민지, 그리고 오늘날의 수용소와 감옥이다.

이러한 폭력은 특히 식민지로 외부화되었지만, 본국 내부에도 잠재된 채로 남아 있다. 민주주의의 작업 중 일부는 이 잠재된 폭력에 대한 의식을 최대한 무디게 만드는 것이며, 민주주의의 기원과 이면, 그 질서의 재생산을 보장하는 신화에 대해 질문을 던지는 것을 거의 불가능하도록 만드는 것이다. 이 신화가 없다면 민주주의의 번성을 약속하는 질서가 갑자기 흔들린다. 민주주의가 가진 거대한 두려움은 그 내부에 잠재되어 있고 식민지와 제3의 장소에 외부화된 이러한 폭력이 갑자기 표면으로 다시 떠올라서, 정치적 질서가 단 한 번의 제도화로 수립되었다는 듯한 믿음, 그리고 그것이 어느 정도 상식처럼 받아들여지게 되었다는 믿음을 위협하는 것이다.

신성한 것의 소진

그밖에 이 시대의 편집증적 경향은 두 개의 거대한 서사, (재)출발의 서사, 종말—아포칼립스—의 이야기 주위에서 응결한다. (재)출발의 시간과 종말의 시간을 구별 지을 수 있는 것은 거의 없는 듯하다. 양쪽을 모두 가능하게 만드는 것이 파괴와 파국, 황폐이기 때문이다. 이러한 관점에서, 지배는 파국의 임계치를 조정하는 것을 통해 수행된다. 만약 통제의 어떤 형식이 고립과 질식을 거친다면, 또 다른 형식은 전면적인 무관심과 방치로 작동한다. 어떠한 경우든, 유럽의 인문학에 지대한 영향을 끼친 유대-그리스 철학의 유산에는 다음과 같은 구조적 관계가 존재한다. 바로 한편으로는 세계의 미래와 존재의 운명, 다른 한편으로는 정치적인 동시에 신학적인 범주로서의 파국 사이의 구조적 관계다.

존재가 정점에 도달하기 위해서는 불을 통한 정화 단계를 거쳐야만 한다고 여겨진다. 이 특이한 사건은 마지막 장을 미리 보여주는데, 하이데거Martin Heidegger의 말에 따르면 그 과정에서 지구는 스스로 폭발할 것이다. 이러한 자폭은 그가 보기에 기술의 "최고 성취"인데, 이는 독일철학에서 과학과 자본을 가리키는 말이다. 지구가 스스로 폭발하고 지구와 함께 "현행 인류"는 사라질 것이라고 그는 예상한다. 그런데 유대-기독교 전통의 일부에서는 "현행 인류"가 사라지는 것은 돌이킬 수 없는 상실이나 공백에 이르는 상실을 의미하지 않는다. 그것은 첫 번째 시작의 끝일 뿐이며, 잠재적으로 "다른 시작"과 "다른 역사", 다른 인류와 다른 세상의 역사의 시작이다.

하지만 전 인류가 파국의 신학과의 관계 속에서 존재의 역사에 그러한 자리를 부여하고 있다고 확신할 수는 없다. 예를 들어, 고대 아프리카의 전통 속에서 인간 실존에 대한 의문의 출발점은 존재에 관한 질문이 아니라 관계와 상호적 연루에 대한 질문, 말하자면 나의 살flesh이 아닌 다른 살을 발견하고 인식하는 것에 관한 질문이었다. 이것은 어떻게 매번 나를 먼 곳으로, 나의 장소와 다르면서 동시에 그에 관련된 곳으로 데려가는지에 대한 질문이다. 이런 관점에서, 정체성은 실체에 대한 질문이 아니라 가소성에 대한 질문이다. 그것은 공동 구성co-composition에 관한 질문이며, 다른 살 저쪽là-bas으로의 열림에 관한 질문이며, 여러 살과 그 살들의 여러 이름과 장소 사이의 상호성에 관한 질문이다.

이러한 관점에서, 역사의 생산이란 상황들의 얽힘과 잠재력들을 풀고 다시 잇는 일이다. 역사는 단절 없는 변형, 연속성 속의 변형, 살아있는 것의 다양한 부분들이 상호적 동화를 이어가는 역설적 상황들의 연속이다. 그래서 대립항과 관계 맺는 작업, 특이성들을 포식작용[58]하고 배치하는assemblage 작업이 중요하다. 이러한 전통에서 세상의 종말이나 다른 인류에 대한 사유는 별로 중요하지 않다. 어쩌면 이러한 강박관념은 결국 서양 형이상학의 특유한 것일 수는 있다. 많은 인류 문화에서 세계는 단순히 끝나는 것이 아니며, 시간의 반복이나 요약이라는 생각은 구체적인 그 무엇에도 부합하지 않는다. 이는 모든 것이 영원하다는 의미도, 모든 것이 반복되거나 순환적이라는 의미도 아니다. 단지 세계는 본래적으로 열려 있고, 시간은 오직 예기치 못한 것, 뜻밖의 일 것을 통해서만 존재한다는 뜻이다. 그래서 사건événement이란 바로 아무도 정확히 예견하거나, 측정하거나, 계산할 수 없는 것이다. 이렇게 함으로써 '인간의 고유한 특성'은 늘 깨어 있는 것이며, 미지의 것을 받아들이고 뜻밖의 것을 포용할 수 있게 되는 것이다. 왜냐하면 세계가 세계일 수 있게 하는 마법적enchantement 과정의 시작에 놀라움이 있기 때문이다.

다른 차원에서, 인류의 많은 이들에게는 세계의 종말이 이미 일어난 일이다. 문제는 더 이상 어떻게 그것의 도래를 기다리며 살 것인가가 아니다. 종말의 다음 날, 말하자면 상실과 분리 속에서 어떻게 살아갈 것인가이다. 세계의 파괴 직후에 어떻게 세계를 다시 만들 것인가? 이러한 인류 일부에게, 세계의 상실은 예전에 물질적, 정신적, 상징적 투자의 핵심이 되었던 것들로부터 벗어나도록 강요한다. 그것은 어제 존재했지만 오늘은 사라졌고, 이제는 망각되어야 할 것들

---

58 옮긴이주. 포식작용(phagocytosis)은 원래 생물학 용어로, 식세포작용(食細胞作用) 또는 포식작용으로 쓴다. 이는 세포가 이물질이나 다른 세포, 박테리아 등을 둘러싸고 흡수하는 과정이다. 음벰베는 포식작용을 이질적 요소들을 포섭하고 흡수하여 새로운 정체성이나 관계망을 형성하는 과정으로 설명하면서 식민주의적 동화 달리 상호 변형적이고 비지배적 접합으로 제시한다.

에 대한 포기의 윤리학éthique du renoncement을 발전시키도록 강요한다. 어쨌든 종말 이후에도 삶이 있기 때문이다. 종말은 결코 삶의 최후 한계와 같지 않다. 삶의 원리에는 종말에 대한 모든 관념에 도전하는 어떤 것이 있다. 반대로 상실과 그에 따르는 분리는 결정적인 하나의 횡단을 나타낸다. 그러나 모든 분리가 어떤 면에서는 상실이듯, 모든 상실이 반드시 세계의 종말인 것은 아니다. 어떤 상실들은 해방적이다. 왜냐하면 그 상실은 다른 삶의 체제들로 나아가는 길을 열어주기 때문이다. 어떤 상실은 생존을 보장하기 때문에 필연성의 일부가 된다. 지속성을 분명하게 보장하기 위해서, 단절해야만 하는 사물과 투자가 있다. 게다가 어떤 사물과 투자에 대한 집착은 결국 자아와 그 사물을 파괴하는 결과를 가져올 수밖에 없다.

그런데 지금 시대는 분명 두 방향으로 움직인다. 한편에는 근원과 재출발에 대한 열망이 있고, 다른 한편에는 세계로부터의 탈출, 시간의 종말, 존재자의 끝맺음과 다른 세계의 도래가 있다. 이 두 가지 양상의 열광은 자연히 장소에 따라 특징적 형상을 띤다. 지배자와 피지배자를 동일한 욕망의 다발 속에 묶어놓는 특수한 속성의 권력 형태가 작동하는 탈식민지에서, 종말을 향한 열광은 종종 신자들의 언어 속에서 표현된다. 그 이유 중 하나는 탈식민지가 반란의 욕망과 투쟁의 의지를 포착하고 무력화하는 비교적 특수한 형태이기 때문이다. 사회의 에너지는 일과 이윤 추구, 세상의 축약과 재건에 당연히 재투자되는 것이 아니라, 매개 없이 즉각적인 일종의 주이상스[59]에 재투자되는데, 이는 동시에 주이상스의 결여이자 리비도의 포식이기도 하다. 이 모든 것이 혁명적인 변혁의 부재와 확립된 지배 헤게모니의 결여를 설명한다.

기원을 향한 열망은 타자와의 만남—실재라기보다, 사실 환상적이거나 보통 트라우마적인—이 유발하는 두려움의 정동에서 양분을 얻는다. 실제로 오랫동안 자기 자신보다 타자들을 더 우선시했다고 생각하는 사람들이 많다. 이제 그들은 이렇게 말한다. 타자를 나보다 더 우선시하는 것은 끝이라고. 이제 우리를 타자보다 더 우선시할 차례이며, 어차피 그들은 우리만큼 가치가 있지는 않다는 것이다. 이제야말로 우리와 닮은 이들에게 관심을 돌려야 할 때라는 것이다. 그러니까 이 시대는 이제 강한 나르시시즘적 집착이 강한 시대다. 이방인과 무슬림, 베일 쓴 여성, 난민, 유대인, 네그르에 대한 상상적 고착은 이러한 맥락에서 방어적 기능을 수행한다. 사람들은 사실 우리의 자아가 언제나 타자—우리가 내면화했으나, 언제나 퇴행적인 방식으로 내면화했던 어떤 네그르, 어떤 유대인, 어떤 아랍인, 어떤 이방인—와의 대립으로 구성된다는 것을 인정하지 않으려 한다. 근본적으로 우리는 언제나 낯선 주체들로부터 차용해온 다양한 요소들로 만들어지고, 결과적으로 우리는 항상 경계에 있는 존재들이다. 바로 이것이 오늘날 많은 사람이 받아들이기를 거부하는 사실이다.

게다가 두려움의 정동이 일반화되고 공포가 민주화되는데, 이는 심대한 변형들을 배경으로 일어난다. 그것은 믿음의 체제에서부터 비롯되며, 결국 사람들이 서로 나누는 이야기들에서 시작된다. 이러한 이

---

59 옮긴이주. 주이상스(Jouissance)는 단순한 즐거움이나 쾌락을 넘어서는 과잉의 향유를 뜻한다. 이는 규범과 언어의 질서를 초과하며, 고통과 쾌락이 교차하는 체험으로 주체를 흔드는 사건이다.

야기들은 진실에 근거할 필요가 없다. 이제 실제로 벌어지거나 일어난 일이 아니라, 믿어지는 일이 진실이다. 위협에 관한 이야기들. 반은 암소이고 반은 황소인 뱀의 머리를 한 인간들에 관한 이야기. 우리를 증오하고 아무 이유 없이 불시에 우리를 죽이려 하는 적들에 관한 이야기. 자기 안의 생존 본능을 넘어섰다는 사실에 그 힘이 있는, 따라서 죽을 수 있고, 나아가 다른 사람들을 죽이면서 죽을 수 있는 테러의 인간들에 관한 이야기. 실제로 완전히 행성적 차원에서 전혀 새로운 종류의 전쟁이 이미 오래전에 시작되었다. 그 전쟁은 모든 전선에서 전개되고 있으며, 전적으로 외부에서 우리에게 강제될 것이다. 우리는 전쟁의 원인과 전개에도, 새로운 전쟁이 먼 타지에서 낳아온 극단의 상황들에도 아무런 책임도 지지 않을 것이다. 국고와 피, 실재하는 몸에 대한 비용은 가늠조차 할 수 없을 정도일 것이다. 우리의 적을 저지하거나 몰살할 수 없다면, 전쟁은 냉혹하게도 우리가 얼마 전까지 결코 포기할 수 없다고 여긴 사상들의 죽음을 목격하게 할 것이다. 우리는 정확히 외부의 공격에서 희생자의 자리에 있기 때문에 반격할 권리가 있다. 그러한 반격은 요컨대 정당방위의 명예로운 형식이 될 뿐이다. 만약 이러한 반격 도중에 우리의 적들이, 혹은 그들에게 은신처를 제공하거나 그들을 보호하는 민족과 국가들이 초토화된다면, 그것은 사태에 대한 정당한 보복에 지나지 않을 것이다. 사실상 그들은 그들 자신의 파멸을 짊어진 자들이 아닌가?

 이러한 모든 이야기는 공통된 실마리를 가진다. 칼로 **살아가기**가 규칙이 되었다는 것이다. 민주주의 국가들도 그러하듯이, 정치적 투쟁은 점차 누가 적의 위협에 맞서 가장 강력한 탄압적 억제 수단을 마련할 수 있는지를 알기 위한 경쟁이 되어간다. 동시대의 전쟁마저도 얼굴을 바꾸었다. 헌법상의 군대가 벌이는 특수작전 중에 적으로 추정되는 이들을 냉혹하게, 총구를 들이대고, 경고도 없이, 빠져나갈 틈도 없이, 반격의 위험도 무릅쓰지 않고 사살하기를 주저하지 않는다. 암살은 더 이상 단순히 순간적인 감정의 방출로 끝나는 행위가 아니다. 그것은 이제 인간 내면의 가장 원시적인 파괴 충동으로 회귀했다는 표시다. 거기에는 엄밀히 말해 리비도적인 충동과 죽음의 충동 사이의 구분이 더 이상 존재하지 않는다. 리비도적 자아인 이드 ça[충동]와 필멸성mortalité의 영원한 만남을 위해, 실제로 타자가 내 삶에서 완전히 떠나야만 한다.[60] 드론을 이용한 살상이나 정밀 타격을 빌미로 무고한 민간인을 죽이는 것은 도살이나 참수형보다 맹목적이지 않고 더 도덕적이거나 더 냉철한 행동인가? 테러의 인간은 적들을 그저 그들이 무엇이기 때문에, 오직 그 이유로만 죽이는가? 그는 그들이 어떤 생각을 한다는 이유만으로 그들의 살아갈 권리를 부정하는가? 그는 그들이 하는 말과 그들의 행동을 정말 알고 싶어 하는가? 아니면 무기를 들었든 아니든, 이슬람교도이든 신앙이 없든, 현지인이든 아니든 잘못된 시간과 잘못된 장소에 **그들이 거기 있었다**는 것만으로 죽는 이유가 되기에 충분한가?

공포의 일반화 역시 인류의 종말— 따라서 세계의 종말—이 가깝

---

60   다음을 참고하라. Simon Frankel Pratt, "Crossing off names. The logic of military assassination", *Small Wars & Insurgencies*, vol. 26, no. 1, 2015, pp. 3-24; de manière générale, Nils Melzer, *Targeted Killing in International Law*, Oxford University Press, New York, 2008; Grégoire Chamayou, *Théorie du drone*, La Fabrique, Paris, 2013.

다는 생각에서 양분을 얻는다. 그런데 인류의 종말은 세상의 종말과 필연적으로 얽혀 있는 것은 아니다. 세계의 역사와 인간의 역사는 뒤죽박죽 섞여 있다 해도 그 끝이 반드시 동시적이지는 않을 것이다. 인류의 종말이 꼭 세계의 종말을 수반하지는 않을 것이다. 반면 물질적 세계의 종말은 아마도 인류의 종말을 가져올 것이다. 인류의 종말은 삶의 다른 계열, 아마도 '역사 없는 삶'을 열어놓을 것이다. 인간의 역사 이외의 역사는 없다고 생각할 정도로 역사라는 개념이 인간의 역사와 분리될 수 없는 것이었기 때문이다. 그러나 오늘날, 상황은 분명 더 이상 그렇지 않다. 인류의 종말은 결국 인간 없는 세상의 역사를 향한 길을 여는 것에 불과할 수도 있다. 인간 이후의 역사, 그러나 살아있는 다른 것들과 인간이 남겨놓은 모든 흔적과 함께하는 역사다. 그러나 확고하게 **인간이 부재하는** 역사이다.

 엄밀히 말해서, 인류는 아마 총체적 기아 상태에서 종말을 맞겠지만 인간의 종말이 곧 상상 가능한 모든 종말의 끝을 의미하는 것은 아니다. 인류의 나이가 곧 세계의 나이와 겹치는 건 아니다. 세계가 인간보다 더 오래되었고, 그 둘은 혼동해서 생각하면 안 된다. 세계 없이는 인간도 없을 것이다. 그러나 인류 뒤에도 세계의 어떤 형상은 살아남을 수 있다. 인간 없는 세계다. 하늘에서 내려온, 힘이 충만하고 구름에 덮여 머리에는 무지개를 두른 태양 같은 얼굴에 발은 불기둥과 같은 천사들에 의해 인간 없는 세계가 시작될지, 아무도 알 수 없다. 천사는 바다에 오른발을, 대지에 왼발을 놓고 있을까? 바다와 대지 위에 일어서서, 하늘을 향해 손을 들고, 영원토록 살아계신 '그'의 이름으로 맹세할 것인가? 아무도 모른다. 하지만 이렇게 믿는 사람이 많다. 그들은 실제로 시간은 더 이상 존재하지 않을 것이며, 일곱 번째 천사의 트럼펫이 울리는 날, 신의 비밀이 완전해질 것이라고 믿는다.

그들은 시간의 최종적 중단, 혹은 신성의 소진이 특징인 새로운 역사성의 체제로 들어가는 것과 같은 종말을 막연히 예상한다. 신은 신비이기를 그만둘 것이다. 이제 신의 진실에 매개물 없이 가장 절대적인 투명성으로 접근하는 것이 가능해질 것이다. 오랫동안 분리되었던 완성, 유한성, 계시가 마침내 하나로 결합될 것이다. 끝나는 것이 본질인 시간은 마침내 그 종말에 이르게 될 것이다. 그렇게 함으로써 [즉, 시간이 끝남으로써] 우리는 마침내 끝나지 않는 다른 시간에 도달할 수 있게 될 것이다. 사람들은 결국 저편으로 건너갈 수 있을 것이다. 사람들은 결국 이쪽 편에서 유한성과 필멸성의 시간을 버릴 수 있게 될 것이다. 일단 진정한 종말이 실현되면, 마치 무無에서 솟아나는 힘, 근본적으로 해방적인 힘이 존재한다는 생각이 바로 우리 시대의 기술-신학적 함의를 지닌 정치적 폭력[61]의 중심에 있다.[62]

---

[61] 옮긴이주. 기술-신학적 폭력은 현대 기술 장치(드론, 알고리즘, 생체 감시 등)와 신학적 상상력(종말론, 절대적 진리, 구원과 정죄 담론)이 결합된 정치적 폭력의 형태를 가리킨다. 아쉴 음벰베는 이 개념을 통해, 오늘날의 폭력이 더 이상 단순한 도구적 수단을 넘어, 거의 신의 대리 작용처럼 작동하는 지점에 도달했음을 지적한다. 이 폭력은 '무에서 솟아오르는 해방적 힘'에 대한 믿음인 종말 이후의 정화, 새로운 시작, 선택받은 자의 논리에 의해 정당화되며, 살해나 파괴가 더 이상 설명을 필요로 하지 않는 구조, 즉 사유의 탈정치화와 신성화 속에서 수행된다. 대표적으로 드론 살상, 알고리즘 기반 표적 설정, 예방적 군사 개입 등은 기술적 판단과 종교적 절대성이 결합된 통치 메커니즘으로 작동한다.

[62] Arthur Kroker·Michael A. Weinstein, "Maidan, caliphate, and code. Theorizing power and resistance in the 21 st century", www.ctheory.net, 3 mars 2015.

죽음정치와 욕망 없는 관계

그 이름 아래 놓인 것이 무엇이든 간에, 테러리즘은 허구가 아니고, 점령 전쟁도, 반反테러전도, 테러리즘에 대한 반격이라고들 일컫는 반反폭동 전쟁 또한 허구가 아니다. 테러와 반테러는 하나의 동일한 현실인 욕망 없는 관계의 두 얼굴이다. 테러리즘의 행동주의와 반테러 동원에는 여러 공통점이 있는데, 둘 다 법과 권리를 공격한다.

한편, 테러리즘의 계획은 법치 사회la société de droit를 붕괴시키는 것인데, 이는 사회의 가장 심층적 토대를 실질적으로 위협한다. 다른 한편, 반테러 동원은 오직 예외적 조치로만 적들을 제거할 수 있으며, 이 적들에게는 국가권력의 폭력이 거리낌 없이 행사되어야 한다는 생각에 근거한다. 이러한 맥락에서 개인의 권리를 정지시키고 개인을 보호한다는 약속을 철회하는 것이 오히려 바로 이 권리들이 살아남기 위한 조건인 것처럼 제시된다. 달리 말하면, 법은 법에 의해 보호될 수 없으며 비-법非法으로만 보호될 수 있다. 테러로부터 법치 국가를 보호하기 위해 법 그 자체에 폭력을 행사하기를, 혹은 그때까지 예외에 속하거나 그저 비-법에 속하던 것을 합헌화constitutionnaliser하기를 요구한다. 따라서 수단이 그 자체로 목적이 되는 위험을 무릅쓰고서라도 법치 국가와 우리의 존재 방식을 보호하려는 모든 계획은 주권의 절대적 행사를 전제로 할 것이다.

그러나 어느 때부터 '정당방위(혹은 보복)'가 그 원칙과 작용에서 테러리즘 매커니즘과 제도의 조악한 복제로 바뀌게 되는가? 권리와 자유의 중지가 더 이상 예외가 아닐 때, 더구나 그것이 규범이 된 것 또한 아니라면, 완전히 다른 정치 체제와 직면하고 있는 건 아닐까? 법률, 칙령, 가택수색, 검문, 특별 재판소, 다른 긴급조치들이 무엇보다 **선험적 용의자**—종교를 버리라는 명령(이 경우 무슬림의 개종)이 확산시키기만 하는 혐의—라는 범주를 생산하려 할 때, 정의는 어디에서 멈추며 복수는 어디에서 시작되는가? 어떻게 평범하고 무고한 무슬림들에게 그들과 무관한 자들(실제로는 그들의 삶에 별로 관심이 없고, 심지어 그들의 죽음을 원하는 자들)을 대신해서 책임을 지라고 요구할 수 있는가? 모두가 전기톱으로 토막 살해를 하는 엄청난 야만성이 만연한 시대에, 그들이 태어난 곳에서 고요히 죽기를 거부했다는 이유로 왜 비난받아야 하며, 죽음에서 도망쳐 우리의 땅에서 피난처를 구한다는 이유로 왜 계속 낙인찍혀야 하는가?

 죽음을 대규모로 생산해내는 권력의 형태와 주권의 방식이 명백히 보편화된 현상에서 출발하지 않고서는, 이런 질문들에 대한 신뢰할 만한 어떤 응답도 있을 수 없다. 죽음의 대량생산은 생명과 정치적인 것에 대한 단순한 도구적 계산에서부터 시작된다. 우리가 언제나 다양한 형태의 공포가 깊이 흔적을 남긴 세상, 다시 말해 인간의 생명을 낭비하는 세계regime du gaspillage를 살아온 것은 사실이다. 공포 아래 사는 것, 그러니까 낭비의 체제 아래의 삶은 새로운 것이 아니다. 역사적으로 지배 국가의 전략 중 하나는 공포를 공간화하고 배출하는 데 있었다. 그들은 가장 극단적인 공포의 발현을 인종적으로 낙인찍힌 제3의 장소—노예제 아래의 플랜테이션, 식민지, 수용소, 아파르트헤이트의 **격리 구역**, 게토, 동시대 미국의 감옥—에 가장 극단적인 양상으로 가두는 방식을 통해 수행했다. 때로는 이렇게 감금하고 점령하는 형태, 그리고 분할하고 파괴하는 권력이 사적 권위들에 의해 대개 통제도 받지 않고 행사될 수 있었다. 그 결과 **책임 없는 지배**라는 양식이 출현했고, 자본은 자신에게 종속된 자들의 생사여탈권을 자본 자신을 위해 탈취한다. 예를 들어, 식민지 시기 초기에 있었던 [특정 권한을 위임받은 민간] 식민지 허가 기업[63]들의 경우가 그러했다.

탈식민의 세계 여러 지역에서 적대적 관계가 일반화되었던 것은 대개 강력한 반발에 직면한 많은 정권이 좇았을 권위주의적 노선의 최종 결과였을 것이다. 특히 아프리카에서는 공포 그 자체가 여러 양상으로 나타났다. 첫 번째는 국가의 공포 정치였을 것인데, 이는 저항 세력을 억누르려고 할 때 나타났으며, 때로는 은밀하고, 때로는 신속한, 폭력적이고 가차 없는 진압(투옥, 총살, 긴급조치 시행, 다양한 경제적 강제권)으로 나타났다. 억압하기 쉽도록 집권 세력은 사회적 저항 세력을 탈정치화하려고 했다. 때로는 대립 구도에 민족이라는 테두리를 두르려고 했다. 어떤 경우, 지역 전체가 민정과 군정이라는 이중의 행정하에 놓이기도 했다. 기존 정권은 자신에게 가장 위협을 느꼈을 때 폭력의 민영화 논리를 끝까지 밀고 나갔다. 갱단이나 민병대가 생겨났으며, 어둠 속에서 활동하는 폭력 청부업자들이나 국가의

---

63 옮긴이주. 식민지 허가 기업(compagnies concessionnaires)은 19세기 말~20세기 초 유럽 제국주의 국가들(특히 프랑스, 벨기에)이 식민지 영토의 일부를 민간 기업에 '위임(concession)'하여 그 기업이 자유롭게 자원을 착취하고, 주민을 통제하고, 세금을 걷고, 노동을 동원할 수 있도록 허가한 체제였다. 이는 특히 중앙아프리카(콩고, 가봉, 차드 등)와 프랑스령 서아프리카에서 널리 실행되었으며, 주권국가가 자행할 수 있는 폭력, 생사권, 수탈권을 민간 기업에 넘겨주는 방식이었다.

공식적 구조 내에서 권력을 쥔 군사적, 정치적 책임자들이 이를 지지하거나 묵인했다. 어떤 경우에는 민병대가 점차 자율성을 획득해 사실상 무장 조직으로 변모했고 정규군의 지휘 체계와 병렬적 명령구조를 형성했다. 또 다른 경우, 정규군 조직은 불법 행위을 감추는 데 이용되었고, 정치적 탄압과 함께 여러 종류의 암거래가 발생했다.

공포의 두 번째 양상은 힘의 독점의 분할, 거기에 뒤이은 공포의 수단이 사회 내에서 불균등하게 재분배되는 곳에 자리 잡았다. 이러한 상황에서 탈제도화와 비공식화의 동력이 속도를 높였다. 무장 여부에 따라 보호받는 사람들을 그렇지 않은 사람들과 분리하는 새로운 사회적 분할이 나타났다. 결국 정치적 투쟁은 과거보다 훨씬 더 자주 폭력으로 해결되는 양상을 띠며, 사회 내부에서 무기 유통은 불안정성의 심화, 생명 보호의 양극화, 재산 접근의 격차를 만들어내는 주요한 분열 요인이 되었다. 국가에 의한 폭력의 독점이 점차 상실됨에 따라, 국가 외부 혹은 내부에서 자율적으로 작동하는 수많은 행위자에게 그 권한이 분산되었다. 이러한 폭력 독점의 분산은 사적 집행자의 등장 역시 허용하는데, 그들 중 몇몇은 경제적인 목적으로 폭력의 수단을 끌어모으고 재동원하는 역량, 더 나아가 정규 전쟁을 수행하는 능력까지 조금씩 획득했다.

다른 차원에서 자원의 폭력적 전유 형태는 더욱 복잡한 것이 되었고, 군대와 경찰, 사법기관, 그리고 암흑가 사이에서 연결 고리들이 드러났다. 억압과 각종 밀수 행위가 공존하는 곳에서는 누구든 어떠한 타자에 의해 어떠한 시간과 상황에서도 살해될 수 있는 가능성에 충분한 여지를 부여하는 정치-문화적 지형이 나타났다. 이는 살해하는 역량과 그에 뒤따르는 결과(살해당할 가능성)에 상대적 평등— 오직 무기 소유 여부에 의해서만 일시적으로 정지되는 평등— 을 성립시킨다. 이러한 지형은 공포의 기능적 성격을 강조하고, 증오 이외의 모든 사회적 유대를 파괴하는 것을 가능케 한다. 바로 이 증오의 유대가 능동적으로 분리를 하는 관계를 정당화하며, 전쟁이란 그 폭력적 표현에 지나지 않는다. 권력이 타인의 생명을 대가로 해서만 얻어지고 행사된다는 생각을 구축하고 정상으로 여길 수 있게 하는 것도 역시 바로 이러한 증오의 유대이다.

공포에 의한 통치하에서는 더 이상 억압과 규율이 중심이 아니라 대량으로든 조금씩이든 살해하는 것이 핵심이 된다. 더 이상 전쟁이 반드시 군대를 다른 군대에, 주권 국가를 다른 주권 국가에 맞서게 하는 것은 아니다. 전쟁의 행위자는 제대로 구성된 국가, 국가의 가면 뒤에서 활동하거나 하지 않는 무장 단체, 국가는 없으나 분명히 구분된 영토를 통제하는 군대, 군대 없는 국가, 천연자원의 채굴을 위탁받은 데 더해 전쟁의 권리마저 부당하게 획득한 법인이나 식민지 독점 민간 기업들이 뒤죽박죽 섞여 있다. 인구 통제는 점점 그 자체가 경제적 자원을 착복하는 과정이 되는 전쟁을 경유한다. 이와 같은 상황에서 전쟁, 테러와 경제의 착종은 더 이상 단지 전쟁의 경제에 관한 것만은 아니다. 새로운 군수 시장을 창출하면서, 전쟁과 테러는 그 자체로 하나의 생산양식이 되었다.

공포와 잔혹 행위는 기존 독재 국가의 부패를 근절한다는 명분으로 정당화된다. 이러한 폭력은 겉보기에 거대한 치료의 의례liturgie thérapeutique의 일부처럼 보이는데, 그 안에는 희생의 욕망, 종말론적

메시아주의, 그리고 선주민의 주술적 상상에 뿌리를 둔 지식의 파편들이나 공리주의, 물질주의, 소비주의와 같은 근대 담론들이 뒤섞여 있다. 그 담론적인 근거가 무엇이건 간에, 그것들의 정치적인 발현은 소모적인 전쟁을 거친다. 그 전쟁 중에 수천 명, 나아가 수십만 명의 희생자들이 학살당하고, 수십만 명의 생존자들이 쫓겨나거나 감금당하거나 수용소에 수감된다. 이런 상황에서 권력은 독재정권 기간 아래에서보다 훨씬 더 잔인했다. 권력은 더욱 물리적이고 더욱 육체적이고 더욱 압도적이었다. 권력은 더 이상 주민을 훈육하는 것을 목표로 삼지 않는다. 권력은 여전히 신체를 격자 구조로 통제하거나, 혹은 자신이 통제하는 구역 안에 밀집시키는 방식으로 작동하지만, 그 목적은 더 이상 훈육이 아니다. 오히려 최대한의 효용, 때로는 쾌락의 착취(예컨대 성적 노예의 경우처럼)를 위한 것이다.

 살해하는 방식 역시 실로 다양하다. 특히 대규모 학살의 경우, 존재가 벗겨진 몸들은 단지 뼈의 잔해, 매장되지 못한 고통의 흔적, 비어 있고 무의미한 육체성에 불과하다. 이는 잔인한 무감각에 잠긴 낯선 침전물로 환원된다.[64] 많은 경우 가장 인상적인 것은 한편에 있는 뼈들의 무감각과 그 이상한 냉기 사이의 긴장, 다른 한편에 있는 어떻게 해서든 무언가 의미를 전하려는 끈질긴 몸부림 사이의 긴장이다. 어떤 상황에서는 무감각으로 특징지어지는 이러한 뼛조각에서 평온함은 전혀 발견되지 않으며, 오직 이미 들이닥친 죽음을 부정하

---

64 Thomas Gregory, "Dismembering the dead. Violence, vulnerability and the body in war", *European Journal of International Relations*, vol. 21, no. 4, décembre 2015.

려는 허망한 거부만이 있을 뿐이다. 신체의 절단이 직접적인 죽음을 대체하는 다른 경우, 특정 신체 부위의 적출은 절개하고 잘라내고 도려내는 기술이 발전하는 길을 여는데, 이 기술들도 뼈를 표적으로 삼는다. 이러한 조물주적인 외과술의 흔적들은 사건 이후에도 오래도록 남는다. 그 흔적들은 분명 살아있는 인간의 모습으로 남아 있으나, 그 신체의 전체성은 조각, 파편, 꺾임, 나아가 커다란 상처와 흉터로 대체된다. 이 상처와 흉터는 피해자 자신과 그 지인들에게 그의 절단을 병적 장면으로 끊임없이 들이미는 작용을 한다.

이 밖에 인류세 시대에 공포가 취하는 형식들은, 지리적이거나 기후적인 자연주의에 빠지지 않고 말하자면, 불가피하게 기후적 상황들과 다양한 생태환경 특유의 삶의 유형에 좌우된다. 특히 아프리카의 사헬-사하라 지역에서 그렇다. 그곳에서 폭력의 역학은 사막이나 반半사막 유목민 세계의 고유한 공간 이동성과 순환의 역학과 동조하는 경향이 있다. 여기서는 식민지 시대부터 국가의 전략이 영토의 지배에 입각한 것인 데 반해, (테러리스트를 포함해) 다양한 폭력의 형성체는 이동의 통제와 사회적, 상업적 그물망의 통제에 근거를 둔다. 사막의 특징 중 하나는 유동적이라는 것이다. 사막이 유동적이라면 그 경계 역시 그러한데, 기후적 사건에 따라 그것이 변하기 때문이다.

사하라 사막이라는 지역의 또 다른 전형적 특징은 남쪽의 숲과 마그레브Maghreb의 도시들을 연결하는 시장들과 길의 중요성이다. 이곳에서 테러는 층위적strates 공포이며, 카라반[대상인隊商人] 체제, 유목민 체제, 정주민 체제 간의 경계면에서 발생한다. 공간과 주민이 지속적으로 움직이기 때문에 그렇다. 공간이 단지 이동으로 횡단되기만 하는 것이 아니라, 공간 자체가 움직이는 것이다. 드니 르타이예Denis Retaillé와 올리비에 왈테르Olivier Walther에 따르면, "이러한 장소들의 이동 능력은 견고한 기반 시설의 존재에 의해 장소가 이미 정해진 것이 아니라는 사실 덕분에 가능해진다".[65] 그들이 덧붙이길, 가장 중요한 것은 "공간을 여러 생태기후학적 영역으로 나누는 데 근거한 띠 모양의 대상帶狀 모델보다 더 섬세한 조직의 형태"다.[66] 상당한 거리를 이동하고, 변화하는 관계를 유지하고, 영토를 희생하더라도 흐름을 우선시하고, 불확실성을 다루는 능력. 이 모든 것은 공포의 지역적 시장을 확실히 압박하는 데 필수적 자원에 속한다.

공포를 관리하는 이러한 다소 유동적이고 분절적인 형식 속에서, 주권이란 삶의 가장자리 내지는 삶의 바깥쪽 테두리에서 사는 존재들을 대량으로 생산하는 권력이다. 이들에게 살아있다는 것은 끊임없이 죽음과 협상해야 하는 상태를 의미한다. 그리고 그 죽음이란 그 자체로 점차 유령적인spectral 무언가가 되어간다. 죽음을 살아내는 방식과 그 죽음이 주어지는 방식 모두에서. 따라서 그 삶은 잉여생명이 된다. 그 가치가 너무나 미약해서 이러한 생명은 인간 중에서는 물론이고 팔리는 물건 중에서도 동등한 것이 아무것도 없는 생명(가격을 매길 수 없는 비시장적 생명)이다. 그 가치가 경제를 벗어나 있는 삶, 사람들이 그에 가할 수 있는 죽음 같은 것 말고는 등가물이 없는, 그런 종

---

65   Denis Retaille·Olivier Walther, "Terrorisme au Sahel. De quoi parle-t-on?", *L'Information géographique*, vol. 75, no. 3, 2011, p. 4.

66   *Ibid*.

류의 삶인 것이다.

대개 아무도 응답할 의무가 있다고 생각하지 않는 죽음이 문제가 된다. 누구도 이런 종류의 생명이나 이런 종류의 죽음에 대해 일말의 책임감이나 정의감을 느끼지 않는다. 죽음정치nécropolitique의 권력은 마치 삶이 죽음을 위한 매개체에 불과하다는 듯, 삶과 죽음 사이의 일종의 전복에 의해 작동한다. 이 권력은 항상 수단과 목적 사이의 구분을 무너뜨리려 한다. 잔혹 행위에 대한 명백한 징후들에 무관심한 것은 바로 이런 이유에서이다. 그 권력의 눈에는 범죄가 계시révélation의 근본적인 부분이 되고, 적들의 죽음은 원칙적으로 상징성을 모조리 잃어버린 것이다. 그러한 죽음은 비극적일 것이 전혀 없다. 테러와 반테러의 동시대 전장 모두에서 보는 바와 같이, 분리와 교살과 생체 해부의 가차 없는 논리에 따라, 죽음정치의 권력이 조금씩이든 (세포적이거나 분자적인 방식), 간헐적인 격발로든—그때그때 다른 '소규모 학살'의 전략—죽음을 한없이 증식시킬 수 있는 것은 바로 그래서다.[67]

크게 보아, 인종주의는 죽음정치의 원리를 작동시키는 동인이다. 인종주의는 조직화된 파괴의 이름이며, 작동하기 위해 한편으론 생명 가치의 전반적 하락을, 다른 한편으론 상실에 익숙해지기를 요구하는 희생 경제의 이름이다. 예외상태의 끝없는 모의실험이 '테러와의 전쟁'을 정당화하는 과정에서 이러한 증오정치의 원리가 작동한다. 이 전쟁은 뿌리 뽑는 전쟁, 한계 없는 맹목적인 전쟁, 잔혹 행위와

67　Achille Mbembe, "Necropolitics", *Public Culture*, vol. 15, no. 1, 2003, pp. 11-40.

고문과 무기한 구금의 권리를 주장하는 전쟁이다. 이는 법과 정의가 끝없는 보복과 복수, 앙갚음이라는 형태로 실현되는 상황에서 벌어진다.

그러므로 오늘날은 아마도 차이의 시대인 것 이상으로 분리의 환상, 나아가 절멸의 환상에 사로잡힌 시대일 것이다. 함께 있게 하지 않는, 결집시키지 않는, 함께 공유하려 하지 않는 것의 시대인 것이다. 얼마 전까지만 해도 실재하는 불의에 문제를 제기할 수 있도록 해주던 보편적 평등의 명제는 점차 종종 폭력적 방식으로 전개되는 '없는 세계'[68]에 대한 투영投射, projection으로 대체되었다. 이 세계는 '대규모 폐기의 세계'다. 도시를 혼잡하게 만드는 무슬림들, 강제추방되어야 할 네그르들과 다른 외국인들, 직접 또는 대리로 고문당하는 테러리스트들(혹은 테러리스트라고 의심받는 이들), 가스실에서 살아난 것이 애석하게 여겨지는 유대인들, 도처에서 몰려드는 이주민들, 그리고 온갖 난민들과 조난자들로 이루어진 세계다. 이들은 그 육신이 쓰

68　옮긴이주. 프랑스어 'monde sans'는 직역하면 '~이 없는 세계'라는 뜻으로, 이 표현은 모든 존재가 권리를 갖고 공존할 수 있다는 평등과 자유의 이상이 사라지고, 불편한 타자들을 제거하려는 폭력적 정치 환상이 대신하게 된 현상을 비판적으로 지칭한다. '없는 세계'는 무슬림, 흑인, 유대인, 난민, 이주민, 테러리스트(또는 그렇게 간주되는 자들) 등 '공동체를 위협하거나 짐이 되는 존재들'이 사라진, 일종의 정화된 순수 공동체의 허구적 환상이다. 이러한 세계는 타자에 대한 인정, 공존, 연대의 가능성을 폐기하고, 그 대신 추방, 억류, 고문, 학살의 논리를 통해 정체성과 안전을 확보하려는 욕망에 의해 형성된다. 음벰베는 이 개념을 통해 현대 사회에 만연한 제도화된 적대성, 타자의 제거를 정당화하는 정치적 구조, 그리고 '공동적인 것(l'en-commun)'의 붕괴를 날카롭게 비판한다. '없는 세계'는 더 이상 우리가 함께 나누는 세계가 아니라, 누군가가 존재하지 않아야만 가능한 세계, 즉 죽음의 정치가 상상력을 장악한 세계를 뜻한다.

레기 더미로 혼동될 정도의 인간 잔해들épaves이며, 곰팡이와 악취, 부패 속에서 이 인간 사체는 이 세계에서 대량으로 처리된다.

게다가 가해자와 피해자 사이의 규범적인 구분—예전에 가장 기본적인 정의의 토대가 되었던—이 아주 약해졌다. 오늘날의 피해자는 내일의 가해자이고, 또다시 새로운 피해자가 된다. 이 적대로 가득한 순환은 끊임없이 감겨들며 도처에 제 매듭들을 드러내기를 그치지 않는다. 이제 부당한 것으로 여겨지는 불행은 얼마 없다. 죄책감도, 회한도, 보상도 없다. 더 이상 우리가 바로잡아야 하는 불의나 우리가 피할 수 있는 비극도 없다. 하나로 묶기 위해서 반드시 분할이 필요하다. 그리고 '우리'라고 말할 때마다, 우리는 우리로부터 누군가를 배제하고, 그에게서 뭔가를 빼앗고, 어떤 식으로는 몰수를 행해야 한다.

기이하게도 이제 피해자는 자신이 겪은 피해에 더해 그 가해자들이 느껴야 하는 죄의식까지 떠맡아야 한다. 그들은 가해자의 죄까지도 대속해야만 한다. 모든 양심의 가책을 면제받고, 자신이 저지른 악행을 바로잡을 필요에서도 벗어난 가해자의 입장에서 말이다. 그 대신 구조되고 살아남은 옛 피해자는 가해자로 변하고, 그들보다 더 약한 자들과 대립하며 예전에 그들이 겪었던 공포를 투사하는 데 주저하지 않는다. 그 자신들의 절멸을 가져온 논리를 반복하거나, 더 극단적으로 되풀이한다.

그 밖에 예외[상태]에 대한 유혹과 그 필연적 귀결인 면책의 논리가 도처에 도사리고 있다. 어떻게 하면 민주주의 그 자체를 굴절시키고, 나아가 어떻게 하면 민주주의를 저버릴 수 있을까? 그리하여 어떻게 하면 넘쳐나는 사회적, 경제적, 상징적 폭력을 손에 넣고, 필요하다면 몰수하고, 무엇보다 제도화해서, 우리가 어떻게 해서든 끝장내야 하는 거대한 적—이 적은 무엇이어도 상관없다—을 겨냥하게 할 수 있을까? 자본주의와 애니미즘의 혼합은 이제 의심할 여지가 없고, 한편 비극과 정치의 뒤얽힘이 하나의 정상正常이 되어가고 있다. 바로 이것이 민주주의가 전도轉倒된 우리 시대가 쉼 없이 제기하는 질문이다.[69]

거의 모든 곳에서 담론은 중지, 제한, 나아가 철회 또는 완전한 폐지—헌법, 법률, 권리, 공적 자유, 국적, 그 밖에 최근까지 당연한 것으로 여겨졌던 모든 종류의 보호와 보장에 대해서—로 기울어 있다. 현대의 전쟁 대부분과, 전쟁과 결합한 공포의 형식들도 인정을 목표로 하지 않는다. 오히려 그것들은 관계 밖의 세계를 세우는 것을 목표로 한다. 임시적이든 아니든 민주주의로부터의 이탈, 권리, 헌법, 자유를 정지하는 과정은 움직임은 역설적이게도 바로 그 법과 자유, 헌법을 보호할 필요성으로 정당화된다. 그리고 이탈과 정지와 함께 나타나는 것은 폐쇄다. 온갖 종류의 담장, 철조망, 수용소, 터널, 폐쇄된 공간, 마치 우리가 어떤 순리, 삶의 이치, 그리고 미래의 도시 안에서의 공동적인 것en-commun에 대한 상상과 완전히 관계를 끝낸 것처럼.

여러 측면에서 어제 우리에게 제기되었던 질문은 정확히 우리가 오늘날 새롭게 제기해야 하는 질문이다. 즉, 우리가 타자를 그저 거기 놓인 사물로서가 아닌 다른 방법으로, 손 닿는 거리에서 만나는 것이 가능했는지, 가능한지, 가능할지를 묻는 것이다. 우리가 '함께 존재한다'

---

69 Wendy Brown, *Undoing the Demos. Neoliberalism's Stealth Revolution*, Zone Books, New York, 2015[웬디 브라운,《민주주의 살해하기》, 배충효·방진이 옮김, 내인생의책, 2017].

라고 선언할 수 있는 타자들과 우리를 연결할 수 있을 만한 그 무엇이 있는가? 이러한 돌봄은 어떤 형태를 취하게 되는가? 꼭 차이 내지는 타자성에 근거하지 않고, 유사성과 공동적인 것이라는 개념에 근거하는 또 다른 세계의 정치politique du monde는 가능한가? 때로는 같은 공간 속에서, 우리는 서로에게 노출되어 살도록 선고받은 것이 아닌가?

이러한 구조적인 근접성 때문에, 더 이상 '안'에 대립시킬 수 있을 '밖'이란 없다. '여기'에 대립시킬 수 있을 '다른 곳'도, '근처'에 대립시킬 수 있을 '먼 곳'도 없다. 우리는 저 멀리 **타자의 집**에서 혼돈과 죽음을 조장함으로써 '자신의 집'을 '성역화'하는 것은 불가능하다. 외국에서 뿌린 것을 조만간 자신의 집에서 거두게 될 것이다. 따라서 성역화는 상호적인 것이어야만 한다. 그러므로 여기에 이르기 위해서는 통합에 대한 지나치게 단순한 이데올로기를 넘어, 특이성들의 **병치**juxtaposition를 넘어 민주주의를 사고해야 할 것이다. 게다가 도래할 민주주의는 '보편적인 것'과 '공동적인 것'의 분명한 구분 위에 세워질 것이다. 보편적인 것은 이미 구성된 어떤 사물이나 실체로 포함됨을 전제로 한다. 반면 공동적인 것은 공동의 소속과 나누는 관계를 상정한다. 우리가 가진 유일한 세계는 그것이 지속 가능하려면 그 권리를 가진 전부, 즉 섞여든 모든 종種이 함께 공유할 수 있어야 하는 세계다. 이러한 나눔이 가능해지고 이러한 전 지구적 민주주의, 종들의 민주주의가 도래하기 위해서는 정의와 배상에 대한 요구가 불가피하다.[70]

70　Achille Mbembe, "Épilogue. Il n'y a qu'un seul monde", *Critique de la aison nègre*, La Découverte, Paris, 2013.

이러한 거대한 변화들을 언급할 때, 우리는 그것이 민주주의와 기억, 그리고 인류 전체가 나눌 수 있는 미래에 대한 사유에 깊은 영향을 미칠 수 있음을 이해해야 한다. 그런데 '그 인류 전체'에 대해 말하고자 한다면, 우리는 오늘날 인류는 흩어진 채 데스마스크 같은 상태라는 것을 인정해야 한다. 그것은 더 이상 형상도 얼굴도 신체도 없는 잔해이다. 과잉, 복제, 이식이 넘쳐나는 이 시대에 말이다. 무언가가 더 이상 여기에 있지 않다. 그러나 반쯤은 부패한 사체이고 반쯤은 누워 있는 시신인, 이 '무언가'가 정말 우리 앞에 있었던 적이 있기나 했는가?[71] 있었다 해도 그것은 기껏 하나의 사치스러운 빈 껍데기의 형상으로 존재했을 뿐이었고, 잘해봐야 그것은 먼지 속으로 사라지지 않기 위한 근원적이고 무제한적인 원초적 투쟁이었을 것이다. 기실 현재의 시간은 이성이 지배하는 시대와 거리가 멀고, 어쨌든 단기간에 다시 그렇게 될지도 확실하지 않다. 신비에 대한 욕망과 십자군 정신의 귀환에 힘입어, 편집증적인 태도의 시대, 히스테리적인 폭력의 시대, 민주주의가 국가의 적으로 설정하게 될 모든 것을 말살하는 절차에 있는 시대인 것이다.[72]

---

71 Aimé Césaire, *Discours sur le colonialisme, Présence africaine*, Paris, 1955 [에메 세제르, 《식민주의에 대한 담론》, 이석호 옮김, 그린비, 2011].; *Frantz Fanon, Les Damnés de la terre, in Œuvres, La Découverte*, Paris, 2011 [프란츠 파농, 《대지의 저주받은 사람들》, 남경태 옮김, 그린비, 2010].

72 Frédéric Lordon, *Imperium. Structures et affects des corps politiques*, La Fabrique, Paris, 2015, p. 16.

2장 증오의 사회

어쩌면 줄곧 이런 식이었을 것이다.[1] 어쩌면 민주주의는 항상 동류의 공동체였으며, 따라서 앞 장에서 주장했듯 그것은 항상 분리의 원인이었을 것이다. 민주주의에는 언제나 노예들, 어차피 항상 외부인으로 여겨진 일군의 사람들, 잉여 인구, 원치 않는 존재들—쫓아내고 싶은 존재들—이 포함되어 있었을지 모른다. 그리고 이들은 그런 이유로 "전부 혹은 부분적으로 권리를 박탈당한 자들"[2]이었을 것이다.

'인류의 보편적 민주주의' 역시 '지구상 어디에도' 존재하지 않을지 모른다. 지구는 국가들로 나뉘어 있는 이상, 민주주의란 국가 내부에서 실현하려고 하는 것이며, 민주주의, 다시 말해 결국 국가 정치는 자신의 시민들(동류의 원에 속하는 이들)을 그 외의 다른 사람들과 명확하게 구분 지으며, 동류는 동류가 아닌 모든 이들을 단호히 배제

---

1 "역사는 본질적으로 한 민족이 다른 민족을 학살해온 연속이다"라고 프로이트(Sigmund Freud)는 이미 1915년에 단언한 바 있다. Sigmund Freud, *Notre relation a la mort*, Payot, Paris, 2012, p. 61. 그리고 1950년대에 라캉(Jacques Lacan)은 다음과 같이 덧붙였다. "우리는 이미 충분히 적대의 문명이다." Jacques Lacan, *Seminaire-livre I*, Seuil, Paris, 1998, p. 306.

2 Carl Schmitt, *Parlementarisme et démocratie*, Seuil, Paris, 1998, p. 107.

하는 것일 수도 있다.³ 지금으로서는 이렇게 반복하는 것으로 충분할 것이다. 확실히 이 시대는 분리, 혐오의 운동, 적대, 무엇보다 적에 대한 투쟁의 시대다. 그 결과 이미 자본과 과학 기술, 군국주의의 기세에 의해 이미 철저히 탈진된 자유민주주의가 대대적인 전도轉倒의 과정으로 빨려들고 만다고 말이다.⁴

불안하게 하는 대상

그런데 '운동'이라는 말은 순수한 충동은 아닐지라도 적어도 근본적인 에너지가 가동되기 시작했다는 것을 반드시 암시한다. 이 에너지는 의식적으로든 아니든 욕망의 추구 속에 동원되는데, 이 욕망은 대체로 하나의 주인-욕망désir-maître이다. 이 주인-욕망은 내재성의 장場인 동시에 복수성으로 이루어진 힘이며, 하나의 대상(혹은 복수의 대상)에 고정되어 있다. 과거에 이 대상들의 이름이 네그르와 유대인이었다면, 오늘날에는 이슬람, 무슬림, 아랍인, 외국인, 이민자, 난민, 불청객이라는 다양한 이름이 되었다.

주인-욕망이든 아니든 욕망은 또한 하나의 운동인데, 이로 인해

---

3   *Ibid.*, pp. 108-114.
4   웬디 브라운(Wendy Brown)이 "탈민주화(de-democratisation)"를 언급한 것을 참고하라. Wendy Brown, *Les Habits neufs de la politique mondiale*, Les Prairies ordinaires, Paris, 2007. 또한 다음을 참고하라. Jean-Luc Nancy, *Vérité de la démocratie*, Galilee, Paris, 2008.

주체는 기이한 환상(전능성, 절단, 파괴, 박해에 대한 환상이든 무엇이든 상관없다)에 둘러싸인 채, 때로는 외부의 위험에 맞서 자신의 안전을 확보하려는 희망 속에서 자기 자신 안으로 움츠러들려 하고, 때로는 자신 바깥으로 벗어나서 지금 그를 포위한 상상 속 풍차에 맞서려 한다. 실제로 그는 자신의 구조에서 뜯겨 나와, 이제는 불안하게 하는 대상을 정복하기 위한 추구에 던져진다. 그런데 사실 이 대상은 결코 존재하지 않았고, 존재하지 않으며, 앞으로도 존재하지 않을 것이므로, 이제 그는 그 대상을 발명하는 것을 그만둘 수 없다. 그러나 그것을 발명한다고 해서 그 대상이 현실로 나타나는 것은 아니다. 그 대상은 이제 그를 마치 주문에라도 걸린 듯 사로잡는 하나의 장소, 즉 비어 있으나 마력 어린 장소, 마법적이면서도 사악한 환각적인 원으로 출현할 뿐이며 그는 이제 숙명처럼 그곳에 거주하게 된다.

적에 대한 욕망, 아파르트헤이트에 대한 욕망(분리와 포위), 그리고 절멸에 대한 환상이 오늘날 마법적 원의 자리를 차지하고 있다. 많은 경우, 하나의 벽이면 그것을 표현하기에 충분하다.[5] 여러 유형의 벽이 존재하는데, 모두가 똑같은 기능을 수행하는 것은 아니다.[6] 분리의 벽은 과잉된 현존이라는 문제를 해결하는 것으로 여겨지는데, 사람들은 이 문제가 참을 수 없이 고통스러운 상황들의 원인이라고 생각한다. 이제 존재한다는 느낌을 되찾는 것은 그 과잉된 현존과의 단

---

5 Wendy Brown, *Walled States, Waning Sovereignty*, Zone Books, New York, 2014.

6 Eyal Weizman, "Walking through walls. Soldiers as architects in the Israeli-Palestinian conflict", *Radical Philosophy*, no. 136, mars-avril 2006, pp. 8-22.

절에 달려 있는데, 그의 부재, 나아가 그의 완전한 사라짐은 생각건 대 그다지 상실로 체험되지 않을 것이다. 이는 또한 그와 우리 사이에 어떠한 공동된 부분도 없다는 것을 인정하는 것이다. 그러니까 동시대 분리의 기획의 핵심에는 절멸에 대한 불안이 있다.

도처에 콘크리트 벽과 철책, 그리고 또 다른 '보안 장벽'의 건립이 한창이다. 이러한 장벽과 함께 다른 보안 장치들도 등장한다. 위협이 된다고 여겨지는 이들을 완벽하게 배제하지 못하자 검문소, 울타리, 감시탑, 참호 등 많은 경우 격리를 강화하는 기능만 하는 온갖 종류의 경계가 생겨난다. 예를 들면, 이스라엘의 통제 아래 있는 지역들에 의해 말 그대로 둘러싸인 팔레스타인의 밀집 거주 지역이 그러하다.[7]

사실상 이스라엘의 팔레스타인 영토 점령은 오늘날 지구상의 곳곳으로 확산 중인 통제, 감시, 분리의 기술들에 대한 실험실 역할을 한다. 이러한 기술은 반복되는 봉쇄 조치부터, 이스라엘과 점령지에 출입하는 팔레스타인인의 수를 제한하는 것까지 나아간다. 그리고 고립된 팔레스타인 지구 한복판에서 통행금지령을 반복해서 내리고 이동을 통제하는 데서, 도시 전체를 실질적으로 구금하는 데까지 나아간다.[8]

상시적인 혹은 이동식 **검문소**, 도로를 차단할 용도의 콘크리트 블록과 흙더미, 하늘과 바다 공간의 통제, 모든 종류의 생산물 수출입 흐름에 대한 통제, 빈번한 군사적 급습, 주택의 파괴, 묘지 신성모독,

---

7   Eyal Weizman, *Hollow Land. Israel's architecture of occupation*, Verso, Londres, 2012.
8   Amira Hass, "Israel closure policy. An ineffective strategy of containment and repression", *Journal of Palestinian Studies*, vol. 31, no. 3, 2002, pp. 5-20.

올리브나무밭 뿌리 뽑기, 기간 시설을 말소시키기, 고고도 및 중고도 폭격, 표적 살해, 도시 내 반(反)폭동의 기술, 신체와 성향에 대한 프로파일링, 지속적인 괴롭힘, 영토의 분할, 세포적이고 분자적 수준의 폭력, 전면화된 수용소화. 이 모든 것은 분리의 체제를 강제하기 위해 시행되었는데, 체제의 작동은 역설적으로 근접성의 친밀함intimité de la proximité에 달려 있다.⁹

이런 장치들은 여러 면에서 경멸스러운 아파르트헤이트를 떠올리게 한다. 값싼 노동력의 보고인 반투스탄,¹⁰ 백인 전용 구역, [인종에 따른] 복수의 사법 관할 체계, 거칠고 무감각한 폭력을 말이다. 하지만 아파르트헤이트에 비유하는 것만으로는 이스라엘의 이 분리 기획을 충분히 설명할 수 없다. 우선 이 기획은 아주 특이한 형이상학적·실존적 기반에 근거한다. 그것을 떠받치는 묵시록적이고 파국적인 수단들은 남아프리카에서 칼뱅주의가 가능하게 만들었던 모든 것보다 훨씬 더 복잡하고, 더 오랫동안 뿌리내린 것이다.¹¹

---

9   Cédric Parizot, "Après le mur. Les représentations israéliennes de la séparation avec les Palestiniens", *Cultures & Conflits*, no. 73, 2009, p. 53-72.

10 옮긴이주. 반투스탄(Bantustan)은 남아프리카공화국의 아파르트헤이트 체제하에서 흑인 인구를 위해 형식적으로 설정된 자치 지역이다. 흑인들의 고향이라고 불렸으나 실질적 자치권은 부재하며 주로 흑인 노동력을 특정 구역에 격리하며 정치적 권리를 박탈하는 수단으로 기능했다. 이는 인종분리 정책의 정당화를 위한 공간적 장치였으며, 넓은 의미에서 식민-인종적 공간 통치의 전형으로 간주된다.

11 Idith Zertal, *Israel's Holocaust and the Politics of Nationhood*, Cambridge University Press, Cambridge, 2010; Jacqueline Rose, *The Question of Zion*, Princeton University Press, Princeton, 2007; Judith Butler, *Parting Ways. Jewishness and the Critique of Zionism*, Columbia University Press, New York, 2012.

다음으로 이스라엘의 이 기획이 가진 하이테크hi-tech라는 특징으로 인해, 그것이 팔레스타인인의 신체에 미치는 영향은 1948년부터 1980년대 초기까지 남아프리카공화국의 아파르트헤이트 체제에 의한 상대적으로 원시적인 기획보다 분명 더욱 무시무시하다. 폭력의 미세화, 세포화, 분자화, 그리고 물질적인 동시에 상징적인 소거 기술에 잘 드러난다.[12] 또 기반시설, 주택, 도로, 풍경 등 거의 모든 것을 파괴하는 절차와 기술, 그리고 팔레스타인의 삶을 폐허의 더미, 치워버려야 할 오물 덩어리로 만드는 광적인 파괴의 역학 역시 무시무시하다.[13] 남아프리카공화국에서는 폐허 더미가 결코 그 정도 규모에는 이르지 않았다.

모든 형태의 포섭이 필연적으로 분열적disjonctive일 수밖에 없다면, 분리는 언제나 불완전할 수밖에 없다. 철저하게 분리되는 것은 압제자의 생존마저 침해했을 것이다. 처음부터 선주민을 전멸시키지 못했기에, 소수의 백인이 다른 인구 이주 식민지 모델처럼 민족적, 인종적 청소를 체계적으로 행하는 것은 불가능했다. 대대적인 추방과 강제이주는 선택지가 아니었다. 분할된 서로 다른 인종을 뒤섞어놓는 것이 규범이 되면서 근접성, 거리, 통제의 변증법은 팔레스타인의 경우에서 보이는 극단적 수위에는 결코 이르지 않았다.

---

12 다음을 참고하라. Saree Makdisi, "The Architecture of erasure", *Critical Inquiry*, vol. 36, no. 3, 2010, pp. 519-559. 또한 다음을 참고하라. Mick Taussig, "Two weeks in Palestine. My first visit [1]", http://criticalinquiry.uchicago.edu.

13 특히 다음을 참고하라. Ariella Azoulay, *Civil Imagination. A Political Ontology of Photography*, Verso, New York, 2015, pp. 125-173.

점령 지역에서의 근접성은 특히 이스라엘이 계속해온 주민 등록의 관리와 팔레스타인인의 신분증 발행의 독점에서 드러난다. 일상적인 이동, 각종 허가의 취득, 조세의 관리와 관련된 점령지 일상생활의 거의 모든 측면에서도 마찬가지였다. 이런 식의 분리가 지닌 속성은 단순히 그것이 점령과, 필요하다면 방치와도 아무렇지 않게 양립한다는 점뿐만이 아니다.¹⁴ 분리는 언제라도 질식으로 바뀔 수 있다. 점령이란 모든 면에서 터널 속에서 벌어지는 몸과 몸이 부딪히는 육탄전이다.

특히 아파르트헤이트에 대한 욕망과 절멸에 대한 환상은 별로 새롭지도 않고, 역사의 흐름에 따라, 특히 옛 이주 식민지들 안에서 계속 변모해왔다고 말해야 옳을 것이다. 중국인, 몽골인, 아프리카인, 아랍인은 유럽인보다 먼저, 때로는 훨씬 이전부터 광대한 영토 단위들을 정복한 주체들이었다. 그들은 바다와 사막 너머로 먼 거리까지 상업의 복잡한 그물망을 만들었다. 그러나 근대 역사에서 행성적 규모의 새로운 인구 이주의 시대를 처음으로 연 것은 유럽일 것이다.¹⁵ 16~19세기 세계의 인구 이주는 이중의 특징을 보인다. 그것은 (유럽을 떠나 바다 건너에서 식민지를 건설하려는 이주자들에게는) 사회적 배출의 과정인 동시에 역사적 전도轉倒와 폭주의 과정이었다. 식민화된 민족들

---

14 Adi Ophir·Michal Givoni·Sari Hanafi (dir.), *The Power of Inclusive Exclusion. Anatomy of Israeli Rule in the Occupied Palestinian Territories*, Zone Books, New York, 2009; Neve Gordon, *Israel's Occupation*, University of California Press, Berkeley, 2008.

15 James Belich, *Replenishing the Earth. The Settler Revolution and the Rise of the Angloworld*, Oxford University Press, Oxford, 2009.

은 그것의 대가로 새로운 예속을 치르게 되었다.

이처럼 오랜 기간에 걸쳐, 세계의 인구 이주는 셀 수 없는 잔혹 행위와 학살, '민족 청소'라는 전대미문의 경험, 전체 인구 집단의 추방, 이송, 수용소로의 집결, 나아가 대량학살이라는 양상으로 나타난다.[16] 사디즘과 마조히즘이 혼합된 충동은 흔히 예기치 못한 상황 속에 대중없이 적용되었고, 이 충동들을 방해하거나 모든 종류의 도착적 쾌락을 향한 흐름을 금지하려는 모든 힘을 무력화하는 경향이 있었다. '정상'이라고 여겨지는 것의 경계선은 끊임없이 움직였고, 욕망이 분명한 억압이나 제약, 혐오의 대상이 되는 일은 거의 없었다. 식민지 세계는 그 대상들— 토착민이 여기 포함된다—의 파괴를 있는 그대로 받아들이는 능력이 경악스러울 정도로 대단한 세상이었다. 모든 대상은 상실되자마자 다른 것으로 쉽사리 대체될 수 있는 것으로 여겨졌다.

더욱이 식민지 기획의 시작에 분리의 원칙이 있었다. 대체로 식민화는 영속적인 분리의 작업으로 이루어졌다. 한편에는 살아있는 나의 몸이 있고 다른 한편에 그것을 둘러싼 모든 사물-몸들이 있다. 한편에는 내가 인간으로서 가진 살chair이 있고, 그것에 의해서 모든 다른 살-사물들chairs-choses과 살-고기들chaires-viandes이 나에게 존재할 수 있다. 한편에는 훌륭하게 직조된, 이 세상 방위의 영점인 자아가, 그

16　다음을 참고하라. A. Dirk Moses (dir.), *Empire, Colony, Genocide. Conquest, Occupation, and Subaltern Resistance in World History*, Berghahn, New York, 2008; Patrick Wolfe, "Settler colonialism and the elimination of the native", *Journal of Genocide Research*, vol. 8, no. 4, 2006, pp. 387-409.

리고 다른 한편에는 내가 결코 완전히 섞여들 수 없는 타자들이 있다— 그들을 내 쪽으로 끌어당길 수는 있지만, 결코 진정으로 호혜적이고 상호 연루된 관계를 유지할 수는 없는 타자들.

식민지 상황에서 영속적인 분리의 작업—따라서 차별화하는 작업— 은 어느 정도 식민지 정착민들이 느꼈던 절멸에 대한 불안의 결과였다. 수적 열세에 있지만 강력한 파괴 수단이 주어진 그들은 자신의 생존을 위협하고 존재를 앗아갈 위험이 계속되는 나쁜 대상에 의해 사방을 포위당할지 모른다는 두려움 속에서 살았다. 토착민, 야생 동물, 파충류, 미생물, 모기, 자연, 기후, 질병, 그리고 주술사까지도 그러한 대상이었다.

남아프리카공화국의 아파르트헤이트 체제와 그것과는 별개의 맥락에서 훨씬 더 극단적 방식으로 행해진 유럽의 유대인 말살은 이 분리의 환상이 상징적으로 구현된 두 사례다. 특히 아파르트헤이트는 복수複數의 존재가 들어설 수 있는 하나의 몸의 가능성을 노골적으로 부정했다. 그것은 이미 구성되어 있고, 각자가 인종의 살chair-de-race과 인종의 피sang-de-race로 이루어져 있으며, 자기 자신의 정확한 속도에 따라 진화할 수 있는, 기원적으로 서로 다른 주체들의 존재를 전제했다. 사람들은 서로의 이질성을 재자연화re-naturaliser시키기 위해서는 특정한 영역별 공간을 할당하는 것으로 충분하다고 생각했다. 이러한 별개의 기원적 주체들은 그들의 과거가 '매춘'의 과거, 모순적인 종속의 과거, 온갖 술수로 점철된 과거가 아니라는 듯이 행동하도록 요구받았다. 그것은 순수성에 대한 환상이었다.[92] 수많은 살 사이에 절대적으로 샐 틈 없는 밀폐된 경계를 단번에 세우려 했던 역사적 아파르트헤이트의 실패는, 분리에 대한 식민지 기획의 한계를 경험적으로 증명한다. 절멸하지 않으면 대타자는 더 이상 우리 밖에 있는 것이 아니다. 타자는 우리 안에 있다. [내면의] 또 다른 나autre moi와 [타자성 속에서만 정의되는] 타자인 나moi autre라는 두 가지 모습으로, 각자 상대방과 자신에게 치명적으로 노출되어 있다.

식민지 기획은 그 실체의 상당 부분과 과잉된 에너지의 많은 부분을, 온갖 종류의 충동적 흐름과 어느 정도는 드러나 있고 어느 정도는 감추어진 욕망들과의 연관성으로부터 끌어냈다. 이들 욕망 대부분은 관련된 행위자들의 의식적 자아 아래에 자리하고 있었다. 식민자들은 자신들이 정복한 선주민들을 지속적으로 지배하고자 했고, 기필코 그들과 구별되려고 했기 때문에, 어떻게든 그들을 온갖 종류의 **심리적 대상**으로 설정해야만 했다. 실제로 식민지 상황에서 모든 재현 작용은 토착민들을 다양한 이미지-유형images-types으로 만들어 내는 데 있었다.

이 이미지들은 대체로 토착민의 실제 전기biographie의 잔재나, 즉 '조우 이전'에 토착민이 지녔던 본래적 지위의 파편들과 어느 정도 일치했다. 그러나 이렇게 생산된 상상적 이미지는 토착민 본래의 인간적 지위 위에 이식되며, 전적으로 인공적인 지위이자 제2의 지위인 심리적 대상이라는 지위를 덧씌웠다. 토착민들의 진정한 딜레마

---

17   Cornelis W. De Kiewiet, *A History of South Africa. Social and Economic*, Oxford University Press, Oxford, 1957; Nigel Penn, *The Forgotten Frontier. Colonists and Khoisan on the Cape's Northern Frontier in the 18 th Century*, Ohio University Press, Athens, 2006.

는 일상적인 삶의 실천 속에서 자신이 내면화해야 했고 종종 강제로 떠맡게 되었던 그 심리적 대상으로서의 자아와 원래 자신이었던 인간 존재로서의 자아, 다시 말해 여전히 그럴 수밖에 없었던, 그럼에도 불구하고 여전히 그 자신이었던 자아 사이를 어떻게 구분할 것인가였다. 식민지적 상황에서는 그 인간적인 자기 자신을 망각하도록 강요받는 것이 바로 토착민의 운명이었다.

이러한 심리적 모티프들은 일단 만들어지기만 하면 식민 자아moi colonial의 구성요소가 된다. 식민 자아와의 관계에서 외부에 있던 그것들의 위치는 매우 상대적인 것이 되었다. 이러한 대상들objets에 대한 투여는 식민지 질서의 심리적 기능이 지속되도록 뒷받침한다. 이런 대상들과 모티프들이 없으면 식민지에서의 정동적, 감정적, 심리적 삶은 그 실질과 일관성을 상실한다. 식민지에서의 삶은 이런 모티프들 주위를 선회한다. 그것은 살아있기 위해 이 대상들과의 영원한 접촉에 의존하며, 대상들과 분리되는 것에 특히 취약하다는 것을 드러낸다. 식민지 또는 유사 식민지 상황에서 나쁜 대상—최초의 파괴에서 살아남은 대상—은 결코 완전히 자아의 외부에 있는 것으로 생각될 수 없다. 그것은 처음부터 동시에 대상이면서 주체로 이중화되어 있다. 그것이 나를 지지하는 동시에 내가 그것을 지지하므로, 나는 단순한 박해와 집요함으로는 그것에서 벗어날 수 없다. 사실상 나는 내가 혐오하는 것을 아무리 파괴해도, 그것은 내가 파괴한 제3자 혹은 내가 분리된 제3자와 맺고 있는 관계에서 나를 면책해주지 않는다. 나쁜 대상과 자아는 결코 완전히 분리될 수 없기 때문에 그런 것이다. 동시에 우리는 결코 완전히 하나인 것도 아니다.

적, 곧 내가 되는 그 타자

억누를 수 없는 적에 대한 욕망, 아파르트헤이트의 욕망, 절멸의 환상은 이 세기 초의 전선, 다시 말해 결정적인 시험대를 만든다. 사고력 박탈의 대표적 매개체로서, 그것들은 세계 도처에서 민주주의 체제들로 하여금 입에서 악취를 풍기게 만들고, 적의에 찬 광기로 하여금 주정뱅이의 삶을 살게 만든다. 그것들은 확산되어 있는 심리적 구조인 동시에 일반적이고 정념적인 힘으로서, 우리 시대의 지배적인 정동적 기조에 흔적을 남기고, 수많은 동시대적 투쟁과 동원을 첨예하게 만든다. 이러한 투쟁과 동원은 세계에 대한 위협적이고, 불안을 일으키는 시각을 양분으로 삼는다. 그리고 이 시각은 의심의 논리, 온갖 비밀, 음모와 은폐에 속하는 모든 것에 우위를 둔다.[18] 그것들이 극단적인 결과까지 밀려나갈 때, 거의 불가피하게 파괴의 욕망에 이른다. 피가 흩뿌려지고, 피가 법이 되며, 이것은 구약의 탈리오법과 노골적인 연속성을 이룬다.

국가의 심리적 삶이 우울에 빠진 이 시대에 적에 대한 욕구, 나아가 적에 대한 충동은 이제 단지 사회적 요구만은 아니다. 그것은 거의 항문기에 해당하는 존재론적 욕구에 상응한다. '테러와의 전쟁'으로 고조된 모방적 경쟁rivalité mimétique의 상황에서, 자신의 적을 처분하는 것—특히 스펙터클한 방식으로—은 주체의 확립과 우리 시대

---

18   다음을 참고하라. Peter L. Geschiere, *Sorcellerie et politique en Afrique. La viande des autres*, Karthala, Paris, 1995.

의 상징계로 진입하는 데 불가피한 통과의례가 되었다. 더 나아가 적의 부재가 마치 그 자체로 나르시시즘의 깊은 상처로 경험된다는 듯이 모든 일이 일어난다. 적이 없다는 것—또는 우리를 적대하고 우리의 삶의 방식을 적대하는 사람들이 일으킨 공격과 다른 참혹한 행위들을 겪은 적이 없다는 것—은 다른 경우라면 금지되었을 온갖 욕망들이 터져나올 수 있게 하는 일종의 적대의 관계에서 결국 박탈되었다는 것이 된다. 이것은 악마를 상실한 상태와 같은데, 그 악마 없이는 거의 모든 것이 허용되는 일이 불가능하다. 설사 이 시대가 절대적 방종, 통제의 해제, 전면적인 탈억제를 급박하게 요청하는 것 같아도 그렇다. 이는 또한 자신을 공포에 빠뜨리려는 강박, 악마화하려는 능력, 적으로 추정되는 자가 특수부대에 의해 사살되거나 생포되어 끝없는 심문에 시달리고 우리 행성을 더럽히는 폐쇄된 장소 중 한 곳에 넘겨져 고문당할 때 느끼는 일종의 쾌락과 만족감을 박탈시키는 것이기도 하다.[19]

  그러므로 이는 지극히 정치적인 시대다. 적어도 카를 슈미트를 따른다면 정치의 속성이 "친구와 적의 구별"일 것이기 때문이다.[20] 우리의 세계가 되어버린 슈미트의 세계에서, 적의 개념은 구체적이고 실존적인 의미로서 이해되어야 하며, 결코 은유나 공허하고 생명 없는 추상으로 이해되어서는 안 된다. 슈미트가 말하는 적은 단순한 경

---

19 다음을 참고하라. Mohamedou Ould Slahi, *Les Carnets de Guantanamo*, Michel Lafon, Paris, 2015.

20 Carl Schmitt, *La Notion de politique. Théorie du partisan*, Flammarion, Paris, 1992, p. 64.

쟁 상대나 적수가 아니며, 우리가 적대하거나 반감을 느끼게 하는 사적인 라이벌도 아니다. 그것은 궁극적 적대antagonisme suprême를 가리킨다. 그는 그의 몸과 살 속에서, 우리의 존재를 실존적으로 부정하기 때문에, 우리가 물리적으로 죽음을 유발할 수 있는 그런 자이다.

적으로부터 친구를 가려내는 것은 물론이고, 적을 확실하게 식별해야 한다. 편재성이라는 당혹스러운 형상으로서, 그는 이제 어디에나 있는 만큼 더 위험하다. 얼굴도 이름도 장소도 없다. 혹 그에게 얼굴이 있다면 베일 쓴 얼굴, 얼굴의 시뮬라크르일 뿐이다. 혹 그에게 이름이 있다면 그것은 차용한 이름―그 첫 번째 기능이 은폐인 가짜 이름―에 불과할 것이다. 어떤 때는 가면을 쓰고서 때로는 민낯으로 나아가며, 그는 우리 사이에서, 우리 주변에서, 우리 가운데에서, 한밤중에도 대낮에도 갑자기 나타날 수 있으며, 매번 출현할 때마다 그가 없애버리겠다고 위협하는 것은 바로 우리의 존재 양식 그 자체다.

그러나 어제의 슈미트와 오늘날의 우리와 마찬가지로, 정치는 다음과 같은 사실에서 그 격렬한 힘을 얻는다. 권력에 투사하려는 실존적 의지에 긴밀히 결합되어 있기에, 정치는 필연적으로, 그리고 정의상 끝없는 순수한 수단들의 무한한 전개―살인의 실현―라는 이러한 극단적 가능성에 열려 있다. 검의 법칙에 기반한 정치는 그 이름으로 "인간 존재에게 자신의 생명을 희생하라고 요구할 수 있는"(타자를 위한 죽음) 적대이며, 또한 그 이름으로 국가가 "어떤 사람들에게 피를 흩뿌리고 다른 인간들을 죽일 수 있는 권력을 부여할 수 있는"(죽음을 부여하기) 적대인데, 이는 실제로든 추정상으로든 그들이 적의 진영에 속해 있기 때문이다.[21] 이런 관점에서 정치적인 것은 결정적이면서도 극도로 불가해한 투쟁을 목적으로 하는 특수한 집결의 한 형태다. 그러나 이는 단지 국가적 사건, 위임된 죽음에 관한 것만은 아니다. 거기에는 단지 자기희생의 가능성, 자기증여의 가능성만이 아니라, 문자 그대로 자살의 가능성 또한 작동하기 때문이다.

실제로 자살은 예속의 역동과 인정의 가능성을 모조리 급격하게 중단시킨다. 스스로 죽음으로써 자신의 존재를 떠난다고 해서, 반드시 자기 자신으로부터 소멸하는 것은 아니다. 그것은 타자와 세계에 의해 접촉될 위험을 자발적으로 끝내는 것이다. 그것은 적으로 하여금 자신의 공허와 대면하도록 강제하는 일종의 탈투자désinvestissement를 실행하는 것이다. 어쩌면 그 자신의 삶에 종지부를 찍고, 표적들의 삶에도 똑같이 종지부를 찍는 순간을 제외하면, 자살한 사람은 말로든 폭력적 행위로든 더 이상 소통하기를 바라지 않는다. 살인자는 스스로 죽이면서 살해하고, 혹은 살해한 후에 죽는다. 어쨌든 그는 더 이상 있는 그대로의 세상과 함께하려고 애쓰지 않는다. 그는 그 자신을 해체하고, 그 과정에서 몇몇 적들도 해체한다. 이렇게 함으로써 그는 과거의 자신으로부터 휴가를 떠나 살아있는 동안 그가 맡았던 책임들로부터 벗어난다.[22]

자기 자신을 죽이는 행위로 적들을 죽이는 자살자는 정치와 관련하여 동시대의 진정한 균열이 얼마만큼이나 뚜렷한지를 보여준다. 그것은 자신의 몸에 들러붙어 몸을 생명으로 여기는 이들과, 몸은 정

---

21 *Ibid.*, p. 73.
22 Talal Asad, *On Suicide Bombing*, Columbia University Press, New York, 2007.

화될 때만 행복한 삶을 향한 길을 연다고 여기는 이들 사이의 분열이다. 순교자로 임명된 사람은 즐거운 삶을 추구하는 탐구에 몸을 던진다. 그들은 그런 삶은 바로 신 안에 있다고 믿는다. 그것은 진리의 의지에서 태어나는데, 이 진리의 의지는 순수의 의지와 동일시된다. 그리고 신과의 진정한 관계는 회심conversion을 통해서만 가능하다. 회심이란 곧 그 자신이 아닌 다른 존재가 되는 것이며, 이렇게 함으로써 허위적인 삶, 이를테면 불순한 삶으로부터 벗어나게 된다. 순교를 받아들이는 것은 육체적 삶, 불순한 삶의 파괴를 맹세하는 것이다. 실제로 열성 신자의 몸은 종종 다른 물건들 한가운데에 잔해로, 여러 흔적 사이에 다소 풍부한 흔적(피)으로, 자국으로, 요컨대 수수께끼의 조각들(탄환, 무기, 전화기)로, 그리고 때로는 긁힌 자국과 흔적으로만 남는다. 그러나 오늘날 탄도학과 전자학이 교차하는 지점에서, 장비 없이 자살하는 경우는 드물다—떼어내야 하는 칩들, 조사해야 하는 메모리 부품들이 그것이다. 엄밀히 말해서 그 자신의 삶에 종지부를 찍거나 그 자신을 폐기한다는 것은 그러므로 단순해 보이는 이 몸이라는 실체의 해체를 감행하는 것이다.

적에 대한 적대, 적을 무력화해야 할 필요, 적이 매개할 수 있는 위험과 전염을 피하려는 욕망이 동시대 정신 속에서 정치의 최종적 언술을 구성하는 것이 설명된다. 한편, 동시대 사회들은 스스로 지속적인 위협에 직면하고 있다고 확신하게 됨으로써, 그들의 일상을 반복되는 '작은 트라우마들'—여기서는 테러, 저기서는 인질극, 더 멀리서는 총살, 그리고 끊임없는 경계태세—속에서 살아야만 했다. 새로운 기술적 도구의 사용은 개인의 사생활에 접근하는 것을 가능하게 한다. 은밀하고 때로 남용적인 대규모 감시의 교묘한 기술은 사람들의 생각, 의견, 이동, 나아가 사람들의 친밀성까지 표적으로 삼는다. 두려움의 정동이 확대 재생산되면서, 자유민주주의들은 그들을 겁주기에 알맞은 허수아비를 쉬지 않고 만들어냈다— 오늘은 베일을 쓴 어린 소녀, 내일은 근동과 중동의 전쟁터에서 돌아온 테러리스트 지망생, 그리고 일반적으로 사회의 틈새 속에 잠복해서 행동으로 옮기기 적절한 때를 노리는 '외로운 늑대'나 잠복조직들이다.

'무슬림', 이방인, 이주민에 대해서 무엇을 말할 수 있는가. 모든 이성적 심급을 벗어나 그들에 관해서는 연상에 의해 점차 서로를 불러들이는 이미지들이 끊임없이 짜여왔다. 그러한 이미지들과 현실 사이에 어떠한 일치점도 존재하지 않는다 해도 아랑곳없이. 원초적 환상들은 의심도 불확실성도 알지 못한다. 프로이트가 말하길, 대중은 "과도한 자극에 의해서만 흥분한다. 대중에게 영향을 미치기 위해서는 추론을 논리적으로 구성할 필요가 없다. 가장 강렬한 이미지들을 사용하여 묘사하고, 과장하고, 끝없이 같은 것을 반복해야 한다".[23]

대중적 도덕성이 승리하는 시대이다.[24] 동시대의 심리적 체제는 정동성의 고양을 극도의 격화 수준으로 끌어올렸고, 이 기술전자적 technétronique이고 디지털적인 시대에 역설적으로 신화에 대한 욕망, 나

---

23 Sigmund Freud, *Psychologie de masse et analyse du moi*, Seuil, coll. "Points", Paris, 2014, pp. 62-63[지그문트 프로이트, 《집단심리학과 자아분석》, 이상률 옮김, 이 책, 2015].

24 Gustave Le Bon, *Psychologie des foules*, PUF, Paris, 2013 [1895][귀스타브 르 봉, 《군중심리》, 이재형 옮김, 문예출판사, 2024].

아가 신비에 대한 갈증을 증폭시켰다. 가속화된 알고리즘적 이성이 확장되는 것은 (이것이 경제의 금융화를 결정적으로 뒷받침한다는 것은 잘 알려져 있다) 신화-종교적 유형의 추론의 부상과 어깨를 나란히 한다.[25] 열성적 신앙은 더는 이성적 지식의 대립항으로 여겨지지 않는다. 오히려 하나가 다른 하나를 뒷받침하는 데 이용되고, 양자 모두 '순교자들의 성찬'이 그 정점을 이루는 내장적viscérales 경험들[26]의 봉사에 바쳐진다.

반항과 회심으로 교차되는 느린 '영적인' 여정의 끝에서 얻게 되는 내밀한 신념과 확신은 어리석은 광신이나 야만적인 광기, 혹은 망상에도 속하지 않는다. 그것들은 오직 같은 믿음을 고백하고 같은 법과 같은 권위, 같은 계명에 복종하는 이들만이 나눌 수 있는 '내적 체험'의 영역에 속하는 것이다. 대개 그들은 같은 공동체에 속한다. 이 공동체는 성찬에 참여하는 이들로 이루어진다. 이들은 '신앙의 저주받은 자들'로서 필요하다면 끝까지 말과 행위로 신적 진리 그 자체의 철저한 성격을 증언하도록 선고받은 이들이다.

우리 시대에 특유한 신화-종교적 논리 속에서 신적인 것은 (시장, 자본, 정치와 마찬가지로) 거의 항상 내재적이고 즉각적인, 생명적이고 내

---

25 다음을 참고하라. Jean Comaroff, "The politics of conviction. Faith on the neo-liberal frontier", *Social Analysis*, vol. 53, no. 1, 2009, pp. 17-38.

26 옮긴이주. 내장적 경험은 신체 내부의 감각에서 비롯되며, 단순한 생리적 차원을 넘어 사유 이전의 정동적 장을 드러낸다. 들뢰즈에게 신체는 '무엇을 할 수 있는가'의 관점에서 이해되며, 내장적 경험은 이러한 잠재성의 가장 밀도 높은 층위로서, 고통과 쾌락, 긴장과 해소가 교차하는 힘의 장에서 발생한다. 이는 주체를 고정된 동일성으로 환원하지 않고, 신체-정동의 흐름 속에서 세계와의 관계를 새롭게 사유하게 한다.

장적인, 그리고 에너지적인 힘으로 이해된다. 신앙의 길은 단순한 인간 이성의 관점에서 볼 때 충격적이거나 불경한 상태나 행동을 야기한다고 여겨진다. 또는 위험으로, 겉보기에는 부조리한 단절로, 나아가 피비린내 나는 경직— 곧 신의 이름으로 행해지는 테러와 파국으로. 신앙과 열의의 효과 중 하나는 위대한 열정을 야기하는 것인데 이 열정이 위대한 결단으로 향하는 문을 연다.

실제로 이제는 많은 사람이 그 사건만을 기다리며 살아간다. 순교는 신앙의 저주받은 자가 그 기다림을 끝장내기 위해 사용하는 수단 중 하나다. 신앙이 있는 사람들, 열정이 있는 사람들은 오늘날 위대한 결단의 매개를 통해, 다시 말해 즉각적이고 희생적인 성격의 극단적 행위들의 집행을 통해서 역사를 만들려고 하는 사람들이다. 이런 행위들을 이용해서, 신앙의 저주받은 자는 눈을 뜬 채로 소모dépense와 상실에 맞선다. 전체성을 향한 의지로 고무된 그는 신성의 분리적이고 이에 더해 악마적인 근원에 잠입하며 고유한 주체가 되려고 한다. 언어와 담론의 주체 자체를 파괴하는, 자발적으로 수용된 상실을 끌어안는 것은 선물과 은혜가 된 세계의 살 속에 신적인 것을 새기도록 한다. 이제 중요한 것은 더 이상 고문이 아니라, 전멸, 곧 자신에게서 신으로의 횡단이다. 이러한 희생적 행위들의 궁극적 목적은 더는 외부가 아닌 내면에 있는 삶을 지배하는 것이다. 그리고 새로운 도덕을 만들어내고, 결전, 필요하다면 유혈이 낭자하고 어쨌든 최종적이며 결정적인 전투의 국면에서 언젠가 환희와 황홀한 주권적souveraine 긍정을 경험하는 것이다.

신앙의 저주받은 자들

신화-종교적 이성은 테러 집단의 독점적 전유물이 아니다. 테러리즘을 진압하고 안전 국가로 변모를 완수하려는 노력 속에서, 자유민주주의는 더는 망설이지 않고 위대한 신화적 총체들에 의지한다. 오늘날 거의 예외 없이 어떤 국가든 낡은 민족주의의 직물을 기울 목적으로 전쟁의 열정에 호소한다. 몇 명의 희생자를 낳는 각 테러는 자동적으로 주문형 애도를 만들어낸다. 국민은 공적으로 원한의 눈물을 쏟고 적에 맞서 일어서도록 촉구된다. 그리고 눈물에서 무기까지 가는 길은 매번 뚜렷이 그어진다. 국제법, 인권, 민주주의, 혹은 단순히 '문명'의 허울을 걸친 군국주의는 더 이상 얼굴을 가릴 필요가 없다.[27] 적대를 되살리기 위해, 어제의 공범자가 갑자기 '인류 전체의 적'으로 바뀌고, 날것의 폭력이 권리가 된다.

얼마 전까지만 해도 인류를 주인과 노예로 나누는 것이 필요했던 것과 마찬가지로, 자유민주주의는 오늘날 생존을 위해 동류의 울타리와 비동류의 울타리, 다시 말해 친구와 '동맹', 그리고 문명의 적을 분할하는 데 의존한다. 적들 없이 민주주의가 혼자 똑바로 서기란 어렵다. 그러한 적이 실제로 존재하는지 아닌지는 별로 중요하지 않다. 그저 그들을 만들어내고, 발견하고, 폭로하여 백일하에 드러내면 그만이다.

그런데 가장 사납고 가장 맹렬한 적들이 민족의 가장 내밀한 틈새

---

27 Nicola Perugini·Neve Gordon, *The Human Right to Dominate*, Oxford University Press, Oxford, 2015.

에 자리 잡았다고 확신하는 순간부터 이러한 과업은 점점 힘겨운 것이 된다. 이제 그들은 민족의 가장 비옥한 약속을 내부로부터 파괴하는 일종의 종양을 형성한다. 그렇다면 그런 내부를 좀먹는 것들을 제거하면서도 국가 자체의 몸을 훼손하지 않으려면 어떻게 해야 하는가— 그것은 곧 내전이라는 문제로 이어진다. 수색, 압수수색, 각종 검문, 거주지 제한, 비상사태에 관한 조항들의 법제화, 예외조치의 증가, 경찰과 정보기관에 위임된 확대된 권력, 그리고 필요하다면 국적의 박탈까지 이 모든 것이 동원된다. 그러나 그렇게 가해지는 점점 더 가혹한 타격들은 반드시 우리에게 고통을 야기한 자만이 아니라, 그들과 닮은 이들에게도 부차적으로 가해진다. 그렇다면 이렇게 하는 것이 우리가 반대한다고 주장하는 바로 그것을 반복하고 영속시키는 것과 무엇이 다른가. 무조건적으로 우리 편이 아닌 모든 것의 죽음을 요구하면서, 적대에 사로잡히고 거기에서 벗어날 수 없는 인간의 비극을 우리는 끊임없이 재생산하고 있는 것은 아닌가.

지난날과 마찬가지로, 실존하는 적에게 맞서는 전쟁은 형이상학적 표현들 속에서 재차 이해된다. 엄청난 고난, 그것이 존재의 전부와 그 진리를 얽맨다. 어떠한 합의도 가능하지 않고 바랄 수 없는 이 적들이 대개는 캐리커처와 클리셰, 스테레오 타입의 형상으로 나타난다. 캐리커처와 클리셰, 스테레오 타입은 그들에게 형상적 현존 présence figurale를 부여하는데, 이러한 형상은 오히려 그들이 우리를 짓누르는 (존재론적인) 위협의 전형을 다시 확인시켜줄 뿐이다. 그러므로 유령적 형상과 형상적 현존은 서로 교차하며 작동하는 이 시대에, 그러니까 땅과 혈통에 대한 재마법화의 시대이자 동시에 점점 더 추상화가 심화하는 시대에, 문화적 요소와 생물학적 요소가 증오의 구성 요소로서 번갈아 등장하며, 이제는 하나의 결합체로 얽혀 있다.

적대로 채찍질된 상상력으로, 자유민주주의는 적의 참된 정체에 관한 온갖 종류의 강박들을 계속 살찌운다. 그러나 진정 그는 누구인가? 그것은 한 나라, 한 종교, 한 문명, 한 문화 혹은 하나의 사상인가?

불안정 국가

적대의 운동들, 적의와 증오의 경제에 투신한 구성체들, 적에 대한 다양한 형태의 투쟁이 한데 모여, 20세기 말에 이르러 약자들, 적들, 침입자들, 그러니까 대부분 우리의 일부로 여겨지지 않았던 모든 이들에게 가할 수 있는 (또는 가해야만 하는) 폭력의 형태들과 그것이 용인되는 수준을 의미심장하게 끌어올렸다. 또한 사회 내부의 도구화 관계를 심화시키는 데에도, 동시대 욕망 체제와 집단적 정동 체제에도 깊은 변화를 가져왔다. 이에 더해 안전과 감시의 국가라고 불리는 국가 형태의 출현과 공고화를 촉진했다.

안전 국가État de sécurité는 자신이 그것을 조장하는 데 가담하면서도 그에 대한 해답이라고 주장하는 **불안정 상태**로부터 양분을 얻는다. 안전 국가가 하나의 구조라면, 불안정 상태는 하나의 정념, 다시 말해 하나의 정동, 하나의 상황, 나아가 하나의 욕망의 힘이다. 다른 말로 안전 국가가 사실상 동시대인의 삶을 구성하는 충동들을 투자하고 조직하고 전용하는 임무를 맡고 있는 구조인 한, 불안정 상태는 안전 국가가 작동하는 바로 그 토대다. 두려움을 극복하기 위한 의무 때문에 벌어진 전쟁에 관해서라면, 그 전쟁은 더 이상 지방적locale이지도, 국가적이지도, 지역적régionale이지도 않다. 그 전쟁의 표면은 행성적이며, 일상생활은 그것의 특권적인[즉, 주요한] 행동 무대다. 안전 국가는 우리의 존재 방식을 위협하는 이들과 우리 사이에 '적대의 중지'가 불가능하다고 전제하기 때문에—따라서 변신하기를 그치지 않는 불굴의 적이 존재한다고 전제하기 때문에—이 전쟁은 이제 영구적이다. 내부의 위협들—혹은 외부에서 와서 내부에서 재전달되는 위협들—에 대응하기 위해서는 이제 일련의 군사 외적 활동들의 동원과 막대한 심리적 자원이 요구된다. 결국, 사실상 힘의 형이상학을 드러내는 자유의 신화를 노골적으로 동력으로 삼아, 안전 국가는 자리와 특권적 혜택의 분배보다는, 인간 존재들의—그것이 자신의 피통치자든 적으로 지정된 이들이든—삶을 처분하는 기획에 더 몰두한다.

이러한 심리적 에너지psychogène 해방은 예전에는 환상이라고 불렀던 것에 대한 집착이 늘어나는 것을 통해서 드러난다. 고전적 이해에서는 환상은 현실에 대립했다. 환상은 결과를 원인이라고 착각함으로써 이미지와 외양의 세계, 반영reflets과 시뮬라크르의 승리를 확증했다. 그것은 사물들과 삶의 가장 내밀한 짜임으로부터 솟아오른 현실 세계와는 반대로 허구의 세계에 속한다. 매일의 삶에 필요한 **상상적 잉여에 대한 요구**는 단지 가속화된 것뿐 아니라 억제할 수 없는 것이 되었다. 이 상상의 잉여는 존재와 그 본질에 더 잘 부합한다고 가정되기에 더 '현실적'일 것이라고 여겨지는 존재에 대한 보충물로 받아들여지지 않는다. 오히려 그것은 많은 이들에게 현실의 원동력으로, 충만과 광채의 조건 그 자체로 체험된다. 과거에 구원의 종교가 맡았던 이러한 잉여의 생산이 오늘날에는 점차 자본과 온갖 사물과 기술에 위임된다.

사물들과 기계들의 영역뿐 아니라 자본 그 자체도 점점 더 애니미즘적 종교와 같은 양상으로 나타난다. 진리의 지위마저도 의문시된다. 신념과 확신이 곧 진리로 여겨진다. 더 추론할 필요도 없다. 그저 믿고 자신을 내맡기는 것으로 충분하다. 그 결과 공적 토의(민주주의의 본질적 특징 중 하나)가 더 이상 모든 시민의 눈앞에서 함께 토론하고 함께 진리를, 결국 정의를 추구하는 것을 의미하지 않는다. 더 이상 가장 큰 대립은 진리와 거짓을 가르는 것이 아니기에, 이제 가장 나쁜 것은 의심이다. 우리를 적과 대치하게 하는 구체적인 전투에서, 폭력을 사용하고 필요하다면 피를 흘리는 데 요구되는 의지적이고 감정적이고 생명적 에너지들의 총체적 해방을 의심이 가로막기 때문이다.

맹신의 여지réserves de crédulité 또한 커졌다. 역설적이게도 이는 기술 발전과 산업 혁신의 기하급수적 가속화, 사실과 사물의 끊임없는 디지털화, 그리고 이른바 **전자적인 삶**과 그와 **쌍둥이인 로봇**으로 조정되는 삶이라고 부를 만한 것의 상대적인 일반화와 궤를 같이한다.[28] 사실상 인류 역사상 전대미문의 국면이 개시되었는데, 이 과정 속에서 인간 유기체와 전자적 흐름들, 인간의 삶과 프로세서의 생명을 분리해내는 것은 점점 더 어려워지고, 나아가 불가능해질 것이다. 이러한 국면은 대용량

---

28 이러한 논의에 대해서는 다음을 참고하라. Éric Sadin, *L'Humanité augmentée. L'administration numérique du monde*, L'Échappée, Paris, 2013.

의 흐름을 저장하는 데 축적된 노하우, 그것들을 처리하는 엄청난 능력과 속도, 알고리즘의 구성에서 이루어진 진전 덕분에 가능해진다. 이러한 디지털-인지적 전환의 종착역은 생체 조직 내부에 마이크로칩을 삽입하는 것의 일반화가 될 것이다. 이미 진행 중인 인간-기계의 결합은 기술적 대상에 대한 새로운 신화들을 생성하는 것으로만 귀착되지는 않았다. 즉각적인 결과로서, 휴머니즘적 전통에서 비롯한 근대 주체의 지위 자체에 대한 의문 역시 제기되었다.

심리적 에너지의 해방 과정에서 결정적인 또 하나의 요소는 충동 억제의 중단(축출된 것의 회귀, 억압된 것을 수용하는 구조), 그리고 도덕적 의식이 배제되거나 단순히 작동 정지 상태가 되면서 비롯한 쾌락 획득의 증식이다. 오늘날 충동 억제를 중단시키거나 제거하거나, 혹은 자신의 도덕적 의식을 작동 정지 상태에 놓는 이는 과연 어떤 종류의 쾌락을 얻을 수 있을까? 무엇이 절대적이고 무책임한 권력의 관념이 군중에게 행사하는 동시대적 매력을 설명하는가? 가장 극단적인 행위들에 대한 성향은 무엇인가? 가장 단순하고 가장 불완전한 논거에 대한 수용은 또 무엇인가? 타인에게 동조하려는 성급함은 무엇인가? 혹은 세계의 권력[열강]들의 차원에서, 그저 자신의 힘을 인식하는 것만으로 온갖 범죄에 스스로 휘말리게 되는 그 경향은 무엇인가?

이러한 질문들에 답하기 위해서는 현재의 조건에서 정념적 삶의 근본적 메커니즘에 대한 부연이 필요하다.[29] 새로운 기술들에 의한

---

29 다음에 이어지는 논의는 주로 다음의 글에서 영향을 받았다. Frédéric Lordon, *Capitalisme, désir et servitude. Marx et Spinoza*, La Fabrique, Paris, 2010.

거의 완전한 상호 연결은 대중을 형성하는 새로운 과정들을 유도했을 뿐 아니라, 오늘날 대중을 이루는 것을 무리를 짓는 것과 크게 다르지 않은 것으로 만들었다.[30] 이 시대는 대중의 시대가 아니라 가상적인 무리의 시대이다. 남아 있는 대중조차도 오직 "과도한 자극에 의해서만 흥분한다".[31] 프로이트는 "대중은 힘을 존중한다"고 말하며, 자신에게 "일종의 약점에 불과한 선의에 의해서는 겨우 약간 영향받는다"고 덧붙인다. "대중이 영웅에게 요구하는 것은 힘, 나아가 폭력이다. 그들은 지배당하고 억압받고 자신의 주인을 두려워하기를 원한다."[32]

그리하여 거의 모든 곳에서 전통적인 대립의 장은 분열되었다. 국경 내부에서 사람들은 새로운 형태의 결집과 투쟁이 전개되는 것을 목격했다. 그것은 이제 더 이상 계급적 소속에 기반하기보다는 친족 관계, 즉 혈연에 따라 유도된다. 친구와 적이라는 낡은 구분 위에 이제 또 다른 구분이 겹쳐지는데, 말하자면 같은 피나 같은 '계통souche'으로 연결된 사람들과 다른 피, 다른 문화, 다른 종교로부터 기원한

---

30 옮긴이주. '대중을 이루는 것'은 익명성과 균질성 속에서 구성되며, 통제와 동원의 대상, 수동적 집합으로 환원되는 상태를 뜻한다. 반면 무리는 집합적 힘을 칭하는 것으로서 '무리를 짓는 것'은 차이를 지닌 개체들이 얽혀 잠정적으로 결집하는 형식이며, 비중심적으로 모여 창발적이고 저항적인 집합을 이루는 과정을 뜻해왔다. 그러나 디지털 네트워크 기술은 개인들을 동시에 데이터화하여 대중적 통계로 수렴시키는 한편, 해시태그 운동이나 자발적 집합행동처럼 차이를 유지한 무리적 결집도 촉발하기 때문에 두 형식의 경계를 흐리게도 한다.

31 Sigmund Freud, *op. cit.*, pp. 62-63.

32 *Ibid.*, p. 63.

다고 여겨지는 사람들 사이의 구분이다. 다른 곳에서 온 이들은 결국 우리의 시민으로 여겨질 수 없으며, 우리와 거의 아무것도 공유하지 않는 이들이다.

우리 사이에 살고 있으나 그들은 진정 우리는 아니다. 반대로 그들은 배척되어야 하고, 그들의 자리로 돌려보내져야 하며, 아니면 단순하게는 우리의 국경 밖으로 송환되어야 한다. 이는 이제 우리 삶을 규정하는 새로운 안전 국가의 일환이다. 내부의 평정, '침묵의 내전' 또는 분자적 내전, 대규모 수감, 국적과 시민권의 분리, 형벌과 형사 정책의 틀 안에서 이루어지는 초법적 처형들은 인종주의적 정동의 격화를 배경으로 내부의 안전과 외부의 안전 사이의 옛 구분을 흐리게 한다.

나노인종주의와 마취요법

언뜻 보기에 원인은 이미 판가름이 난 듯하다. 우리 시대는 마침내 자신의 진리를 찾아낸 것처럼 보인다. 그것을 공포할 용기만이 부족했을 뿐이다.[33] 이제 자신의 진정한 얼굴과 화해한 우리 시대는 억제 없이 벌거벗은 채 항해할 수 있게 되었다. 모든 억제에서 자유로워지고, 오래된 모든 가리개와 강요된 변장에서 벗어난 것이다. 따라서 (진정 그런 것이 한 번이라도 존재했는지 의심스럽지만) 거대한 억압에 이어 이제 거대한 해

---

33 다음의 글들은 부분으로 내 글의 내용을 다시 다룬다. "Nanoracisme et puissance du vide", in Nicolas Bancel·Pascal Blanchard·Ahmed Boubeker (dir.) *Le Grand Repli*, La Découverte, Paris, 2015, pp. 5-11.

방이 뒤따른다— 그러나 누구를 위해, 어떤 대가로, 언제까지?

실제로 이 세기 초의 소금기 가득한 늪에서는 더 이상 숨길 것이 엄밀히 아무것도 없다. 바닥에 다다르고, 비밀과 금기 그 자체를 끝장내려는 시도 속에서 모든 금기들이 깨어졌으므로, 이제 모든 것이 투명성으로 돌려졌고, 그리하여 그 궁극적 결말에 이르도록 소환된다. 저장고는 거의 가득 찼고, 황혼은 늦춰질 수 없을 것이다. 이 결말이 불의 대홍수 속에서 일어나든 아니든 결국 우리는 그것을 알게 될 것이다.

그 사이에도 밀물이 끝없이 밀려온다. 인종주의는— 유럽에서, 남아프리카에서, 브라질에서, 미국에서, 카리브해와 세계의 나머지에서— 예측 가능한 미래에도 우리의 것으로 남을 것이다.[34] 이는 단지 대중문화에서만이 아니라— 그리고 잊지 않는 편이 좋을 텐데— 상류 사회 내부에서도 마찬가지일 것이다. 이는 인구가 이주한 옛 식민지에서만이 아니라, 유대인들이 오래전에 떠난, 네그르나 아랍인이 결코 뿌리 내린 적 없는 지구의 다른 지역에서도 그러할 것이다.

게다가 이제는 익숙해져야만 할 것이다. 지난날 사람들은 놀이, 서커스, 음모, 파벌, 잡담으로 기분 전환을 했다. 하지만 얼음판처럼 지루한 곳이 되어가는 유럽에서, 그리고 또 다른 곳에서도 사람들은 이제 나노인종주의nanoracisme를 오락으로 삼는다. 그것은 마치 올빼미 같은 마취요법[35]과도 같다. 강력하고 구부러지고 날카로운 올빼미

---

34 다음을 참고하라. David Theo Goldberg·Susan Giroux, *Sites of Race*, Polity, Londres, 2014; David Theo Goldberg, *Are We All Postracial Yet?*, Polity, Londres, 2015.

35 옮긴이주. 음벰베가 만든 신조어인 '마취요법(narcothérapie)'은 마비나 마취를 의미하는 '나크로(nacro)'와 치료를 뜻하는 '테라피(thérapie)'를 합쳐서 만든 것이

부리처럼 나노인종주의는 무감각과 무기력한 마비의 시대를 위한 탁월한 나프탈렌[방부제]이다. 모든 것이 갑작스럽게 경직되고 뒤틀리고 수축되고 경련이 일어나는 그 순간, 나노인종주의는 바로 그 자리를 스치며 지나간다.

그러나 나노인종주의로 이해해야 하는 것은 결국 피부색에 대한 편견, [우리를 무디게 만드는] 마취적 형태를 띤 그 편견일 것이다. 그것은 일상에서 겉보기에 하찮은 몸짓에서, 사소한 계기에서, 무의식적인 것 같은 말에서, 농담, 암시, 넌지시 비치는 말, 실언, 농담, 함축 속에서, 그리고 솔직히 말해 의도된 악의, 악의적 의도, 의도적인 짓밟기나 고의적 태클, 낙인을 찍으려는 음험한 욕망 속에서, 그리고 무엇보다 폭력을 가하고, 상처를 입히고, 모욕하고, 우리와 같은 이로 여겨지지 않는 이를 더럽히려는 데서 표현된다.

이 무방비의 나노인종주의의 시대에 이제는 더 이상 '우리'와 '타자'를 문제 삼는 것조차 금기시된다. 타자가 누구든(대문자이든 소문자든 상관 없이),[36] 이제는 더 이상 듣고 싶어 하지 않는다. "그들이 자기 나라에 남아 있어야 한다"는 소리가 들린다. 혹은 그들이 우리 곁에서, 우리 안에서 살기를 고집스레 원한다면, 하얀 엉덩이를 드러내고, 바지를 내린 채, 벌거벗은 상태여야만 할 것이다. 나노인종주의의 시대

다. 마취적 치료, 무감각을 유도하는 치료, 감각을 둔화시키는 것을 의미하는 이 개념을 음벰베는 나노인종주의와 연결하여, 인종주의가 오늘날에서는 증오나 배제의 정치로만이 아니라 마비되고 경직된 오늘날의 사회에서 인종주의로 심리적 위안과 정서적 쾌락을 얻는 구조에서 작동되고 있음을 제시한다.

[36] 옮긴이주. 타자 개념이 대문자로 지칭되는 철학적이든 사회적이든, 일반적인 문법에서 타자를 뜻하든 가리지 않고 모두 문제 삼지 않겠다는 무관심을 의미한다.

는 실제로 더러운 인종주의의 시대, 그을음이 묻은 단도의 인종주의의 시대, 진창 속에서 뒹구는 돼지 떼가 광경인 시대이다.

나노인종주의의 기능은 우리 각자를 염소 가죽을 뒤집어쓴 무뢰한으로 만드는 것이다. 그것은 우리가 불청객으로 여기는 이들 중 최대한 많은 사람을 견딜 수 없는 상황 속에 놓아두고, 일상적으로 그들을 포위하고, 반복해서 셀 수 없는 인종주의적 타격과 상처를 가하고, 그들이 획득한 모든 기득권을 박탈하고, 그들이 몰려든 곳에 연기를 뿜어 내쫓고, 자발적으로 추방되는 것 외에 더 이상 선택지가 없을 지경까지 수치심을 안겨주는 데 있다. 그리고 인종주의의 상처에 관해 말하자면, 일반적으로 그것은 특수한 성질의 상해나 베임으로, 인간 주체가 한 번 혹은 그 이상 겪은 것이다. 그것들은 신체와 그 물질성에 가해진 강한 타격일 뿐 아니라, 무엇보다 무형의 것(존엄, 자아존중감)에 가해진 타격이다. 그 흔적들은 대개 보이지 않고, 그 흉터는 다시 아물기 어렵다.

그리고 그 상해와 베임에 관해 말하자면, 이제는 알아야만 한다. 얼음판처럼 되어가는 유럽에서, 아메리카에서, 남아프리카에서, 브라질에서, 카리브해와 또 다른 곳에서, 매일같이 인종주의적 상처를 입는 이들이 이제 수십만 명씩 이른다는 것을. 그들은 끊임없이 어떤 사람, 어떤 제도, 목소리, 공적 혹은 사적 권위로부터 가장 예민한 곳을 공격당할 위험을 무릅쓰고 살아간다. 그 목소리와 권위는 그들이 누구인지, 왜 그들이 거기 있는지, 어디에서 왔으며 어디로 갈 것인지, 왜 자신의 집으로 돌아가지 않는지 설명하라고 요구한다. 그리고 그 목소리와 권위는 의도적으로 그들에게 크고 작은 충격을 주고, 그들을 자극하고, 상처 주고, 모욕하고, 그들을 분노하게 만들어, 그들을 유린하고 그들에게 가장 사적이고 가장 내밀하며 가장 취약한 것을 무자비하게 침해할 구실을 마련하려 한다.

지속적으로 반복되는 이 침해(강간)에 관해서라면, 덧붙여야 할 것이 있다. 나노인종주의는 결코 '작은 백인petit Blanc[하층 백인]', 원한과 회한에 좀먹힌 하급자로 자신의 처지를 깊이 증오하면서도 결코 자살하지 않을 자이자, 저 멀리 옛날 같은 식민지에서가 아니라―이것이 압권인데―바로 여기, 그의 집, 그 자신의 나라에서 어느 날 흑인의 외모나 아랍인의 거무스름한 피부 속에서 깨어나는 것이 최악의 악몽인 자, 그들만의 전유물은 아니다.

나노인종주의는 수력적 인종주의racisme hydraulique[37]의 필수불가결한 보완물이 되었다. 그것은 미시적, 거시적, 사법-관료적, 제도적 장치들의 인종주의이며 국가 기계의 인종주의다. 이 기계는 불법체류자들과 불법자들을 무자비하게 다루고, 이들을 도시의 변두리에 짝 없는 물건 무더기처럼 계속 수용소에 가두며, '서류 없는 사람들[불법체류자]'을 삽으로 퍼내듯 양산한다. 이 기계는 동시에 영토 밖으로 사람들을 추방

---

37   옮긴이주. 이 개념은 음벰베가 창안한 것으로 인종주의가 더 이상 '노골적인 이데올로기적 선언이나 직접적 폭력에만 의존하지 않고, 국가 제도, 행정, 법률, 경계 통제, 인구 관리 기술 등을 통해 인종화된 흐름을 '조절'하는 방식으로 작동한다는 점을 강조한다. '수력(hydraulique)'이라는 비유는 인종주의가 흐름(flow)의 조정, 차단, 배제, 재배치를 통해 작동하는 메커니즘임을 시사하며, 특히 난민·이주민·소수자에 대한 서류 행정, 수용소, 국경 정책, 추방 절차, 감시 시스템등을 통해 구조화된 차별을 설명하는 데 사용된다. 이는 단순한 편견이나 증오를 넘어선, 국가 기계에 내장된 기술적·물질적 인종주의 장치의 복합체를 지칭한다.

하고 국경에서 전기 충격을 가하며, 그렇지 않으면 공해상의 [난민 보트의] 난파를 그저 받아들이기도 한다. 이 기계는 버스, 공항 터미널, 지하철, 거리에서 무차별적으로 얼굴을 검문하고, 무슬림 여성의 베일을 벗겨서 힘껏 내던지고, 구금 및 억류 센터와 환승 캠프를 늘리고, 추방 기술에 아낌없이 투자하며, 대낮에 드러내놓고 차별과 분리를 행하면서도 차이에 무관심한 세속적이고 공화국적인 국가의 중립성과 공정성을 맹세한다. 그리고 이 장치는 더 이상 자신의 팔루스phallus를 세우지 못하는, 노천에서 썩어가는 시체 같은 부패를 근거로 들먹이며, 상식에 반하게도 그것을 '인간과 시민의 권리'라고 부른다.

나노인종주의는 하나의 문화와 호흡이 된 인종주의다. 그것은 그 일상성 속에서, 그리고 사회의 모공과 혈관으로 스며드는 능력 속에서, 보편화된 사고력의 상실, 기계적인 두뇌의 제거, 대중적 주술화의 시대에 작동한다. 가장 큰 공포, 근원적 공포는 바로 사투르날리아의 공포[38]다. 오늘날의 [정령] 진,[39] 즉 어제의 그것과 놀랄 만큼 닮은 악취 나는 반인반수 같은 존재들, 즉 흑인, 아랍인, 무슬림, 그리고 결코 멀리 있지 않은 곳에 있는 유대인이 주인의 자리를 낚아채 국가를

---

38   옮긴이주. 사루트날리아(saturnales)는 고대 로마에서 매년 12월 중 농경의 신 사투르누스를 기리기 위한 축제로 혼란을 일시적으로 수용하는 기간이다. 이때 주인과 노예가 역할이 전도되며 사회적 규범이 일시적으로 해체된다. 음벰베가 사용하는 사투르날리아의 공포는 사회질서가 전복될 것을 두려워하는 백인 지배자의 불안이자, 지배층의 특권상실에 대한 환상적 공포를 의미한다.
39   옮긴이주. 진(djinns)은 이슬람 신화와 아랍전통 민속에서 유래한 초자연적 존재, 서구 문화에서는 지니(genie)로 알려진 존재로 음벰베는 이를 당대 유럽인의 타자 공포를 설명하기 위해 사용한다.

거대한 쓰레기장, 마호메트의 쓰레기장으로 바꾸어버릴 것이라는 공포다.

그런데 쓰레기장에 대한 공포와 수용소 사이의 거리는 항상 아주 가까웠다. 난민 수용소, 피난민 수용소, 이주민 수용소, 외국인 수용소, 심사 중인 사람을 위한 대기 구역, 환승 구역, 구금 및 억류 센터, 식별 및 추방 센터, 국경 통과 지점, 망명 신청자 수용 센터, 임시 보호 센터, 난민촌, 이주민 정착촌, 게토, [비공식 수용소인] 정글jungle, 쉼터foyer, 이주민 숙소. 미셸 아지에Michel Agier가 연구에서 지적한 바와 같이 이 목록은 끝없이 늘어난다.[40] 이 끝없는 목록은 비록 자주 널리 보이지 않는다 하더라도, 익숙하다고 말하지 않더라도, 결국에는 진부해진, 끊임없이 현존하는 현실을 가리킨다. 우리는 수용소가 이제 단지 행성적 조건의 구조적 일부가 되었을 뿐 아니라, 더 이상 스캔들이 되지 않는다는 것을 말해야 한다. 나아가 수용소화encampement는 우리의 현재일 뿐만이 아니라, 우리의 미래이고, "불편한 것을 멀리 떨어뜨려 놓고, 인간이든 유기체든 산업폐기물이든, 과잉인 것을 억제하거나 배제하기 위한"[41] 우리의 해결책이다. 요컨대 그것은 세상을 통치하는 형식 중 하나이다.

한편 더 이상 예외가 아니라 규범에 속하는 것 (즉, 자유민주주의 역시 범죄를 호흡할 수 있다는 사실)을 직시하지 못한 채, 우리는 이제 말과 몸짓, 상징과 언어의 끝나지 않는 교환에 빠지고 말았다. 더 폭력적인

---

40   Michel Agier (dir.), *Un monde de camps*, La Découverte, Paris, 2014.
41   *Ibid.*, p. 11.

발길질과 뒷발질[반작용]에 의해, 또한 모방의 연속적인 작용에 의해서도, 세속주의(라이시즘)와 그 전도된 거울인 근본주의가 완벽한 냉소 속에서 작동하고 있다. 왜냐하면 모든 이름이 제 이름의 고유성을 잃어버려 이제는 추문을 부를 어떠한 이름도, 추악한 것을 말할 어떠한 언어도 더 이상 없기 때문이다. 이제 거의 아무것도 바로 서 있지 못하며, 재채기가 더 이상 필요하지 않은데도 다만 콧구멍에서 흐르는 끈적거리고 냄새나는 콧물이 흘러나올 뿐이다. 상식에의 호소, 옛 공화국과 그 좋은 늙은 구부정하고 쓰러져가는 등을 향한 호소, 방귀 냄새 나는 옛 인본주의에의 호소, 그리고 이제 평등이란 단어가 베일을-쓴-무슬림-여학생에게-끈팬티를-입히게 할-의무와, 수염 난-남자의-털을-제모하는-일과 운율을 이루게 된, 어떤 부패한 페미니즘에의 호소가 더해진다.[42]

식민지 시대에 그러했듯이 네그르, 아랍인, 무슬림이 '그의 여자들'을 대하는 방식에 대해 평가 절하하는 해석은 언제나 관음증과 욕망—하렘에 대한 욕망—의 혼합물이라는 성격을 가진다. 인종주의적 목적에 따라 젠더에 대한 질문을 조작하는 것은, 대타자의 집에서 일어나는 남성 지배가 부각되도록 함으로써, 대개 자신의 집에서 일어나는 남근 체제phalocratie의 현실을 은폐하길 꾀하는 것이다. 상징적이고 정치적인 자원으로서 남성성에 과잉 투자하는 것은 '새로운 야만인들'에게만 특유한 것이 아니다. 그것은 모든 형태의 권력의 근본

---

42   Nacira Guénif-Souilamas·Éric Macé, *Les Féministes et le garçon arabe*, Éditions de L'Aube, Paris, 2004; Joan Wallach Scott, *The Politics of the Veil*, Princeton University Press, Princeton, 2009.

축이자 그 권력에 속도를 부여하는 것인데, 이는 우리의 민주주의에서도 마찬가지다. 권력은 어디에서나, 언제나 상징적 남성성인 조각상과 대결하는 하나의 방식이다. 여성성과 모성에 대한 투자는 동시에 성적 주이상스를, 그것이 종교적이든 세속주의적이든, 강탈의 정치에 배치시킨다. 더구나 조금이나마 진지하게 여겨지려면 어느 순간 반드시 '자신이 그것[남성성]을 가졌음'을 보여주어야 한다. 이 향락주의적 문화 속에서 아버지는 끊임없이 최초의 개척자 역할을 부여받아왔다. 이 문화는 처녀인 딸 또는 소년인 아들을 범하려는 욕망에 사로잡힌 근친상간적인 아버지 형상에 시달려왔고, 여성을 남성 자신의 몸에 편입시켜 남성의 결핍된 조각상에 대한 보완물로 쓰려는 것은 진부한 일이 되었다. 그러므로 이 모든 것을, 탄력을 잃고 근육이 부족한 이러한 신화들을 잊고, 다른 무언가로 결연히 넘어가야 한다. 그러나 정확히 무엇으로?

네그르 노예 거래, 식민주의, 파시즘, 나치즘, 홀로코스트와 여타의 학살과 집단학살의 공포에도 불구하고, 특히 서구 국가들은 온갖 종류의 가스로 부풀어 오른 창자들을 지닌 채, 다소 황당하거나 다소 살상적인 온갖 이야기들을 위해 인종주의를 계속 동원한다. 그것은 면전에서 문을 닫아야 하는 이방인과 이주민 무리에 대한 이야기, 어서 세워야 하는 철조망에 대한 이야기 (그렇지 않으면 야만인의 물결에 휩쓸릴 것이므로), 결코 사라진 적 없는 국경들을 다시 세워야만 한다는 이야기, 심지어 오래된 식민지 출신 국민들에게도 언제나 '이주민'이라는 수식어를 붙여야 한다는 이야기, 추방해야만 하는 침입자들에 대한 이야기, 우리가 존재하는 방식을 증오하는 테러리스트들을 고고도에서 원격 조종 비행체로 폭파시켜야 한다는 이야기, 우리의 그 폭격으로 인해 인질 방패들이 부수적 희생자로 바뀌는 이야기, 역사, 피와 참수, 땅과 조국, 전통, 정체성에 대한 이야기, 야만적 무리에게 포위된 가짜 문명들에 대한 이야기, 국가 안보에 대한 이야기, 수식어들로 덧씌워진 닳아빠진 이야기, 겁을 주고 검댕을 내뿜는 이야기, 가장 잘 속아 넘어가는 이들을 현혹시키려는 희망 속에서 끊임없이 재활용되는 끝없는 이야기들이다.

  시민들의 시선에서 멀리 떨어진 곳에서 빈곤과 죽음을 조장했기에 서구 국가들이 이제 탈리오법이 요구하는 경건한 보복 행위들이 되돌아올까봐 두려워하는 것은 사실이다. 이러한 복수의 충동들에 대비하기 위해서, 그들은 인종주의를 구부러진 날처럼 이용한다. 의사결정의 실질적 중심이 탈민족화되고, 부가 **해외로 이전되며**, 실제 권력들이 고립되고, 부채가 사회 전반으로 확산되고, 영토와 인구 전체가 갑자기 과잉인 것으로 구획 정리되는 이 시대에, 인종주의는 다 닳아버린 누더기 상태의 국수주의에 덧붙은 유독한 보충물이다.

  그러나 인종주의가 이렇게 교묘해진 것은 그것이 이제 우리 시대의 충동적 장치들과 경제적 주체성subjectivité économique의 일부가 되었기 때문이다. 인종주의는 단지 다른 재화, 물건, 상품과 마찬가지로 소비재가 된 것일 뿐 아니라, 이 방탕paillardise의 시대에 인종주의는 기 드보르Guy Debord가 비난한 '스펙터클의 사회'의 자원이며, 그것 없이는 스펙터클의 사회는 그저 존재할 수 없다. 많은 경우 인종주의는 사치재의 지위를 획득했다. 그것은 흔치 않아서가 아니라, 신자유주의가 발신한 보편적 음탕함lubricité의 호소에 대한 응답으로서, 사람들이 스스로에게 허용하는 어떤 것이다. 총파업은 잊어라. 폭력과 관능에 자리를 내주어라. 돈벌이에 대한 열정에 지배당하는 이 시대에 음탕함, 폭력, 관능의 이러한 혼합은 인종주의가 '스펙터클의 사회'에 동화되는 과정과 동시대 소비의 장치들에 의해 분자화되는 과정을 촉진한다.

사람들은 나노인종주의를 자신도 모르게 실천한다. 그러고 나서 다른 이가 그것을 지적하거나 혹은 우리를 질서로 다시 불러세울 때 놀라는 것이다. 그것은 우리의 오락적 욕구를 충족시키고, 주위의 지루함과 단조로움에서 벗어나게 해준다. 사람들은 그것이 무해한 행위들이라고, 그리고 그 행위들에 부여된 의미가 실제로는 없는 것이라고 믿는 척한다. 그리고 다른 종류의 경찰이 우리에게 웃을 권리를 빼앗을 때, 즉 결코 자기 자신이나 (자조) 권력자를 향하는 것 (특히 풍자)이 아니라, 항상 자기보다 약한 자를 겨냥한 유머의 권리, 즉 낙인찍으려는 이를 희생양 삼아 웃을 권리를 빼앗을 때 분개한다. 웃음을 터뜨리며, 흐트러진 채, 완전히 바보처럼, 무지 속에 뒹굴기를 즐기고, 우둔함과 우둔함이 만들어낸 폭력에 대한 권리를 주장하는 나노인종주의, 그것이 곧 시대정신이다.

그리고 그 전환이 이미 일어난 것은 아닌지 두려워해야 할 것이다. 너무 늦지 않았는지 두려워해야 한다. 또한 근본적으로, 품위 있는 사회에 대한 꿈이 더 이상 신기루에 지나지 않는지 두려워해야 한다. 우리는 인종주의가 우리 사회의 '수치스러운 부분'에 속하던, 즉 근절할 수 없어서 숨기려 했던 부분에 속하던 시대로의 폭력적 회귀를 두려워해야 한다. 앞으로 인종주의는 뻔뻔하고 당당한 우리의 일상적 옷차림이 될 것이고, 그 때문에 사회에 대한 은밀한 반감에 머물던 저항은 적어도 사회로부터 배제된 이들 쪽에서는 더 공공연해지고 더욱 격렬해질 것이다.

여전히 소속에 대한 문제는 온전히 남는다. 누가 이곳 출신이고 누가 아닌가? 여기 있어서는 안 되는 자들이 우리 곁에서 무엇을 하는가? 그들을 어떻게 처리할 것인가? 세계가 서로 뒤얽히고 또한 [새로운 분열과 파편화가 이루어지는] 재발칸화의 시대에 '여기'와 '저기'는 무엇을 의미하는가? 아파르트헤이트에 대한 욕망이 우리 시대의 확실한 특징 중 하나라 해도, 현실의 유럽은 더 이상 결코 이전과 같지 않을 것이다. 말하자면 [인종적으로] 단일한 색으로 남을 수는 없을 것이다. 설령 예전에는 그런 적이 있었다 하더라도, 세상의 단일한 중심은 더 이상 결코 없을 것이다. 이제부터 세계는 복수형으로 활용될 것이다. 세계는 복수複數 속에서 경험될 것이며, 이러한 새로운 상황을 뒤집기 위해 사람들이 할 수 있는 것은 엄밀히 말해 아무것도 없을 것이다. 그것은 되돌릴 수도 없고 철회할 수도 없는 불가역적인 것이다. 이 새로운 상황의 결과 중 하나는 많은 국가에서 전멸의 환상이 재활성화되었다는 것이다.

이 전멸의 환상은 사회적 세력들이 정치를 무조건적 적에 맞서는 사생결단으로서 구상하려는 모든 맥락 속에서 나타난다. 이 같은 투쟁은 그때 실존적 투쟁으로 불린다. 그것은 상호 인정의 가능성은 물론, 화해의 가능성은 전혀 없는 투쟁이다. 그것은 각각이 거의 침투 불가능한 본질적 실체를 갖춘, 혹은 피의 법칙과 땅의 법칙[43]이 결합함으로써 같은 종種에 속하는 이들만이 소유한다고 여겨지는 실체들을 서로 대립시키는 것으로 만든다. 그런데 서구의 정치사는 사상사나 형이상학의 역사와 마찬가지로 이러한 문제 제기로 포화 상태다. 알다시피 유대인은 바로 유럽의 한가운데에서 그 대가를 치렀다. 예전에 네그르들과 인디언들은 신대륙에서 제각기 십자가의 길에 올랐다.

정치에 대한 이러한 개념은 한편으로는 존재être에 대한 질문과 이른바 진리의 문제, 다른 한편으로는 삶의 존재론에 대해 서구 형이상학이 오랫동안 품어온 집착의 거의 자연스러운 귀결이다. 이 신화에 따르면 역사는 존재의 본질이 전개되는 과정이다. 하이데거적 용어로 말하자면, 존재는 존재자l'étant에 대립한다. 오직 서구만이 '재시작의 경험'을 할 수 있는 능력을 발전시켰다고 여겨지기에, 서구는 존재의 결정적 장소le lieu décisif de l'être가 될 것이다. 나머지는 존재자에 지나지 않는다. 존재의 결정적 현장일 것이므로, 서구만이 재시작의 경험을 만들어낼 이러한 능력을 발휘할 것이다. 이것이 서구를 보편적인 것으로 만드는데, 그 의미들은 무조건적으로 모든 지형을 넘어 다시 말해, 모든 장소, 모든 시간, 모든 언어, 모든 역사, 모든 조건에 상관없이 타당한 것으로 간주된다. 따라서 존재의 역사와 존재의 정치라는 관점에서 비춰볼 때, 결코 서구는 진정으로 자기 자신의 유한성을 사유하지 않

---

43 옮긴이주. 피와 땅의 법칙(la loi du sang et du sol)은 일반적으로 국가적·민족적 정체성을 '혈통(혈연)'과 '출생지(국토)'에 의해 결정한다는 사상을 의미하고 특히 파시즘, 나치즘, 민족주의 이데올로기에서 중심 개념으로 사용한다. 이는 특히 독일 나치즘에서 'Blut und Boden(피와 땅)'이라는 구호 아래 강조되었으며, 생물학적 순수성과 토지에의 고유 권리를 결합시켜 "누가 이 땅의 진정한 주인인가"를 정의하려 했다. 현대의 극우 민족주의에서도 이 구호는 변형된 형태로 반복적으로 소환된다.

2장 증오의 사회   121

왔다고 말할 수 있다. 서구는 제 활동의 지평을 항상 불가피하고 절대적인 것으로 상정했고, 이 지평은 정의상 언제나 당연히 행성적이고 보편적인 것으로 자처해왔다. 여기서 말하는 보편은 인간으로서 모든 인간에게 납득될 만한 것과 반드시 동의어는 아니다. 그것은 나의 고유한 지평을 확장하는 것과도, 나 자신의 유한성이라는 조건을 떠맡는 것과도 또한 동의어가 아니다. 여기서 보편은 본래 약탈의 갈등인 전쟁에서 승리한 자들의 폭력에 붙이는 이름이다. 그러나 이러한 약탈의 갈등들은 또한 무엇보다 존재-역사적onto-historiques 갈등이기도 한데, 거기에서 실제로 운명적인 역사가 전개되기 때문이다.

극한까지 밀어붙여질 때 전멸의 환상 혹은 말소의 환상은 단지 행성의 폭파만이 아니라 인간의 소멸, 인간의 멸종까지도 고려한다. 그것은 문자 그대로의 아포칼립스가 아니다. 왜냐하면 아포칼립스는 본 것을 이야기할 임무를 지닌 생존자, 증인이 어딘가에 존재한다고 가정하기 때문일 뿐이다. 그것은 사람들이 두려워하는 파국이 아니라 불에 의한 정화로서 구상된 전멸이다. 그런데 그 정화는 현생 인류의 전멸과 동일하다. 이러한 전멸은 현존 인류가 없는 다른 역사의 시작, 또 다른 시작으로 향하는 길을 열어주리라고 가정된다. 따라서 그것은 제거의 환상이다.

우리가 처한 불안의 순간 속에서 [하이데거 식의] 존재론적 차이라는 주제로 회귀하는 징후들이 있다. '테러와의 전쟁'이라는 기회와 폭격, 초법적 살해(드론을 이용한 공습), 학살, 테러, 그리고 그 박자를 이루는 다른 형태의 살육 덕분에, 서구가 보편을 이해하고 제도화할 수 있는 유일한 장소라는 생각이 다시 수면 위로 떠오르고 있다. 인류를 선주민과 이방인으로 분할하는 것은 매우 진척되었다. 어제 슈미트나 하이데거와 함께 근본적으로 요구된 것은 적을 발견하고 그를 만천하에 내보이는 것이었는데, 오늘날은 적을 만들어내고 그 앞에 서서 그에게 전멸과 완전한 말소의 전망을 들이대는 것으로 충분하다. 사실상 그들은 소통이 가능하지도 않고 소통을 바라는 것도 아닌 적이기 때문이다. 인류라는 범위 밖에 위치한 그들과는 어떠한 합의도 가능하지 않다.

불가능한 공유, 극복할 수 없는 거리라는 토대 위에서 우리는 과연 세계에 얼굴을 내보이고, 세계에 거주하거나, 세계를 횡단할 수 있는가? 적을 제거하거나 이방인을 쫓아내는 것으로 그와 결별하는 데 충분한가? 혹은 그를 망각되어야 할 것의 영원성에 내맡기는 것으로 충분한가? 이러한 태도는 살아있는 동안, 죽음 속에서, 그리고 추방 속에서 그의 얼굴에서 인간성을 이루던 것을 지워버리도록 요구한다. 이처럼 형상을 제거하고 말소하는 기획은 증오에 대한 동시대적 모든 논리에서 거의 대부분의 처형에 선결되는 것이다. 분리와 차별의 장치들을 끊임없이 증식시키는 사회들 안에서, 돌봄의 관계는 욕망 없는 관계로 대체되었다. 설명하고 이해하는 것, 앎과 인정은 더 이상 필수적이지 않다. 환대와 적의가 지금처럼 서로 대립적이었던 적이 없다. 따라서 인간의 불행과 적의 고통을 결코 "정치의 침묵하는 잔여restes muets de la politique"로 남겨두지 않았던 이 인물들로 되돌아가는 데 의미가 있다.[44] 이들은 언제나 인정을 요구하는 목소리와 결

---

44 Michel Foucault, "Face aux gouvernements, les droits de l'homme", *Dits et écrits*, tome 4, Gallimard, Paris, 1994, p. 708.

부되어 있으며, 특히 무시, 굴욕, 소외, 학대를 받는 경험이 하나의 규범으로 자리한 곳에서 더욱 그러했다.

3장 죽음정치

이 글은 아르준 아파두라이Arjun Appadura, 캐럴 브레켄리지Carol Breckenridge, 프랑수아즈 베르제스Françoise Vergès와의 지속적인 대화를 통해 탄생한 결과물이다. 일부 발췌문은 에반스턴, 시카고, 뉴욕, 뉴헤이븐, 요하네스버그에서 열린 세미나와 워크숍에서 발표되었다. 폴 길로이, 딜립 파라메시와르 가온카르, 베스 포비넬리Beth Povinelli, 벤 리Ben Lee, 찰스 테일러Charles Taylor, 크로퍼드 영Crawford Young, 압두말리크 시모네Abdoumaliq Simone, 뤽 생존Luc Sindjoun, 슐레이만 바시르 디아뉴, 카를로스 포르멘트Carlos Forment, 아토 콰이슨, 울리케 키스트너Ulrike Kistner, 데이비드 테오 골드버그, 데버라 포젤Deborah Posel이 귀중한 비평을 해주었다. 또한 레하나 에브르-발리Rehana Ebr-Vally와 세라 너털은 중요한 논평과 통찰을 주었고 비판적 지지와 격려를 아끼지 않았다. 이 글은 고인이 된 나의 친구 치칼라 카엔베 비야야Tshikala Kayembe Biaya에게 헌정한다.

> Wa syo'lukasa pebwe
> Umwime wa pita
>
> 그는 돌 위에 발자국을 남기고
> 그 자신은 지나갔다.
>
> — 잠비아의 람바Lamba족 속담

이 글은 주권의 궁극적 표현은 주로 누가 살 수 있고 누가 죽어야 하는가를 좌우하는 힘과 가능성에 있다고 가정한다.[1] 그러므로 죽이거나 또는 살려두기는 주권의 한계, 주권의 주요 속성들을 구성한다. 주권을 행사한다는 것은 필멸성에 대한 통제권을 발휘하는 것이며 생명[2]을 권력의 배치deployment와 발현manifestation으로서 정의하는 것이다.

이것이 미셸 푸코가 권력이 통제권을 발휘하는 생명 영역인 **생명**

---

1 이 논문은 정치학과 국제관계학에서 볼 수 있는 전통적인 주권 설명에서 벗어난다. 대체로 이들 설명은 주권을 국민국가나 국가 기반 제도들, 또는 초국가적 제도들과 네트워크들에 둔다. 예를 들어 다음을 참고하라. *Sovereignty at the Millennium*, special issue of *Political Studies*, vol. 47, 1999. 나의 접근법은 다음에서 설명하는 주권 개념과 개념과 주권과 전쟁 및 생명정치와의 관계에 대한 푸코의 비판에 근거한다. Michel Foucault, *Il faut défendre la société. Cours au Collège de France, 1975-1976*, Seuil, Paris, 1997, pp. 37-55, 75-100, 125-148, 213-244[미셸 푸코,《사회를 보호해야 한다》, 김상운 옮김, 난장, 2015]. 다음도 참고하라. Giorgio Agamben, *Homo sacer. Le pouvoir souverain et la vie nue*, Seuil, Paris, 1997, pp. 23 - 80[조르조 아감벤,《호모 사케르》, 박진우 옮김, 새물결, 2008].

2 옮긴이주. 'life'는 문맥에 따라 '생명'이나 '삶'으로 옮겼다.

권력biopower이라는 개념으로 의미하는 바를 요약한다.³ 하지만 죽이 거나 살려두거나 죽음에 노출시키는 권력은 어떤 실질적인 조건 아래에서 행사되는가? 이 권리의 주체는 누구인가? 그런 권리의 실행은 그렇게 죽게 되는 이에 관해, 그리고 그 사람을 자신의 살해자에게 대항하게 만드는 증오 관계에 관해 우리에게 무엇을 말해주는가? 전쟁이나 저항, 테러와의 전쟁이라는 명목으로 가장하고 적의 살해를 자신의 일차적이고 절대적인 목적으로 삼는 동시대의 방식들을 생명권력이라는 개념만으로 설명할 수 있는가? 무엇보다 전쟁은 죽일 권리를 실행하는 하나의 방식뿐만 아니라 주권sovereignty[통치권]을 획득하는 하나의 수단이다. 정치를 전쟁의 한 형태로 간주할 때, 생명과 죽음 그리고 (특히 상처를 입거나 살해된) 인간의 몸, 이 모두에 주어지는 장소에 관한 질문이 제기될 필요가 있다. 이런 측면들이 권력의 질서에 어떻게 새겨졌는가?

정치, 죽음의 작동 그리고 '주체되기'

이런 질문들에 답하기 위해, 이 글은 생명권력 개념을 활용하고 이 개념과 주권(절대권imperium)개념 및 예외상태의 개념과 그 관계를 탐구한다.⁴ 나는 이런 맥락에서 제기되는 몇 가지 경험적이고 철학적인

---

3   Michel Foucault, *op. cit.*, Seuil, Paris, 1997, pp. 213-234.
4   예외상태에 관해서는 다음을 참고하라. Carl Schmitt, *La Dictature*, Mira Köller

질문들을 간단하게 살펴보고자 한다. 잘 알려져 있듯이, 예외상태 개념은 종종 나치즘, 전체주의, 강제수용소/절멸수용소 등과의 관계 속에서 논의되었다. 죽음의 수용소에 대한 다양한 해석은 이 수용소를 주권적이고 파괴적인 폭력의 핵심적인 은유로, 부정적인 것이 가진 절대 권력의 궁극적 기호sign로 받아들인다. 한나 아렌트Hannah Arendt가 말했듯이, "강제수용소에서의 삶과 유사한 것은 없다. 그 공포는 그것이 삶과 죽음의 바깥에 있다는 바로 있기에, 절대 상상력으로 완전히 포용될 수 없다".[5] 조르조 아감벤에게 수용소는 수용자들이 정치적 지위를 박탈당하고 벌거벗은 생명으로 환원되기 때문에 "지구상에 나타난 가장 절대적인 비인간적 조건이 실현된 장소"이다.[6] 그는 수용소의 정치법률적 구조 속에서 예외상태는 법률상태의 일시적인 중단이기를 멈추고, 계속해서 법률의 정상적 상태 외부에 남아 있는 영구적인 공간적 배치arrangement를 획득한다고 덧붙인다.

이 글은 유대인 절멸의 특이성을 토론하거나 그것을 어떤 사례로 삼아 논의하지는 않는다.[7] 나는 근대성이 다양한 주권 개념의 기원

---

and Dominique Séglard (trans.), Seuil, Paris, 2000, pp. 210-228, 235-236, 250-251, 255-256; *La Notion de politique. Théorie du partisan*, Marie-Louise Steinhauser (trans.), Flammarion, Paris, 1992[카를 슈미트, 《정치적인 것의 개념》, 김효전·정태호 옮김, 살림, 2012].

5   Hannah Arendt, *The Origins of Totalitarianism*, Harvest, New York, 1966, p. 444[한나 아렌트, 《전체주의의 기원》 1, 2, 박미애·이진우 옮김, 한길사, 2006].

6   Giorgio Agamben, *Moyens sans fins. Notes sur la politique*, Payot & Rivages, Paris, 1995, pp. 50-51[조르조 아감벤, 《목적 없는 수단》, 김상운·양창렬 옮김, 난장, 2009].

7   이 논의에 대해 다음을 참고하라. Saul Friedlander (ed.), *Probing the Limits of Representation: Nazism and the "Final Solution"*, Harvard University Press, Cambridge,

에 있으며, 그러므로 또한 생명정치적인 것들의 기원이기도 하다는 생각에서 시작한다. 이러한 다층성을 무시한 채, 후기 근대의 정치 비평은 불행하게도 민주주의의 규범 이론을 특권화하고 이성 개념을 근대성의 기획과 주권이라는 토포스[8]의 핵심 요소 중 하나로 만들었다.[9] 이런 관점에서, 궁극적인 주권(통치권) 표현은 자유롭고 동등한 개인들을 포함하는 몸(민중demos)에 의한 일반적인 규범들의 생산이다. 이런 남성들과 여성들은 자기이해, 자기의식, 자기재현이 가능한 완전한 주체들로 가정된다. 그러므로 정치는 자치autonomy[자율]의 기획이자 소통과 인정을 통한 공동체 내에서의 합의 도달을 이루는 이중적 과정으로 정의된다. 우리에게 말해지기를, 이것이 정치를 전쟁과 구별 짓는 지점이다.[10]

다른 말로 하자면 이성과 비이성(정념, 환상)의 구분에 기초하여 후기 근대 비평은 정치적인 것, 공동체, 주체라는 특정 개념을, 또는 더

1992. 또 최근의 예로 다음을 참고하라. Bertrand Ogilvie, "Comparer l'incomparable," *Multitudes*, no. 7, 2001, pp. 130-166.

8 옮긴이주. 토포스(topos)는 본래 '장소'를 뜻하지만, 철학에서는 단순한 공간이 아니라 사유가 발생하고 반복되는 자리, 곧 의미와 담론의 생성 조건을 지칭한다. 아리스토텔레스의 수사학에서 출발해, 현대 철학에서는 담론이 전개되는 구조적·상징적 장(場)으로 확장되어 사유의 조건과 가능성을 드러내는 개념으로 사용된다.

9 다음을 참고하라. James Bohman·William Rehg (eds.), *Deliberative Democracy: Essays on Reason and Politics*, MIT Press, Cambridge, 1997; Jürgen Habermas, *Between Facts and Norms*, MIT Press, Cambridge, 1996[위르겐 하버마스,《사실성과 타당성》, 박영도·한상진 옮김, 나남출판, 2007].

10 James Schmidt (ed.), *What Is Enlightenment? Eighteenth-Century Answers and Twentieth-Century Questions*, University of California Press, Berkeley, 1996.

근본적으로는 좋은 삶이라는 개념과 그것을 성취하는 법, 그리고 그 과정에서 온전히 도덕적 행위자가 되는 법을 명료하게 제시해냈다. 이 패러다임 안에서 이성은 주체의 진리이며, 정치는 공적 영역에서 이성을 행사하는 것이다. 이성의 행사는 개인 자치의 핵심 요소인 자유의 행사에 이른다. 이 경우에 주권이라는 낭만은 주체가 자기의미의 주인이자 통제권자라는 믿음에 기초한다. 그러므로 주권은 **자기제도화**self-institution와 **자기제한**self-limitation(자신의 한계를 스스로 정하기)의 이중 과정으로서 정의된다. 그에 따라 주권 행사는 특정한 사회적, 상상계적[11] 의미에서 영감을 얻은 제도들에 의지하여 사회의 자기창조self-creation 능력으로 구성된다.[12]

주권 정치에 대한 이처럼 강경하게 규범적인 해석은 수많은 비판을 받아왔으니, 여기서 되풀이하지는 않겠다.[13] 내 관심은 자치[자율]

---

11 옮긴이주. 상상계(the Imaginary)는 자크 라캉의 논의에서 유래한 것으로 특히 거울 단계(mirror stage)에서 형성되는 자아 이미지와 관련되며, 자기 동일성, 동일화, 전체성에 대한 환상을 중심으로 구성되는 주체 형성의 초기 국면이다. 이 세계는 외적 이미지(특히 타자)를 통해 주체가 자신을 오인(misrecognition)하게 되는 공간이며, 현실(reality)과는 괴리된 채 결핍을 은폐하고 통합된 자아의 환상을 제공함으로써 주체를 조직하는 핵심 장치로 기능한다. 음벰베에게 '상상계'는 라캉의 정신분석학적 맥락과는 달리, 정치적·문화적·식민주의 비판의 장(field)의 차원에서 식민 권력이 정복지의 현실을 재구성하기 위해 만들어낸 서사, 환상, 감각의 총체적 체계를 가리킨다. 이는 단순한 인식의 차원을 넘어, 공간, 인종, 신체에 대한 폭력적 표상과 차별적 통치의 정당화를 가능케 하는 문화적 기계장치로 기능한다.

12 Cornelius Castoriadis, *L'institution imaginaire de la société*, Seuil, Paris, 1975, 그리고 *Figures du pensable*, Seuil, Paris, 1999.

13 특히 다음을 참고하라. Paul Gilroy, *The Black Atlantic: Modernity and Double Consciousness*, Harvard University Press, Cambridge, 1993, 특히 chap. 2.

를 위한 투쟁이 아니라 인간 실존의 전반적인 도구화와 인간의 몸과 인구의 물질적 파괴를 핵심적인 기획으로 하는 주권의 형상들이다. 주권의 그런 형상들은 거대한 광기나, 몸의 충동과 이해관계 그리고 정신의 충동과 이해관계 사이의 균열을 드러내는 조각과는 거리가 멀다. 정말이지, 죽음의 수용소와 같은 이런 표상들은 우리가 계속해서 살아가는 정치적 공간의 노모스를 구성한다. 더 나아가, 인간 파괴의 동시대적 경험들은 정치, 주권, 주체 읽기가 근대성에 관한 철학적 담론을 통해 우리에게 전해진 것과는 다르게 전개될지도 모른다는 점을 시사한다. 우리는 이성을 주체의 진리로 사고하는 대신, 삶과 죽음 같은 덜 추상적이고 더 실체적인 다른 근본적인 범주들을 기대할 수 있다.

이러한 기획에서 죽음과 '주체되기'의 관계에 관한 헤겔G. W. F. Hegel의 논의는 중요하다. 죽음에 대한 그의 설명은 부정성의 이중 개념을 중심으로 한다. 첫째, 인간은 자연을 부정한다(자연을 인간의 필요로 환원하기 위한 인간의 노력에서 구체화되는 부정). 둘째, 부정된 요소는 노동과 투쟁을 통해 변형된다. 자연을 변형함으로써 인간은 세계를 창조하지만, 그 과정에서 이 인간 역시 자신의 부정성에 노출된다. 헤겔적 패러다임 안에서, 인간의 죽음은 본질적으로 자발적인 행위다. 그것은 주체의 의식적인 위험 떠맡기의 결과다. 헤겔에 따르면, 이런 위험을 통해 인간 주체의 본성적 존재를 구성하는 '동물'이 타도된다.

다른 말로 하자면, 인간은 그러므로 (부정성의 폭력으로 이해되는) 죽음에 대면하게 되는 투쟁과 노동 속에서, 정말로 **주체**— 즉, 동물로부터 분리된— 가 **된다**. 이런 죽음과의 대면을 통해 인간은 끊임없는 역사의 운동 속으로 던져진다. 주체되기는 그러므로 죽음의 작용을 떠받치는 것을 가정한다. 죽음의 작용 떠받치기. 이것이 정확하게 헤겔이 정의하는 정신Spirit의 삶이다. 그가 말하기를, 정신의 삶[생명]은 죽음을 두려워하고 파괴와 분리된 삶이 아니라 죽음을 떠맡고 그와 더불어 사는 삶[생명]이다. 정신은 자신을 절대적 해체 속에서 발견함으로써만 자신의 진실에 도달한다.[14] 그러므로 정치는 인간의 생을 살아가는 죽음이다. 절대적 지식과 주권의 정의 또한 그러하다. 다시 말해, 자신의 삶 전체를, 자신의 목숨을 거는 것이다.

조르주 바타유 역시 죽음이 주권과 정치적인 것, 주체 개념을 구축하는 방식에 비판적인 통찰을 제공한다. 바타유는 적어도 세 가지 방식으로 죽음과 주권, 주체 간 연관에 대한 헤겔의 개념을 대체한다. 첫째, 그는 죽음과 주권을 교환과 잉여superabundance의 폭발로, 또는 바타유 본인의 용어로 말하자면 과잉excess으로 해석한다. 바타유에게 생명은 죽음이 생명을 인질로 잡았을 때에만 불완전하다. 생명 자체는 죽음과의 교환과 폭발에서 존재한다.[15] 그는 죽음이 생명의 부패라고, 동시에 그 악취가 생명의 원천이자 생명의 역겨운 조건이라

---

14   G. W. F. Hegel, *Phénoménologie de l'esprit*, J. P. Lefebvre (trans.), Aubier, Paris, 1991[게오르크 빌헬름 프리드리히 헤겔,《정신현상학》1, 2, 김준수 옮김, 아카넷, 2025]. 다음의 비평도 참고하라. Alexandre Kojève, *Introduction à la lecture de Hegel*, Gallimard, Paris, 1947, 특히 Appendix II, "L'idée de la mort dans la philosophie de Hegel"; Georges Bataille, *Œuvres complètes XII*, Gallimard, Paris, 1988, 특히 "Hegel, la mort et le sacrifice", pp. 326-348, 그리고 "Hegel, l'homme et l'histoire", pp. 349-369.

15   다음을 참고하라. Jean Baudrillard, "Death in Bataille," in *Bataille: A Critical Reader*, Fred Botting·Scott Wilson (eds.), Blackwell, Oxford, 1998, 특히 pp. 139-141.

고 주장한다. 그래서 이전의 있었던 것을 파괴하고, 존재를 지속한다고 여겨지는 것을 소멸시키고, 그것을 취하는 개인을 무無로 환원하면서도, 죽음은 존재의 순수한 소멸에 이르지 않는다. 그보다 죽음은 본질적으로 자기의식이며, 더욱이 죽음은 생명의, 즉 유출과 충만함의 가장 사치스러운 형태, 증식의 힘이다. 더욱 급진적으로 바타유는 의미의 지평에서 죽음을 끌어낸다. 헤겔에게 죽음은 진리에 이르는 수단으로서 큰 의미를 지니고 있으며, 실제로 죽음에서 결정적으로 상실되는 것은 아무것도 없다는 점에서 이는 대조적이다.

둘째, 헤겔이 죽음을 절대적 지식과 의미의 경제 안에 두려고 시도하는 반면, 바타유는 죽음을 (주권의 또 다른 특질인) **절대적 소모**expenditur의 영역 안에 확고히 고정시킨다. 바타유는 효용을 넘어선 생명이 주권의 영토라고 말한다. 이런 경우, 그러므로 죽음은 파괴, 억압, 희생이 환원 불가능하고 급진적인 소모—비축분 없는 소모—를 구성하는 지점이며, 이제 파괴, 억압, 희생은 더 이상 부정성으로 규정할 수 없다. 죽음은 그러므로 과잉의 원리, **반反경제**anti-economy 그 자체다. 따라서 죽음은 사치의 은유와 **죽음의 사치스러운 성격**의 은유로 설명된다.

셋째, 바타유는 죽음과 주권, 섹슈얼리티 사이에 상관관계를 세운다. 그에게 섹슈얼리티는 생식(흥분) 충동과 배설 충동의 방식으로 폭력과 신체와 자아 경계의 붕괴와 불가분하게 연계된다. 이와 같이 섹슈얼리티는 배설과 전유라는 양극화된 인간 충동의 두 가지 주요 형태, 그리고 그뿐만 아니라 이 둘을 둘러싼 금기 체제에 관계한다.[15] 성sex의 진실, 그리고 치명적인 속성들은 실재와 사건과 환상의 대상들을 분리하는 경계를 상실하는 경험 안에 존재한다.

그러하기에 바타유를 따르면, 주권은 많은 형태를 취한다. 하지만 궁극적으로는 죽음의 공포로 인하여 주체가 존중해야 할 한계들의 수용을 거부하는 형태를 취한다. 바타유는 주권의 세계가 "죽음의 경계limit가 사라진 세계이다. 죽음은 그 안에 현존하고, 죽음의 현존은 폭력의 세계를 정의하지만, 죽음이 현존할지라도 그것은 늘 부정되는 것으로서만, 그 외에는 다른 무엇을 위해서도 아닌 것으로서 존재한다"라고 주장한다. 그는 "주권자[통치자]는 마치 죽음이 있지 않은 듯이 존재한다. (…) 주권자는 정체성의 경계를 죽음의 경계보다 더 존중하지 않으며, 오히려 두 경계를 동일한 것으로 여긴다. 주권자는 그런 모든 경계들의 위반이다"라고 끝맺는다. 죽음을 포함해 자연적 금지의 영역에 속하는 것들이 있다(예를 들어 섹슈얼리티, 오물, 배설물). 그러므로 주권은 "비록 이것이 관습이 정의하는 조건하에 있더라도, 살해 금지를 위반할 수 있는 힘"을 필요로 한다. 그리고 그 어느 때보다 필연성과 소위 죽음을 피해야 한다는 명목상의 요구에 뿌리를 둔 복종과 달리, 주권은 분명하게도 죽음의 위험을 요구한다.[17]

주권을 금지에 대한 위반으로 생각함으로써, 바타유는 정치적인

---

16 Georges Bataille, *Visions of Excess: Selected Writings, 1927-1939*, A. Stoekl (trans.), University of Minnesota Press, Minneapolis, 1985, pp. 94-95.

17 Fred Botting·Scott Wilson (eds.), *The Bataille Reader*, Blackwell, Oxford, 1997, pp. 318-319. 다음도 참고하라. Georges Bataille, *The Accursed Share: An Essay on General Economy*, vol. 1, Consumption, Robert Hurley (trans.), Zone, New York, 1988[조르주 바타유, 《저주받은 몫》, 최정우 옮김, 문학동네, 2022], 그리고 *Erotism: Death & Sensuality*, Mary Dalwood (trans.), City Lights, San Francisco, 1986[조르주 바타유, 《에로티즘》, 조한경 옮김, 민음사, 2009].

것의 경계[한계]에 대한 질문을 다시 제기한다. 이 경우에 정치적인 것은 앞으로 나아가는 이성의 변증법적 운동이 아니다. 이것은 나선형의 위반으로서만, 한계라는 이념 자체를 혼란스럽게 만드는 그 차이로서만 추적될 수 있다. 더 명확하게 말하자면, 금기를 위반함으로써 실행되는 차이다.[18]

생명권력과 적대의 관계

이렇게 정치를 죽음의 작동으로 설명한 후에, 나는 이제 죽일 권리로 정의된 주권을 살피고자 한다. 논증을 위해, 나는 푸코의 생명권력 개념을 예외상태state of exception와 포위상태state of siege[계엄상태]라는 다른 두 개념과 연관시킨다.[19] 나는 예외상태와 증오의 관계가 죽일 권리의 규범적 기초가 된 궤적을 검토한다. 그러한 경우에, 권력(반드시 국가권력일 필요는 없다)은 끊임없이 예외, 비상사태emergency, 허구화된 적의 개념을 지시하고 그에 호소한다. 그것은 또한 이런 똑같은 예외, 비상사태, 허구의[각색된] 적을 생산하려고 노력한다. 비상 상태를 통해서만 작동하는 저런 체계들에서 정치와 죽음 간 관계는 무엇인가?

푸코의 저작에서 생명권력은 사람들을 살아야 하는 이들과 죽어

---

18 Georges Bataille, *The Accursed Share: An Essay on General Economy, vols. II & III: The History of Eroticism and Sovereignty*, Robert Hurley (trans.), Zone Books, New York, 1991.

19 포위상태에 대해서는 다음을 참고하라. Carl Schmitt, *op.cit.*, chap. 6.

야 하는 이들로 구분함으로써 기능하는 것으로 보인다. 살아있는 자들과 죽은 자들 사이의 분할을 기초로 계속되듯이, 그런 권력은 스스로를 생물학적 장場과의 관련 속에서 정의하고, 그 장의 통제권을 지니고 그 장에 스스로를 정초한다. 이 통제권은 인간종들을 여러 집단들로 분배하는 것, 인구를 하위 집단들로 세분화하는 것, 이 하위 집단들 사이에 생물학적인 휴지caesura[단절]를 구축하는 것을 전제로 삼는다. 푸코는 이를 **인종주의**라는 친숙한 용어를 사용하여 지시한다.[20]

생명권력의 계산 속에서 인종이 (또는 사실은 인종주의가) 너무도 두드러지게 드러나는 건 쉽게 이해된다. 무엇보다 특히 외국 국민들peoples의 비인간성과 그들에 대한 지배를 상상할 때, 계급적 사고(역사를 계급 간의 경제적 투쟁으로 정의하는 이데올로기)보다는 인종적 사고가 서구의 정치적 사고와 실천에 항상 존재하는 그림자였다. 아렌트는 이처럼 항상 존재하지만 유령과도 같은 인종의 세계를 언급하면서 그 뿌리를 타자성의 충격적 경험에서 찾아내며, 인종정치가 궁극적으로 죽음정치와 연계된다고 암시한다.[21] 실제로 푸코의 용어를 빌리자면, 인종주의는 무엇보다 생명권력, 즉 "그 오래된 주권의 죽일 권리"의 행사를 허용하는 것을 겨냥한 기술이다.[22] 생명권력의 경제에서 인종주의의 기능은 죽음의 분배를 규제하고 국가의 살인 기능들을 가능하게 만드는 것이다. 즉, 그는 이것이 "죽음에 이르게 하는 것의 수

---

20 다음을 참고하라. Michel Foucault, *op. cit.*, pp. 57-74.
21 "정치적으로 볼 때, 인종은 인간성의 시작이 아니라 종말이며, 인간의 자연스러운 탄생이 아니라 부자연스러운 죽음을 의미한다." Hannah Arendt, *op. cit.*, p. 157.
22 Michel Foucault, *op. cit.*, p. 214.

용 가능성을 위한 조건"이라고 말한다.[23]

푸코는 주권의 죽일 권리와 생명권력의 기제들이 모든 근대 국가 기능의 일부임을 분명하게 가정한다.[24] 사실 이 두 가지는 근대성에서 국가권력의 구성적 요소들로 보일 수 있다. 푸코에 따르면 나치 국가는 죽일 권리를 행사하는 국가의 가장 완벽한 사례였다. 이 국가는 생명의 관리, 보호, 육성을 주권자의 죽일 권리와 동일한 시공간에 배치했다고 그는 주장한다. 그는 정치적 적이라는 주제의 생물학적 외삽을 통해, 적들에 대항한 전쟁을 조직하고 자국의 시민들을 전쟁에 노출함으로써 나치 국가가 죽일 권리를 강력하게 강화하는 길을 열었고, '최종 해결책' 기획의 정점에 이르렀다고 주장한다. 그렇게 함으로써, 그것은 인종주의 국가, 살인 국가, 자살 국가의 성격들을 결합한 권력 형성의 원형이 되었다.

나치 국가가 전쟁과 정치를 (그리고 인종주의, 살인, 자살을) 서로 구별할 수 없는 지점까지 융합한 점에서 독특하다는 주장이 존재해왔다. 대타자의 존재를 내 생명에 대한 공격으로, 생물물리학적으로 제거해야만 내 생명의 잠재력과 안전이 강화될 수 있는 그런 치명적 위협 또는 절대적 위험으로 인식하는 것, 이것이 근대 초기와 후기 모두에 걸쳐 나타나는 특징적인 주권의 여러 상상적 차원 중 하나라고 나는 주장한다. 허무주의와 권력에의 의지 선언을 존재의 본질로서 다루든, 인간의 **대상되기**|becoming-object로 이해되는 물화의 문제를 다루든,

---

23 *Ibid.*, p. 228.
24 *Ibid.*, pp. 227-232.

또는 모든 것을 비인격 논리와 계산 가능성과 도구적 합리성의 지배에 복종시키는 문제를 다루든 상관없이, 전통적인 근대성 비판 대부분을 이런 지각의 인식이 뒷받침하고 있다.[25] 실제로 인류학적 관점에서 이런 비판들이 암묵적으로 이의를 제기하는 것은 탁월한 호전적 관계로서의 정치라는 정의이다. 그들은 또한 생명의 계산법이 필연적으로 타자의 죽음을 관통한다는 생각, 또는 주권이 살기 위해 죽이려는 의지와 능력으로 구성된다는 생각에 도전한다.

역사적 관점을 택하자면, 많은 분석가가 나치 절멸수용소의 물질적 전제들 역시 한편으로는 식민 제국주의에서, 다른 한편으로는 사람들을 죽음으로 몰아넣는 기술적 메커니즘, 즉 산업혁명과 제1차 세계대전 사이에 개발된 메커니즘의 연쇄화에서 발견된다고 주장해왔다. 엔조 트라베르소Enzo Traverso에 따르면 가스실과 시체 소각장은 도구적 합리성을 생산적, 관리적 합리성과 통합한 근대 서구 세계의 독창적인 특징 중 하나인 인간성 말살과 죽음의 산업화라는 긴 과정(공장, 관료제, 감옥, 군대)의 정점이었다. 기계화 이후, 연쇄화된 사형 집행은 순전히 기술적인, 비인격적이고 조용하고 신속한 절차로 변환되었다. 어느 정도 이런 전개는 인종주의적 고정관념들과 산업 사회의 사회적 갈등을 인종적 용어로 번역함으로써, 산업 사회의 노동계급들과 '시민권이 없는 사람들'을 식민 사회의 '야만인들'에 비교하

---

25 다음을 참고하라. Jürgen Habermas, *The Philosophical Discourse of Modernity: Twelve Lectures*, Frederick G. Lawrence (trans.), MIT Press, Cambridge, 1987[위르겐 하버마스, 《현대성의 철학적 담론》, 이진우 옮김, 문예출판사, 1994], 특히 chaps. 3, 5, 6.

게 되는, 만연해 있던 계급 기반 인종주의의 도움을 받았다.[26]

사실상 근대성과 공포terror의 결합은 복합적인 원천에서부터 일어난다. 일부는 앙시앵 레짐의 정치적 관행들에서 발견될 수 있다. 이 관점에서 보면 피를 향한 대중의 정념과 정의와 복수의 개념 사이의 긴장이 중요하다. 《감시와 처벌》에서 푸코는 국왕을 살해하려 한 다미앵Damiens의 처형이 군중이 만족할 만한 수준으로 어떻게 해서 몇 시간이나 걸렸는지 묘사한다.[27] 처형에 앞서 거리를 누비는 사형수의 긴 행렬, 신체 부위들의 행렬과 잘린 머리를 창에 매달아 전시하는 장면은 대중 폭력의 표준적 특징이 된 의식이었다. 프랑스에서 기요틴[단두대]의 도래는 국가의 적들을 처리하는 수단의 '민주화'에서 새로운 단계를 나타낸다. 실제로 한때 귀족들의 특권이었던 이러한 처형 형식이 모든 시민에게로 확대된다. 참수형이 교수형보다 품위를 덜 손상시킨다고 생각되는 맥락에서, 살인 기술의 혁신은 살해 방식을 '문명화'하는 것만 겨냥하지는 않았다. 그 혁신은 또한 상대적으로 짧은 시간 내에 많은 수의 희생자를 처리하는 것을 목표로 했다. 동시에, 국가의 적을 살해하는 것이 놀이의 연장선상에 놓이는 새로운 문화적 감수성이 나타난다. 더 친밀하고 선정적이고 느긋한 형태의 잔인함이 형태를 갖추기 시작한다.

그러나 프랑스 혁명기만큼 이성과 공포의 융합이 뚜렷하게 드러

---

26 Enzo Traverso, *La violence nazie: Une généalogie européenne*, La Fabrique Editions, Paris, 2002.

27 Michel Foucault, *Discipline and Punish: The Birth of the Prison*, Pantheon, New York, 1977[미셸 푸코, 《감시와 처벌》, 오생근 옮김, 나남출판, 2020].

난 시기도 없다.²⁸ 프랑스 혁명기에 공포는 거의 정치의 필수적 부분으로 이해된다. 국가와 국민 사이에 절대적 투명성이 존재한다고 주장된다. 정치적 범주로서 '국민'은 점차 구체적 현실에서 수사학적 형상으로 치환된다. 데이비드 베이츠David Bates가 보여주었듯이, 공포의 이론가들은 진정한 주권의 표현과 적의 행동을 구분할 수 있다고 믿었다. 그들은 또 정치의 영역에서 시민의 '오류'와 반혁명 분자의 '범죄'를 구분할 수 있다고도 믿었다. 그래서 공포는 정치적 통일체에서 탈선을 표시하는 한 방식이 되었고, 정치는 이성의 유동적 힘으로 이해되며 동시에 '오류'를 줄이고 진리를 증진하고 적을 처치하는 공간을 만들기 위한 편향된 시도의 장으로 읽힌다.²⁹

마지막으로, 공포는 인간 이성의 구속되지 않은 힘에 대한 유토피아적인 믿음에만 연계되는 것이 아니다. 공포는 또한 분명하게 다양한 지배와 해방의 서사들, 대부분은 진리와 오류, '실재'와 상징에 대한 계몽주의 이해를 토대로 한다. 예를 들어 마르크스는 노동labor(인간 생명을 유지하기 위해 요구되는 생산과 소비의 끝없는 순환)과 작업work(사물세계를 증가시키는 지속하는 인공물의 창조)을 융합한다. 노동은 인류의 역사적 자기창조의 수단으로 여겨진다.

역사적 자기창조는 그 자체로 어느 길이 역사의 진리로 이어질 것인가를 놓고 다투는 생사를 건 투쟁이다. 자본주의와 상품 형태, 그

---

28   다음을 참고하라. Robert Wokler, "Contextualizing Hegel's Phenomenology of the French Revolution and the Terror," *Political Theory*, vol. 26, 1998. pp. 33-55.

29   David W. Bates, *Enlightenment Aberrations: Error and Revolution in France,* Cornell University Press, Ithaca, 2002, chap. 6.

리고 그 각각에 연관된 모순들의 극복 말이다. 마르크스에 따르면 공산주의의 도래와 교환 관계 철폐와 함께 사물들은 진정한 모습으로 나타날 것이다. '실재'는 자신의 실제 모습 그대로를 보여줄 것이고, 주체와 객체, 또는 존재와 의식의 구분은 초월될 것이다.[30] 하지만 인간 해방을 상품 생산 철폐에 의존하게 만듦으로써 마르크스는 인간이 만든 자유의 영역, 자연이 결정한 필연성의 영역, 역사의 우연성 간의 매우 중요한 구분을 흐린다.

상품 생산 철폐에 대한 집착, 그리고 직접적이고 매개되지 않은 '실재'에의 접근이라는 꿈은 이런 과정 — 역사의 논리를 실현하고 인류를 제작하는 것 — 을 거의 필연적으로 폭력적인 과정으로 만든다. 스티븐 로우Stephen Louw가 보여주었듯이, 고전적 마르크스주의의 중심 교의들은 "실제로는 사회적 관계들이 강제적으로 탈상품화되어야 한다는 의미인, 행정 명령으로 공산주의를 도입하려 시도하기" 외에는 아무런 선택지도 남기지 않는다.[31] 역사적으로 이런 시도들은 노동 군사화, 국가와 사회의 구분 붕괴, 혁명적 테러 같은 형태를 취했다.[32] 이러한 시도는 복수성pluarlity이라는 기본적인 인간 조건의 근

---

30 Karl Marx, *Capital: A Critique of Political Economy, vol. 3*, Lawrence & Wishart, London, 1984, p. 817[카를 마르크스, 《자본 Ⅲ》 1, 2, 강신준 옮김, 길, 2008]. 다음도 참고하라. Karl Marx, *Capital, vol. 1*, Ben Fowkes (trans.), Penguin, Harmondsworth, 1986, p. 172[카를 마르크스, 《자본 Ⅰ》 1, 2, 강신준 옮김, 길, 2008].

31 Stephen Louw, "In the Shadow of the Pharaohs: The Militarization of Labour Debate and Classical Marxist Theory," *Economy and Society*, vol. 29, 2000, p. 240.

32 노동의 군사화와 공산주의로의 이행에 관해서는 다음을 참고하라. Nikolai Bukharin, *The Politics and Economics of the Transition Period*, Oliver Field (trans.),

절을 겨냥했다고 주장할 수도 있을 것이다. 실제로 계급 분열의 극복, 국가의 소멸, 진정한 일반의지의 개화는 모든 인간의 복수성을 역사의 결정된 목적인telos을 궁극적으로 실현하는 데 가장 주요한 장애물로 전제한다. 다른 말로 하면, 마르크스적 근대성의 주체는 근본적으로 죽음을 무릅쓰고 투쟁함으로써 자신의 주권을 증명하는 데 여념이 없는 주체다. 헤겔과 마찬가지로, 여기서의 지배와 해방의 서사는 분명하게 진리와 죽음의 서사와 연계된다. 공포와 살해는 이미 알려진 역사의 목적인을 실현하는 수단이 된다.

근대의 공포의 발생에 관한 역사적 설명을 위해 생명정치 실험의 첫 번째 사례의 하나로 고려될 수 있는 노예제에 초점을 맞출 필요가 있다. 여러 측면에서 플랜테이션 체계의 구조 자체와 그 결과들은 예외상태의 상징적이고 역설적인 특징을 표현한다.[33] 이 특징은

Routledge & Kegan Paul, London, 1979; Leon Trotsky, *Terrorism and Communism: A Reply to Karl Kautsky*, University of Michigan Press, Ann Arbor, 1961. 국가와 사회의 구분이 붕괴되는 문제에 관해서는 다음을 참고하라. Karl Marx, *The Civil War in France*, Progress, Moscow, 1972[카를 마르크스, 《프랑스 내전》, 안효상, 박종철 출판사, 2003]; Vladimir Ilich Lenin, *Selected Works in Three Volumes, vol. 2*, Progress, Moscow, 1977. '혁명적 테러'에 대한 비판은 다음을 참고하라. Maurice Merleau-Ponty, *Humanism and Terror: An Essay on the Communist Problem*, John O'Neill (trans.), Beacon, Boston, 1969[모리스 메를로 퐁티, 《휴머니즘과 폭력》, 박현모·유영산·이병택, 문학과지성사, 2004]. 더 최근의 '혁명적 테러' 사례로는 다음을 참고하라. Steve J. Stern (ed.), *Shining and Other Paths: War and Society in Peru, 1980-1995*, Duke University Press, Durham, 1998.

33 다음을 참고하라. Saidiya V. Hartman, *Scenes of Subjection: Terror, Slavery, and Self-Making in Nineteenth-Century America*, Oxford University Press, Oxford, 1997; Manuel Moreno Fraginals, *The Sugarmill: The Socioeconomic Complex of Sugar in Cuba, 1760-1860*, Monthly Review Press, New York, 1976.

두 가지 이유에서 역설적이다. 첫째, 플랜테이션의 맥락에서 노예의 인간성은 그림자의 완벽한 특징처럼 보인다. 사실 노예 상태는 삼중의 상실, 즉 '고향' 상실, 자신의 신체에 대한 권리 상실, 정치적 지위 상실에서 비롯된다. 이 삼중의 상실은 절대적 지배, 태생적 소외, 사회적 죽음(전체적으로 인간성으로부터의 배제)과 일치한다. 분명 정치-사법적 구조로서, 플랜테이션은 노예가 주인에게 예속되는 공간이다. 공동체가 그 정의상 말과 생각의 힘을 행사하는 것을 의미하기 때문에, 플랜테이션은 공동체가 아니다. 폴 길로이의 말대로, "플랜테이션 노예제도에 의해 정의된 극단적인 의사소통 유형들은 우리가 의사소통 행위를 형성하는 데 작용하는 권력의 반담론적이고 언어 외적인 파급 효과를 인식할 것을 요구한다. 무엇보다 플랜테이션에서는 반란과 자살, 탈주와 침묵의 애도 가능성 외에는 상호작용이 존재하지 않는 듯하며, 의사소통적 이성을 매개하는 말의 문법적 통일성은 확실히 없다. 여러 측면에서 플랜테이션 거주자들은 비동시적으로 살아간다."[34] 노동의 도구로서, 노예에게는 가격이 있다. 자산으로서, 노예에게는 가치가 있다. 노예의 노동은 필요하고 사용되며, 그러므로 노예는 살아있도록 유지되지만, **부상 상태**state of injury로, 공포와 지독한 잔인함과 모욕이 가득한 유령phantom과도 같은 세상에 산다. 노예의 삶이라는 폭력적인 행로는 노예의 신체에 가해지는 고통의 광경에서만이 아니라 잔혹하고 혹독한 방식으로 행동하는 감독관

---

34 Paul Gilroy, *op. cit.*, p. 57.

의 성향을 통해서도 명백하게 드러난다.[35] 여기서 폭력은 매너manners 의 한 요소가 된다.[36] 채찍질, 또는 노예의 목숨 자체를 앗아가는 것처럼, 공포를 주입하는 데 목적을 둔 순수한 파괴와 변덕의 행위다.[37] 많은 방면에서 노예의 생명은 생 안의 죽음의 형태이다. 수전 벅모스 Susan Buck-Morss가 제시했듯이, 노예의 조건은 소유의 자유와 인격의 자유 사이의 모순을 생산한다. 생명에 대한 권력의 불평등에 따라 불평등한 관계가 확립된다. 타인의 생명에 대한 이 권력은 상거래의 형태를 취한다. 인격의 인간성이 소멸되는 지점에 이르러, 노예의 생명은 주인에 의해 소유된다고 말해질 수 있다.[38] 노예의 생명은 다른 사

---

35 다음을 참고하라. Frederick Douglass, *Narrative of the Life of Frederick Douglass, an American Slave*, Houston A. Baker (ed.), Penguin, New York, 1986[프레더릭 더글러스,《미국 노예, 프레더릭 더글러스의 삶에 관한 이야기》, 손세호 옮김, 지식을만드는지식, 2014].

36 여기서 '매너'라는 용어는 사회적 우아함과 사회적 통제 사이의 연결을 가리키기 위해 사용된다. 노르베르트 엘리아스(Norbert Elias)에 따르면, 매너란 "사회적으로 용인되는 행동으로 여겨지는 것", "행동에 대한 규범적 지침", "공존과 친교를 가능하게 하는 틀"을 구현하는 것이다. Norbert Elias, *The History of Manners, vol. 1: The Civilizing Process*, Edmund Jephcott (trans.), Pantheon, New York, 1978, chap. 2[노르베르트 엘리아스,《문명화과정 1》, 박미애 옮김, 한길사, 1996].

37 "그녀가 더 크게 비명을 지를수록, 그는 더 세게 채찍질했다. 피가 더 많이 흐르는 곳일수록, 그는 더 오래 때렸다, 라고 더글러스는 미스터 플러머가 자신의 고모를 매질하는 장면을 회상하며 말한다. 그는 그녀가 비명을 지르게 하려고 때렸고, 그녀를 조용하게 하려고도 때렸다. 그가 지쳐 쓰러질 때까지, 피가 엉긴 쇠가죽 채찍을 휘두르는 것을 멈추지 않았다 (…) 그것은 실로 가장 끔찍한 광경이었다." Frederick Douglass, *op. cit.*, p. 51. 노예들에 대한 무작위적 살해에 관해서는 pp. 67-68를 참고하라.

38 Susan Buck-Morss, "Hegel and Haiti," *Critical Inquiry*, vol. 26, 2000, pp. 821-866.

람에 의해 소유되는 '물건'과 같기에, 노예의 존재는 순전한 그림자 형상으로 나타난다.

이런 공포와 상징적 봉쇄에도 불구하고 노예는 시간과 일, 자아를 향한 대안적 관점들을 유지한다. 이것이 예외상태 현시로서의 플랜테이션 세계의 두 번째 모순적 요소이다. 노예는 단순한 생산 도구와 수단으로서가 아니면 더는 존재하지 않는 것으로서 취급되지만, 그럼에도 불구하고 거의 모든 사물이나 도구, 언어, 몸짓을 퍼포먼스로 가져오고, 그것을 양식화할 수 있다. 뿌리째 뽑힌 상태, 그리고 그 자신이 하나의 단순한 파편에 불과한 순수한 사물들의 세계를 깨고 노예는 음악을 통해, 타인에게 소유되었다고 여겨지는 그 신체 자체를 통해 인간적 유대의 변신적 능력을 입증할 수 있다.[39]

만약 플랜테이션 체제 안에서 생명과 죽음의 관계, 잔인함의 정치, 신성모독의 상징이 흐릿해진다면, 식민지 내에서와 아파르트헤이트 하에서 생겨나는 것은 내가 지금부터 살펴보려는 공포의 독특한 형성이다.[40] 이 공포 형성의 가장 독창적인 특질은 그 생명권력과 예외상태, 포위상태의 연쇄이다. 인종은 또다시 이 연쇄에서 결정적이

---

39 Roger D. Abrahams, *Singing the Master: The Emergence of African American Culture in the Plantation South*, Pantheon, New York, 1992.

40 아래에서 나는 식민주의적 주권 형태가 언제나 단일하지 않고 파편적이었다는 사실을 염두에 두고자 한다. 그것들은 복잡하며, "자신들의 존재를 정당화하는 데에는 덜 집착했지만, 유럽 본토에서의 주권 형태보다 훨씬 더 폭력적이었다". 또한 중요한 점은, "유럽 국가들은 자국 인구를 통치할 때 적용한 동일한 수준의 일관성과 강도로 식민지 영토를 통치할 생각이 결코 없었다는 것"이다. T. B. Hansen·· Finn Stepputat, "Sovereign Bodies: Citizens, Migrants and States in the Post-Colonial World" (paper, 2002).

다.⁴¹ 대부분의 경우에, 인종 선택과 인종 간 결혼 금지, 강제 불임 시술, 그리고 진정한 피정복민 몰살은 식민 세계에서 첫 시험장을 찾았다. 학살과 서구 합리성의 화신인 그 관료제 사이에서 첫 번째 종합이 일어난다.⁴² 아렌트는 민족사회주의와 전통적 제국주의 간에 연관성이 있다는 논제를 전개한다. 아렌트에 따르면 식민지 정복은 그때까지 눈에 보이지 않았던 폭력의 가능성을 드러냈다. 제2차 세계대전은 이전에 '야만인들'만을 대상으로 했던 방법론들을 유럽의 '문명화된' 사람들에까지 확장하는 것으로 구체화된다.

나치주의를 생산한 기술들이 플랜테이션이나 식민지에서 유래했다는 것, 또는 푸코의 논제대로 나치주의와 스탈린주의는 사실 서구 유럽의 사회·정치적 형성 속에 이미 현존하는 일련의 메커니즘(신체 종속, 보건 법규, 사회적 진화론, 우생학, 유전에 관한 법의학적 이론들, 퇴화, 인종)을 증폭했을 뿐이라는 것은 결국 중요하지 않다. 그러나 한 가지 사실은 남는다. 근대 철학적 사유와 유럽 정치의 상상계와 실천에서, 식민지

---

41 David Theo Goldberg, *The Racial State*, Blackwell, Malden, 2002, 데이비드 테오 골드버그(David Theo Goldberg)는 19세기 이후 인종을 합리화하는 데 최소한 역사적으로 경쟁하는 두 개의 전통이 존재한다고 주장한다. 하나는 열등성 주장에 기반한 자연주의(naturism)이고, 다른 하나는 토착민의 역사적 '미성숙'—따라서 '교육 가능성'—에 기반한 역사주의(historicism)이다. 2002년 8월 23일의 비공개 서신에서 그는 이 두 전통이 주권, 예외상태, 그리고 죽음권력의 형태들과 관련해 서로 다른 방식으로 전개되었다고 설명한다. 그의 견해에 따르면, 죽음권력은 다양한 형태를 취할 수 있다. 그것은 실제적인 죽음의 공포일 수도 있고, 혹은 더 '자비로운(benevolent)' 형태—'그들 스스로로부터 그들을 구하기 위해' 문화를 파괴하는 방식—일 수도 있다.

42 Hannah Arendt, *op. cit.*, pp. 185-221.

는 주권이 근본적으로 법 외부에서의 권력 행사로ab legibus solutus 구성되고, '평화'가 '끝없는 전쟁'의 얼굴을 할 가능성이 더 큰 장소site로 표상된다는 것이다.

사실 이런 시각은 20세기 초에 카를 슈미트가 내린 주권의 정의, 즉 주권을 예외상태를 결정하는 권력으로 보는 정의와 일치한다. 공포의 형성으로서 식민지의 효능을 정확히 평가하려면, 우리는 전쟁의 길들이기와 유럽 공법Jus publicum Europaeum 창출이라는 중요한 사안과 연관된, 유럽적 상상계 그 자체로 우회하는 길을 택할 필요가 있다. 두 가지 주요 원칙이 이 질서의 토대에 놓여 있다. 첫 번째 원칙은 모든 국가의 사법적 평등을, 특히 **전쟁을 벌일 권리**(생명 빼앗기)에 적용되는 평등을 가정한다. 전쟁을 벌일 권리는 두 가지를 의미했다. 한편으로, 살상 아니면 평화 체결이 국가의 가장 중요한 기능 중 하나로서 인정된다는 것이다. 이 기능은 어떤 국가도 제 국경 바깥을 통치하겠다고 요구할 수 없다는 인식과 관련된다. 하지만 반대로 국가는 제 국경 안에서는 그를 넘어서는 어떤 권위도 인정하지 않는다. 다른 한편, 국가는 제 나름대로 살인 방법들을 '문명화'하고 살인 행위 자체에 합리적 목적들을 부여할 의무를 진다.

두 번째 원칙은 주권 국가의 영토화, 즉 새로이 부과된 세계 질서의 맥락에서 국경을 결정하는 일과 관련된다. 이 질서 속에서 유스 푸블리쿰Jus publicum(공법)은 한편으로는 식민지 수탈이 가능한 지구의 지역들과 다른 한편으로는 (유스 푸블리쿰이 영향력을 행사해야 하는) 유럽을 구분하는 형태를 빠르게 취했다.[42] 앞으로 살펴보겠지만, 이 구분은 공포의 구조로서 식민지의 효능을 평가하는 면에서 결정적이다. 유스 푸블리쿰 아래에서 합법적 전쟁은 대체로 한 국가가 다른 국가를 상대로 수행하는 전쟁, 또는 더 정확하게 말하자면 '문명화된' 국가 간 전쟁이다. 전쟁의 계산법에서 국가의 중심적 역할은 국가가 정치적 통합의 모델이자 합리적 조직의 원리, 보편적인 것이라는 이념의 체현, 도덕적 기호sign라는 데서 비롯된다.

동일한 맥락에서 식민지는 개척지frontiers과 유사하다. 그곳은 '야만인들'이 거주하는 곳이다. 식민지는 국가 형태로 조직되지 않고 인간 세계를 창출하지 않는다. 그것의 군대는 뚜렷한 실재를 형성하지 않고, 그것의 전쟁은 정규군 간의 전쟁이 아니다. 그것은 서로를 적으로서 존중하는 주권을 가진 주체들(시민들)의 동원을 함축하지 않는다. 그것은 전투원과 비전투원 간의 차이를, 또는 다시 '적'과 '범죄자' 간의 차이를 확립하지 않는다.⁴⁴ 그러므로 식민지와의 평화 체결은 불가능하다. 요컨대 식민지는 전쟁과 무질서, 정치적인 것의 내부적 그리고 외부적 양상이 나란히 또는 서로 번갈아 서는 지대다. 따라서 사법적 질서의 통제와 보장이 유예될 수 있는 전형적인 장소, '문명'을 위해 예외상태의 폭력이 작용한다고 여겨지는 지대다.

식민지를 절대적 무법 상태에서 통치할 수 있는 것은 정복자와 선주민 간 사이의 공통된 유대감을 인종적으로 부정했기 때문이다. 정복자의 눈에 **야만인의 생명**은 그저 또 다른 형태의 **동물의 생명**, 소름

---

43   Etienne Balibar, "Prolégomènes à la souveraineté: La frontière, l'État, le peuple," *Les Temps Modernes*, no. 610, 2000, pp. 54-55.

44   Eugene Victor Walter, *Terror and Resistance: A Study of Political Violence with Case Studies of Some Primitive African Communities*, Oxford University Press, Oxford, 1969.

끼치는 경험, 상상이나 이해를 넘어서는 낯선 무언가일 뿐이다. 아렌트에 따르면 야만인들을 다른 인간들과 다르게 만드는 것은 그들의 피부색보다는 그들이 자연의 일부인 듯이 행동한다는, 그들이 자연을 자신들의 명백한 주인으로 취급한다는 불안이다. 그 때문에 자연은 그 모든 위엄 속에서 압도적 현실로 남아 있는 데 비해, 그들은 실재하지 않는 유령 같은 환영처럼 보였다. 말하자면, 야만인들은 명확하게 인간의 특성을, 명확하게 인간의 현실을 결여한 '자연적인' 인간들이며, "그래서 유럽인들이 그들을 학살했을 때 그들은 어쨌든 자신이 살인을 저질렀다는 걸 알아차리지 못했다".[45]

위의 모든 이유로 주권자의 죽일 권리는 식민지에서 어떠한 규칙rules의 대상도 되지 않는다. 식민지에서 주권자는 어느 때 어느 방식으로든 죽일 수 있다. 식민 전쟁은 법적·제도적 규칙들의 적용을 받지 않는다. 그것은 법적으로 성문화된 행위가 아니다. 그보다 식민지 공포는 식민지가 만들어내는 황야와 죽음과 허구의 환상들과 끊임없이 뒤엉키며 실재와 같은 영향을 창출하기 위해 작동한다.[46] 평화가 반드시 식민 전쟁의 당연한 귀결은 아니다. 사실 전쟁과 평화 사이의 구분은 유효하지 않다. 식민 전쟁은 정복자가 절대적인 적에게 대항하도록 하는 절대적인 적의의 표현으로 이해된다.[47] 유럽의 법

---

45 Hannah Arendt, *op. cit.*, p. 192.
46 이 과정이 강렬하게 구현된 예시는 다음 자료를 참고하라. Michael Taussig, *Shamanism, Colonialism, and the Wild Man: A Study in Terror and Healing*, University of Chicago Press, Chicago, 1987.
47 '적' 개념에 대해서는 다음을 참고하라. "L'ennemi," special issue of *Raisons poli-*

률적 상상계에 의해 주변화되었던 모든 전쟁과 적의의 양상들이 식민지에서 재출현할 자리를 얻게 된다. 여기서 '전쟁의 목적'과 '전쟁의 수단'의 구분이라는 허구가 붕괴된다. 마찬가지로, 전쟁은 위험이나 도구적 정당화 없이 이루어지는 순수한 살육과 다르며 규칙이 지배하는 경쟁이라는 허구 역시 붕괴한다. 그러므로 알렉상드르 코제브Alexandre Kojève가 헤겔의 《정신현상학》을 재해석하면서 잘 포착한 전쟁의 난해한 역설 중 하나, 즉 전쟁이 이상주의적이며 동시에 명백한 비인간성으로 드러나는 문제를 해결하려는 시도는 헛된 것이 된다.[48]

죽음권력과 후기 근대의 식민지 점령

위에서 전개된 생각들이 아득히 먼 과거와 관련된다고 여길지도 모르겠다. 사실 과거 제국주의 전쟁에는 지역 세력들을 파괴하고 군대를 주둔시키고 민간인을 대상으로 군사적 지배의 새로운 모델들을 수립하려는 목표가 있었다. 현지 보조 병력local auxiliaries이 제국에 병합된 점령 지역들의 관리에 도움을 주었다. 제국 내에서 패배한 인구는 수탈이 확정되는 지위를 부여받았다. 이런 구성 속에서, 폭력은 권리의 원초적 형태를 구성했고, 예외가 주권(통치권)의 구조를 제공

---

tiques, no. 5, 2002.

48   Alexandre Kojève, *op. cit.*.

했다. 제국주의의 각 단계에는 특정한 핵심 기술들(포를 갖춘 소형 전함, 키니네, 증기선 항로, 해저 전신 케이블, 식민 철도) 또한 관련된다.[49]

식민 점령 그 자체는 물리적 지리 영역을 점령하고, 경계를 구분하고, 통제권을 행사하는 문제였다— 그것은 지상에 새로운 일련의 사회적, 공간적 관계들을 써 넣는 것으로 구성된다. 새로운 공간 질서의 관계를 쓰는 것[영토화]은 궁극적으로 경계와 위계, 구역과 엔클레이브[50]를 생산하는 것이었다. 다시 말해 기존의 소유 질서를 전복하고, 사람들을 차별적으로 분류하고, 자원을 착취하고, 마지막으로는 문화적 상상계들의 거대한 저장고를 제조하는 것으로 귀결되는 것이었다. 이 상상계들은 동일한 공간 내에서 서로 다른 목표를 위해 서로 다른 범주의 사람들에게 각기 다른 권리를 제정하는 데 의미를 부여했다. 요컨대 그것은 곧 주권의 행사였다. 그러므로 공간space은 주권과 주권이 내부에 품은 폭력의 원재료였다. 주권은 점령을 의미했고, 점령은 식민지 주민을 주체성과 객체성 사이의 제3의 구역에 이관시키는 것을 의미했다.

남아프리카공화국의 아파르트헤이트 정권의 경우가 그러했다. 여

---

49 다음을 참고하라. Daniel R. Headrick, *The Tools of Empire: Technology and European Imperialism in the Nineteenth Century*, Oxford University Press, New York, 1981.

50 옮긴이주. 엔클레이브(enclave)는 국제법과 정치지리학에서 다른 국가의 영토에 의해 둘러싸인 지역이자 자치구역을 뜻한다. 주권과 행정 권력이 특수하게 작동하는 경계 지대라는 점에서 아감벤이 말한 '예외상태'와도 연결된다. 엔클레이브는 법과 주권이 정상적으로 적용되면서도 동시에 중단되는 모순적 공간으로, 주권 권력이 특정한 집단이나 영역을 배제·포섭하는 방식을 드러내는 정치적 토포스로 이해될 수 있다.

기서 타운십township[흑인 거주 지역]은 구조적 형태였고 홈랜드homelands[흑인 선주민 자치구]는 이주 노동력의 흐름이 조절될 수 있고 아프리카인의 도시화를 억제할 수 있는 저장소(시골 기지)가 되었다.[51] 벨린다 보졸리Belinda Bozzoli가 보여주었듯이 특히 타운십은 "인종적, 계급적 기반 위에서 심한 억압과 빈곤이 경험되던" 곳이었다.[52] 사회정치적, 문화적, 경제적 구조로서 타운십은 통제를 목적으로 과학적으로 계획된 기묘한 공간적 제도였다.[53] 홈랜드와 타운십의 작동은 백인 지역에서 흑인들이 시장에 내놓을 상품을 생산하는 것에 대한 심각한 제약, 보호 구역 외부의 흑인 토지 소유권 종료, 백인 농장에서의 흑인 거주 불법화(백인들에게 고용된 하인일 경우 제외), 도시 유입 통제, 그리고 나중에는 아프리카인들의 시민권 거부를 수반했다.[54]

프란츠 파농은 식민 점령의 공간화를 생생하게 묘사한다. 무엇보다 먼저 그는 식민 점령이 공간을 구획으로 분할하는 것을 수반한다고 주장한다. 여기에는 병영과 경찰서로 구현되는 경계와 내부적 국경의 설정이 포함된다. 이는 순전한 폭력과 즉각적 현존, 빈번하

---

51   타운십에 대해서는 다음을 참고하라. G. G. Maasdorp and A. S. B. Humphreys (eds.), *From Shantytown to Township: An Economic Study of African Poverty and Rehousing in a South African City*, Juta, Cape Town, 1975.

52   Belinda Bozzoli, "Why Were the 1980s 'Millenarian'? Style, Repertoire, Space and Authority in South Africa's Black Cities," *Journal of Historical Sociology*, vol. 13, 2000, p. 79.

53   *Ibid.*

54   다음을 참고하라. Herman Giliomee (ed.), *Up against the Fences: Poverty, Passes and Privileges in South Africa*, David Philip, Cape Town, 1985; Francis Wilson, *Migrant Labour in South Africa*, Christian Institute of Southern Africa, Johannesburg, 1972.

고 직접적인 행동의 언어로 규율되며, 상호 배타성의 원칙에 근거한다.[55] 하지만 더욱 중요한 것은 이것이 죽음권력necropower이 움직이는 방식이라는 것이다. "식민화된 사람들에게 속하는 마을은 (…) 악명 높은 장소, 평판 나쁜 사람들이 사는 장소다. 그들은 그곳에서 태어난다. 어디서 어떻게 태어나는지는 그다지 중요하지 않다. 그들은 거기서 죽는다. 어디서 어떻게 죽는지는 전혀 중요하지 않다. 그것은 공간성spaciousness이 없는[즉, 여유가 없는] 세계이다. 거기 사람들은 서로 얽혀 산다. 선주민 마을은 빵과 고기와 신발과 석탄과 빛에 굶주린 배고픈 마을이다. 선주민 마을은 웅크린 마을, 무릎 꿇은 마을이다."[56] 이 경우에 주권은 누가 중요하고 누가 중요하지 않은지, 누가 **폐기될 수 있고**[일회용이고] 누가 그렇지 않은지 정의할 수 있는 능력을 뜻한다.

후기 근대의 식민 점령은 여러 측면에서 초기 근대의 점령과 다른데, 특히 규율정치와 생명정치, 죽음정치의 결합에서 특히 그러하다. 죽음권력의 가장 완성된 형태는 지금 시대 팔레스타인에 대한 식민 점령이다.

여기서 식민 국가는 자신만의 특정한 역사와 정체성 서사의 권위로부터 주권과 정당성에 대한 기본 주장을 끌어낸다. 이 서사는 그 자체가 그 국가가 존재할 신성한 권리를 가지고 있다는 관념으로 지

---

55 Frantz Fanon, *The Wretched of the Earth*, C. Farrington (trans.), Grove Weidenfeld, New York, 1991, p. 39[프란츠 파농, 《대지의 저주받은 사람들》, 남경태 옮김, 그린비, 2010].

56 *Ibid.*, pp. 37–39.

지되는, 동일한 신성한 공간을 놓고 다른 서사와 경쟁하는 서사이다. 두 서사가 양립할 수 없고 두 인구 집단이 불가분하게 서로 얽혀 있기에, 순수한 정체성에 기반한 영토의 경계 결정은 거의 불가능하다. 이 경우에 폭력과 주권이 신성한 근거를 주장한다. 국민성 자체가 하나의 신에 대한 숭배에 의해 구축되고, 국가적 정체성은 대타자에 대항하는, 다른 신들에 대항하는 정체성으로 상상된다.[57] 역사학, 지리학, 지도학, 고고학이 이 주장들을 뒷받침하는 데 동원되고, 그럼으로써 정체성과 지형학을 밀접하게 결합한다. 그 결과 식민의 폭력과 점령은 진리와 배타성의 성스러운 공포에 의해 완전히 승인되었다(대규모 추방, '국가 없는' 사람들을 난민촌에 재배치시키는 것, 새로운 정착촌의 건설). 성스러운 것에 대한 공포의 밑바닥에는 끊임없이 발굴되는 실종된 뼈들이 있다. 수천 조각으로 찢겨 다시는 이전과 같아질 수 없는, 찢긴 신체들에 대한 영구적인 추모, 스스로를 '원초적 범죄'로, 말할 수 없는 죽음으로 재현할 수 없는 한계, 아니 오히려 더 적합하게는 그 불가능성이다. 그것은 홀로코스트의 그 공포다.[58]

식민 점령에 대한 파농의 공간 읽기로 돌아가면, [팔레스타인의] 가자 지구와 서안 지구에 대한 후기 근대의 식민 점령은 내가 죽음권력이라고 부른 특정한 공포 구조의 작동에 관해 세 가지 주요한 특성을 보여준다. 첫 번째 것은 봉쇄와 정착촌의 확장과 같은 영토 파편화의

---

57   다음을 참고하라. Regina M. Schwartz, *The Curse of Cain: The Violent Legacy of Monotheism*, University of Chicago Press, Chicago, 1997.

58   다음을 참고하라. Lydia Flem, *L'Art et la memoire des camps: Représenter exterminer*, Jean-Luc Nancy (ed.), Seuil, Paris, 2001.

역학이다. 이 과정에는 이중의 목표가 있다. 모든 이동을 불가능하게 만드는 것과 아파르트헤이트 국가를 모델로 분리의 형태들을 실행하는 것이다. 점령된 영토들은 그러므로 복잡하게 얽힌 내부의 구획들과 여러 고립된 작은 방들의 그물망으로 분할되었다. 에얄 와이즈만Eyal Weizman에 따르면 평면적인 영토 분할에서 벗어남으로써, 그리고 주권적 공간 블록들에 걸쳐, 그리고 영토 내에서의 3차원적 국경 경계 원칙을 포용함으로써, 분산과 분할은 주권과 공간의 관계를 뚜렷하게 재정의한다.[59]

와이즈만에 따르면 이런 행위들이 '수직성의 정치the politics of verticality'를 구성한다. 그 결과로서 나타나는 주권의 형태는 '수직적 주권vertical sovereignty'으로 불릴 수 있다. 수직적 주권 체제 아래에서, 식민 점령은 고가도와 지하도의 설계, 영공과 지면의 분리를 통해 작동하는데, 여기서 지면은 표층과 지하로 나뉜다. 식민 점령은 또한 지형과 지형학적 변화들(언덕과 계곡, 산, 수역)의 성질 자체에 의해 좌우된다. 그러므로 고원은 계곡에서는 찾을 수 없는 전략적 이점(더 나은 시야와 자기방어성, 여러 방향을 응시할 수 있게 해주는 파놉티콘적 방어시설)을 제공한다. 와이즈만이 이야기하듯이 "정착촌들은 감시와 권력 행사를 위한 도시형 광학 장치로 볼 수 있다". 후기 근대의 식민 점령 조건하에서 감시는 안과 바깥 양쪽을 향하는데, 눈은 무기로 작용하고, 무기는 다시 눈이 된다. 와이즈만은 이 두 국가가 확정적인 경계선으로

---

59 다음을 참고하라. Eyal Weizman, "The Politics of Verticality," *openDemocracy*, April 25, 2002, www.openDemocracy.net.

분할되는 대신, "서안의 특정 지형 구조가 서로를 감시와 통제를 통해 관련시키는 다중의 분리, 임시적 국경들을 창출했다"라고 주장한다. 이런 상황에서, 식민 점령은 통제와 감시, 분리에 이를 뿐만 아니라 고립과 동의어이기도 하다. 이는 후기 근대성의 분열적 도시주의 성격(교외의 엔클레이브 또는 [출입 제한형 주거 지역인] 게이티드 커뮤니티)과 일치하는 **분열적 점령이다**.⁶⁰

사회기반시설[인프라]의 관점에서 보면, 식민 점령의 분열적 형태는 파농이 말하는 '상호 배타성의 원리'를 유지하기 위한 시도로서, 서로의 위와 아래로 엮인 고속 우회도로와 교량, 터널의 망으로 특징 지어진다. 와이즈만에 따르면 "우회도로들은 이스라엘의 교통망을 팔레스타인 교통망과 분리하려 시도하며, 가급적이면 팔레스타인 교통망이 교차하는 것을 허락하지 않으려 한다. 그러므로 그것들은 동일한 지형에 놓인 분리된 두 개의 지리의 중첩을 강조한다. 교통망이 교차하는 곳에서는 임시변통의 분리가 만들어진다. 대개는 팔레스타인인들이 지날 수 있도록, 이스라엘 운반차들과 군사용 차량들이 [이스라엘 유대인] 정착촌들 사이를 질주하는 빠르고 넓은 고속도로 밑으로 좁은 비포장길을 파는 식이다."⁶¹

이런 수직적 주권과 분열적 식민 점령 조건에서, 공동체들은 와이 Y축을 따라 분리된다. 그에 맞춰 폭력의 현장들이 폭증한다. 전장은

---

60 다음을 참고하라. Stephen Graham·Simon Marvin, *Splintering Urbanism: Networked Infrastructures, Technological Mobility and the Urban Condition*, Routledge, London, 2001.

61 Eyal Weizman, *op. cit.*.

단지 지구의 표면에만 위치되지 않는다. 지하와 영공이 마찬가지로 분쟁 지대로 바뀐다. 지면과 하늘 사이에는 어떤 연속성도 존재하지 않는다. 영공의 범위조차 하층과 상층으로 분할된다. 모든 곳에서 꼭대기의 상징성이(누가 꼭대기에 있는가) 되풀이된다. 그러므로 하늘 점령은 결정적인 중요성을 획득하는데, 대부분의 감시가 공중에서 이루어지기 때문이다. 여러 다른 기술들이 이런 효과를 위해 동원된다. 센서가 장착된 무인 항공기, 항공정찰 제트기, 호크아이 조기경보기, 공격용 헬리콥터, 지구 관측 위성, '홀로그램화' 기술[62] 등이다. 살해는 정밀 조준된다.

그런 정밀함이, 도시형 난민 수용소들의 망처럼 뒤엉켜 확산된 구조에 적합하게 변형된 중세 포위 전술들과 결합한다. 적의 사회적, 도시적 기반시설망에 대한 계획적이고 체계적인 파괴는 육지와 수중과 공중 자원의 전유를 보완[하고 강화]한다. 적을 무능화하는 이런 기술들에 결정적인 것은 **불도저로 밀기**다. 집과 도시를 헐고, 올리브 나무들을 뽑고, 총알로 물탱크를 벌집처럼 만들고, 전자통신시설에 폭탄을 던지고 전파를 방해하고, 도로에 구덩이를 파고, 변압기를 파괴하고, 공항 활주로를 파 뒤집고, 텔레비전과 라디오 송신기를 망가뜨리고, 컴퓨터를 박살 내고, 원시팔레스타인 국가의 문화적·정치행정적 상징들을 약탈하고, 의료 장비를 빼돌리는, 다른 말로 하자면 인

---

62 홀로그램화 기술은 전장에서 가짜 병력이나 무기를 투사하여 적을 혼란시키는 기만·위장 수단이다. 이는 물리적 파괴보다 적의 지각과 심리를 교란하는 효과를 노리며, 전쟁의 장(場)을 가상적·인지적 차원으로 확장시키는 전략적 기술로 간주된다.

프라 전쟁이다.[63] 아파치 무장 헬리콥터가 공중을 순찰하면서 위에서 살해하는 데 이용된다면, 무장 불도저 Caterpillar d-9는 지상에서 전쟁과 위협의 무기로 이용된다. 초기 근대의 식민 점령과는 대조적으로, 두 무기 모두 후기 근대형 공포의 첨단 기술 도구들의 우월성을 확고히 수립한다.[64]

팔레스타인 사례에서 알 수 있듯, 후기 근대의 식민 점령은 규율권력과 생명권력, 죽음권력과 같은 다양한 권력들의 연쇄다. 이 세 가지 권력의 결합은 식민 권력에 점령지 주민들에 대한 절대적 지배력을 부여한다. 포위상태[계엄상태]는 그 자체로 군사적 제도이다. 포위상태는 내부의 적과 외부의 적을 구분하지 않는 살해 양상의 여지를 허용한다. 전 인구가 주권자의 표적이다. 포위된 마을과 도시는 봉쇄되고 세상으로부터 고립된다. 매일의 삶이 군사화된다. 지역의 군사령관들이 언제 누구를 쏠지 결정하는 임의의 자유를 누린다. 영토적 고립지cell 간의 이동은 공식 허가가 필요하다. 지역의 민간 시설들은 체계적으로 파괴된다. 포위된[계엄하의] 주민은 수입 수단을 박탈당한다. 대놓고 자행되는 처형에 보이지 않는 살해가 추가된다.

---

63 다음을 참고하라. Stephen Graham, "'Clean Territory': Urbicide in the West Bank," *openDemocracy*, August 7, 2002, www.openDemocracy.net.

64 걸프전과 코소보 전쟁 당시 미국이 투입한 새로운 폭탄들의 전체 스펙트럼과 비교해보라. 이들 대부분은 흑연 결정(graphite crystals)을 살포하여 전력 공급 및 배전 시설 전체를 마비시키는 데에 목적을 두고 있었다. Michael Ignatieff, *Virtual War*, Metropolitan Books, New York, 2000.

전쟁 기계들과 타율성

후기 근대의 식민 점령 조건에서 죽음권력의 작용들을 살펴보았으니, 이제 지금 시대의 전쟁으로 시선을 돌리고자 한다. 동시대 전쟁은 새로운 국면에 속하며, '계약된 폭력' 또는 '정당'한 전쟁과 '부당'한 전쟁이라는 유형학 또는 카를 폰 클라우제비츠Carl von Clausewitz의 도구론[65] 같은 이전의 이론들을 통해서는 이해될 수 없다.[66] 지그문트 바우만Zygmunt Bauman에 의하면 세계화 시대의 전쟁은 영토의 정복과 획득, 탈취takeover를 목표로 삼지 않는다. 이론적으로 세계화 시대의 전쟁은 치고 빠지기의 문제다.

걸프전과 코소보 작전에서처럼 하이테크high-tech 전쟁 수단과 로우테크low-tech 전쟁 수단의 격차가 분명하게 드러난 적은 없었다. 두 전쟁 모두 전례 없이 파괴력을 강화한 군사기술적 혁명 덕분에 '압도적인 또는 결정적인 힘'의 교의가 완전하게 구현되었다.[67] 공중전은 고도, 무

---

65 옮긴이주. 카를 폰 클라우제비츠는 《전쟁론》에서 전쟁을 '정치의 연속'으로 규정하며, 정치적 목적을 실현하기 위한 도구로 파악하였다. 정치가 목적을 부여하고 전쟁이 이를 군사적 수단으로 달성한다는 점에서, 전쟁의 합리성은 정치적 목적과의 정합성에 의해 평가된다. 그러나 그는 동시에 전쟁이 폭력의 극한화를 향해 치닫는 자기 논리를 지니고 있음을 지적하였다. 이 긴장은 20세기의 총력전과 핵억지 체제 속에서 더욱 두드러졌으며, 전쟁이 정치의 도구임과 동시에 정치적 통제를 넘어설 위험을 드러냈다.

66 다음을 참고하라. Michael Walzer, *Just and Unjust Wars: A Moral Argument with Historical Illustrations*, Basic Books, New York, 1977.

67 Benjamin Ederington·Michael J. Mazarr (eds.), *Turning Point: The Gulf War and U.S. Military Strategy*, Westview, Boulder, 1994.

기 체계, 가시성, 첩보라는 요소들과 연결된 여기의 대표적 사례다. 걸프전 동안 스마트 폭탄과 열화 우라늄탄, 하이테크 원격 무기, 전자 센서, 레이저 유도 미사일, 집속탄과 질식탄, 스텔스 기능, 무인 항공기, 사이버 정보의 종합적 사용이 적의 능력을 빠르게 무력화시켰다.

코소보에서 세르비아의 역량을 '저하시키는 것'은 교량과 철도, 고속도로, 통신망, 석유 저장소, 난방 설비, 발전소, 정수 시설을 겨냥하고 파괴하는 인프라 전쟁의 형태를 취했다. 짐작할 수 있듯이, 이러한 군사 전략은 특히 제재 조치들과 결합될 때 적의 생명유지 체계를 중단시키는 결과를 초래한다. 민간인들의 생명에 미치는 지속적인 해악은 매우 분명하다. 예를 들어, 코소보 작전 기간에 베오그라드 외곽에 위치한 판체보 석유화학 복합단지가 파괴되면서 "주변에 아주 유독한 염화비닐, 암모니아, 수은, 나프타, 다이옥신을 남겨, 임신한 여성들은 낙태 지시를 받았고, 지역의 모든 여성이 2년간 피임 권고를 받았다".[68]

그러므로 세계화 시대의 전쟁은 군사 작전의 즉각적인 결과나 부작용, '부수적 피해'에 상관없이 적을 강제로 굴복시키는 것을 목표로 한다. 이런 의미에서 동시대 전쟁은 정주민 국가sedentary nations의 전쟁 전략, 또는 영토를 노린 근대성의 '정복과 병합' 전쟁보다는 유

---

[68] Thomas W. Smith, "The New Law of War: Legitimizing Hi-Tech and Infrastructural Violence," *International Studies Quarterly*, vol. 46, 2002, p. 367. 이라크에 관해서는 다음을 참고하라. G. L. Simons, *The Scourging of Iraq: Sanctions, Law and Natural Justice*, 2nd ed., St. Martin's, New York, 1998. 다음 또한 참고하라. A. Shehabaldin·W. M. Laughlin Jr., "Economic Sanctions against Iraq: Human and Economic Costs," *International Journal of Human Rights*, vol. 3, no. 4, 2000, pp. 1-18.

목민의 전쟁 전략을 상기시킨다. 바우만의 표현에 따르면 "유목민들은 자신들의 이동 속도에서 정주민에 대비한 우월성을 찾았다. 그것은 난데없이 갑자기 나타났다가 예고 없이 사라질 수 있는 능력, 가볍게 이동하며, 정주민들의 이동성과 기동성을 제한하는 소지품들에 얽매이지 않는 능력이다".[69]

이러한 새 국면은 세계적 이동성global mobility의 하나다. 세계적 이동성 시대의 중요한 특징은 국가가 더는 군사작전과 죽일 권리의 행사에 대한 독점권을 갖지 않는다는 것이고 '정규군'이 더는 이러한 기능을 수행하는 유일한 수단이 아니라는 것이다. 특정한 정치 공간에서 궁극적인 또는 최종적인 권한에 대한 주장은 쉽게 제기되지 않는다. 그 대신에 중첩되고 불완전한 통치권들의 패치워크가 출현하는데, 이는 불가분하게 서로 포개지고 얽혀 있다. 그 속에서 서로 다른 사실상의 사법적 심급들이 지리적으로 서로 얽히고, 복수의 동맹들, 비대칭적 종주권들, 엔클레이브가 번성한다.[70] 이처럼 영토에 대한 권리와 주장들이

---

[69] Zygmunt Bauman, "Wars of the Globalization Era," *European Journal of Social Theory* vol. 4, no. 1, 2001, p. 15. "그들은 '목표물'로부터 멀리 떨어져 있고, 자신이 공격한 이들을 너무 빠르게 지나쳐 그들이 초래한 파괴와 흘린 피를 목격할 틈조차 없다. 조종사에서 컴퓨터 조작자로 전환된 이들은 거의 결코 자신이 죽인 사람들과 마주할 기회를 갖지 못하며, 자신이 뿌린 인간적 비참함을 직접 바라보지도 못한다"라고 바우만은 덧붙인다. "오늘날의 군사 전문가들은 시신도, 상처도 보지 않는다. 그들은 잘 잠들 수 있다. 양심의 가책 따위가 그들을 잠 못 이루게 하지는 않을 것이다."(p. 27) 다음 또한 참고하라. Zygmunt Bauman, "Penser la guerre aujourd'hui," *Cahiers de la Villa Gillet*, no. 16, 2002, pp. 75-152.

[70] Achille Mbembe, "At the Edge of the World: Boundaries, Territoriality, and Sovereignty in Africa," *Public Culture*, vol. 12, 2000, pp. 259-284.

이질적이고 복수적인 구조에서는 '내부' 정치 영역과 '외부' 정치 영역 사이에 분명하게 구획된 경계를 주장하는 것은 별 의미가 없다.

20세기의 마지막 25년 사이에 국가 지위의 정치경제학이 극적으로 변한 아프리카를 예로 들어보자. 아프리카의 많은 국가가 자국 영토 내에서 폭력이나 강제력에 관한 독점권을 더는 주장할 수 없다. 영토 경계에 대해서도 독점권도 주장할 수 없다. 강제력 자체가 시장의 상품이 되었다. 군사 인력은 공급자와 구매자의 신분증명서가 거의 아무 의미도 없는 시장에서 거래된다. 도시 민병대, 사병, 지역 토호들의 군대, 사설 보안 회사들, 국가 군대state armies 모두가 폭력을 행사할 권리 또는 죽일 권리를 주장한다. 이웃 국가들이나 반군 세력들이 가난한 국가들에 군대를 임대한다. 비국가적 폭력배들은 노동력과 광물이라는 중요하고 강압적으로 확보한 자원을 공급한다. 점점 더 군대 대다수가 시민군, 소년병, 용병, 사병私兵, privateers[71]으로 구성된다.

그러므로 우리는 들뢰즈Gilles Deleuze와 가타리Félix Guattari를 따라, 군대와 나란히 만들어지고 있는 이런 것들을 가리켜 **전쟁 기계**war machine 라 할 수 있을 것이다.[72] 전쟁 기계는 수행되는 과제와 관련된 상황에

---

71 국제법에서 '사략선(privateers)'은 "사적으로 소유된 선박으로서, 전쟁 위임장 (commissions of war)을 부여받아, 그 수여자가 해상에서 전쟁 관행에 따라 허용된 모든 형태의 적대 행위를 수행할 수 있도록 한 배"로 정의된다. 나는 여기서 이 용어를 정치적으로 조직된 사회와 무관하게, 무장한 채로 사적 이익을 추구하는 집단들을 지칭하기 위해 사용한다. 이들은 국가의 외피를 쓰고 있든 그렇지 않든 상관없이, 실질적으로는 독립적으로 움직이는 무장 세력을 의미한다. 다음을 참고하라. Janice Thomson, *Mercenaries, Pirates, and Sovereigns*, Princeton University Press, Princeton, 1997, pp. 21-22.

72 Gilles Deleuze·Felix Guattari, *Capitalisme et schizophrénie*, Éditions de Minuit, Paris,

따라 서로 합쳐졌다 분리되었다 하는 무장한 사람들의 선분들로[73] 구성된다. 다형적이고 분산적인 조직체인 전쟁 기계는 그 변신 능력을 특징으로 한다. 그들이 공간과 맺는 관계는 유동적이다. 그들은 때로는 (자치[자율]에서부터 합병까지) 국가 형태들과의 복잡한 관계를 누린다. 국가가 스스로를 전쟁 기계로 변형할 수도 있다. 게다가 국가는 현존하는 전쟁 기계를 직접 자기 것으로 전유하거나, 그것을 새롭게 만들도록 도울 수도 있다. 전쟁 기계는 선분화segmentation와 탈영토화의 원칙에 맞춰진 새로운 요소들을 통합시키는 동시에, 정규군으로부터의 차용을 통해 작동한다. 반대로 정규군도 전쟁 기계의 일부 특질을 쉽게 전유할 수 있을 것이다.

전쟁 기계는 복수적 기능들을 결합한다. 전쟁 기계는 정치 조직과 상거래 기업의 기능을 가진다. 전쟁 기계는 포획과 약탈을 통해 작용하며 심지어 자체적으로 화폐를 발행할 수도 있다. 자신들이 통제하

1980, pp. 434-527 [질 들뢰즈·펠릭스 가타리,《천 개의 고원》, 김재인 옮김, 새물결, 2001].

[73] 옮긴이주. 선분들(segments)은 질 들뢰즈와 펠릭스 가타리가《천 개의 고원》에서 제시한 개념으로, 사회적·주체적 흐름이 다양한 방향으로 구획되거나 절단되는 구조를 묘사하는 방식이다. 이들은 인간과 사회가 단일한 정체성이나 중심으로 조직되는 것이 아니라, 다양한 선분— 분자적(molecular), 분할적(segmented), 계통적(linear)—을 따라 분산되고 접속되는 과정 속에서 구성된다고 본다. 선분화는 이러한 흐름을 고정하고 위계화하는 방식으로 기능하며, 특히 국가·가족·종교·군대·노동 등 다양한 권력 장치들이 주체와 집단을 정렬하고 배열하는 기술로 작동한다. 이러한 관점은 음벰베가 식민성과 주권을 분석하면서 언급하는 영토의 구획, 통치의 분할화, 생명권의 차등적 적용 등과도 맞닿는다. 식민 통치 또는 죽음의 정치에서 공간과 인구는 동일하게 통치되지 않으며, 분할된 선분들 위에 복수의 법, 권리, 억압이 중첩된다.

는 영토 안에 있는 천연자원의 추출과 수출을 부채질하기 위해 전쟁 기계는 초국적 네트워크와 직접적 관계를 맺는다. 아프리카에서 전쟁 기계가 등장한 것은 20세기의 마지막 25년 사이에 탈식민지 국가의 정치적 권위와 질서의 경제적 토대를 구축할 수 있는 역량이 약화된 것과 직접적으로 관련된다. 이 역량에는 세입을 늘리고 경계가 명확히 정해진 영토 내의 천연자원에 대한 접근권을 명령하고 규제하는 것이 포함된다. 1970년대 중반에 이런 역량을 유지할 수 있는 국가의 능력이 부식되기 시작하자 금융적 불안정성과 공간적 분열 사이에 뚜렷한 연관성이 나타났다. 1980년대에 여러 국가가 주기적인 초인플레이션(갑작스러운 화폐 개혁과 같은 아슬아슬한 묘기까지 포함되어 있었다)을 겪으며 통화 가치 하락이라는 혹독한 경험은 더욱 보편화되었다. 20세기의 마지막 10년 동안 화폐 유통은 적어도 두 가지 다른 방식으로 국가와 사회에 영향을 끼쳤다.

첫째, 우리는 전반적인 유동성 고갈과 그것의 특정 채널들로의 점진적인 집중, 그 채널들에 대한 접근이 갈수록 가혹한 조건의 대상이 되는 것을 목격했다. 그 결과, 부채 창출을 통해 부양자들을 통제할 물질적 수단을 부여받은 개인들의 수가 갑자기 줄어들었다. 역사적으로 부채 메커니즘으로 부양자들을 포획하여 고정하는 것은 국민을 생산하고 정치적 결속을 구성하는 양쪽 모두에서 중심적 측면이었다.[74] 그런 결속은 사람들의 가치를 평가하고 그들의 유용성을 측

---

74 Joseph C. Miller, *Way of Death: Merchant Capitalism and the Angolan Slave Trade, 1730-1830*, University of Wisconsin Press, Madison, 1988, 특히 chaps. 2, 4.

정하는 데 결정적이었다. 그들의 가치와 유용성이 입증되지 않으면, 그들은 노예나 저당물, 죄수로 처분될 수 있었다.

둘째, 특정한 자원이 추출되는 지역들을 중심으로 한 자금의 이동을 유입하고 고정하는 통제는 국민과 사물 사이의 오래된 계산법을 바꾸는 엔클레이브 경제[75]의 형성을 가능하게 만들었다. 값비싼 자원을 추출하는 활동이 집중되면서 이런 엔클레이브들은 그 결과 전쟁과 죽음의 특권적 공간들로 변했다. 전쟁 자체는 추출된 상품의 판매 증가로 동력을 얻었다.[76] 그리하여 전쟁 개시와 전쟁 기계, 자원 추출 간에 새로운 결합들이 나타났다.[77] 전쟁 기계는 고도로 초국적인 지역local 경제 또는 권역regional 경제 구성에 개입되어 있다. 대부분 지역에서 폭력에 시달린 이전 정치 제도들이 무너지면 민병대 경제가 형성되는 경향이 있다. 전쟁 기계(이 경우에는 민병대 또는 반군 운동)가 빠르게 고도로 조직화된 약탈 메커니즘이 되어, 자신들이 점령한 영토와 인구를 대상으로 세금을 걷고, 물질적·재정적 지원 모두를 제공하

---

75 옮긴이주. 엔클레이브 경제(enclave economy)는 다국적자본 또는 외국자본이 지배하는 수출 기반 산업을 통해 국가의 자원과 상품을 유출하는 경제구조를 말한다. 특히 라틴아메리카 개발도상국들의 탈식민적 종속 관계를 설명하는 용어로 널리 쓰인다.

76 다음을 참고하라. Jakkie Cilliers·Christian Dietrich (eds.), *Angola's War Economy: The Role of Oil and Diamonds*, Institute for Security Studies, Pretoria, 2000.

77 이 예는 다음을 참고하라. "Rapport du Groupe d'experts sur l'exploitation illegale des ressources naturelles et autres richesses de la Republique democratique du Congo", United Nations Report No. 2/2001/357, 사무총장이 안전보장이사회에 제출, April 12, 2001. 다음을 참고하라. Richard Snyder, "Does Lootable Wealth Breed Disorder? States, Regimes, and the Political Economy of Extraction"(paper).

는 광범위한 초국적 네트워크들과 디아스포라들을 끌어당긴다.

자원 추출의 새로운 지리학과 상관되는 것은 **다중 관리하기**에 존재하는 전례 없는 형태의 통치 양식governmentality의 출현이다. 전쟁 기계에 의한 천연자원 추출과 약탈은 모든 범주의 국민을 움직이지 못하게 만들고 공간적으로 고정시키거나, 또는 역설적으로 영토적 국가의 경계로 더는 포함되지 않는 넓은 영역으로 그들을 강제로 흩어지게 하는 방식으로 자유롭게 놓아버리는 잔혹한 시도와 함께 진행된다. 하나의 정치적 범주로서 인구는 이때 반군, 소년병, 희생자, 난민, 절단을 통해 무력해지거나 그냥 고대의 산 제물을 모델로 삼아 단순히 학살되는 민간인으로 분해된다. 한편, 끔찍한 탈출을 견딘 '생존자'는 수용소와 예외구역에 감금된다.[78]

이런 형태의 통치성governmentality은 식민지 시기의 **지휘**commandement와는 다르다.[79] 식민과 탈식민의 권력을 특징짓는 치안과 규율의 기술들, 그리고 복종과 의태擬態, simulation 사이의 선택은 점차 더 극단적이어서 더 비극적인 대안으로 대체되고 있다. 파괴의 기술들은 선택이 생명과 죽음 사이에 있다는 맥락에서 더 촉각적이고, 더 해부적이며, 더 감각적인 것이 되었다.[80] 권력이 여전히 신체들에 대한 엄격한

---

78 다음을 참고하라. Loren B. Landau, "The Humanitarian Hangover: Transnationalization of Governmental Practice in Tanzania's Refugee-Populated Areas," *Refugee Survey Quarterly*, vol. 21, no. 1, 2002, pp. 260-299, 특히 pp. 281-287.

79 '지휘' 개념에 대해 다음을 참고하라. Achille Mbembe, *On the Postcolony*, University of California Press, Berkeley, 2001, chaps. 1-3.

80 다음을 참고하라. Leisel Talley·Paul B. Spiegel·Mona Girgis, "An Investigation of Increasing Mortality among Congolese Refugees in Lugufu Camp, Tanzania, May-

통제에 (또는 신체들을 수용소에 집중시키는 데에) 의존한다라면, 새로운 파괴의 기술들은 규율 장치들 안에 몸들을 기입하는 것보다 오히려 이제 때가 되면 '대량학살'로 대표되는 최대 경제maximal economy의 질서 안에 몸들을 기입하는 것에 더 관여한다. 이러한 맥락에서 불안정성의 일반화는 무기를 지닌 자들과 지니지 못한 자들 간의 사회적 구별을 심화한다(무기 분배의 법칙). 갈수록 전쟁은 두 주권 국가의 군대 간에 벌어지는 것이 아니라 국가의 외피 뒤에서 행동하는 무장 단체들이 국가는 없지만 아주 뚜렷한 영토들을 지배하는 무장 단체들에 대항하여 벌어지고, 양측은 무장하지 않았거나 민병대로 조직된 민간인 인구를 주요 표적으로 삼는다. 무장 반체제 세력이 국가권력을 완전히 장악하지 않았을 경우, 그들은 영토 분할을 유발해 전체 지역을 지배하는 데에 성공했는데, 특히 광물이 매장되어 있는 경우, 봉건 영토 제도를 모델로 삼아 그것을 관리한다.[81]

살해 방법들은 크게 바뀌지 않는다. 특히 대량학살의 경우에는 생명 없는 시체들은 재빨리 단순한 해골의 상태로 환원된다. 그들의 형태학은 이제부터 그들을 구별되지 않는 일반성의 명부에 기입한다. 그것은 묻히지 않은 고통의 단순한 유해들, 공허하고 의미 없는 몸의 물질성, 잔혹한 무감각에 던져진 기묘한 매장물이다. 여러 해골이 발

June 1999," *Journal of Refugee Studies*, vol. 14, no. 4, 2001, pp. 412-427.

81 다음을 참고하라. Tony Hodges, *Angola: From Afro-Stalinism to Petro-Diamond Capitalism*, James Currey, Oxford, 2001, chap. 7; Stephen Ellis, *The Mask of Anarchy: The Destruction of Liberia and the Religious Dimension of an African Civil War*, Hurst & Company, London, 1999.

굴되지는 않았더라도, 최소한 눈에 보이는 상태로 놓여 있던 르완다 집단학살의 경우, 충격적인 것은 한편으로는 화석화되는 뼈들과 그들의 기묘한 냉담함, 다른 한편으로는 무언가를 의미하려는, 나타내려는 그들의 완고한 의지 사이의 긴장이다.

그 무감각한 뼛조각들에 마음의 평정ataraxia은 없는 듯하다. 이미 일어난 죽음에 대한 환각적인 거부 말고는 아무것도 없다. 신체적 절단이 즉각적인 죽음을 대체하는 다른 경우들에서는, 사지 절단이 절개와 절제, 절단 기술들을 도입할 수 있는 길을 열어주는데, 이 기술들 또한 뼈를 표적으로 삼는다. 이러한 조물주적인 외과학의 흔적들은 사건 이후에도 오랫동안 지속된다. 그 흔적들은 분명 살아있는 인간의 모습으로 남아 있으나, 그 신체의 전체성은 조각, 파편, 꺾임, 나아가 커다란 상처와 흉터로 대체되었다. 이 상처와 흉터는 피해자 자신과 그 지인들에게 그의 절단을 병적 장면으로 계속해서 자리 잡도록 하는 작용을 한다.

행위와 금속에 관하여

명백하게 타협할 수 없는 순교의 논리와 생존의 논리라는 두 논리 간에 일어나는 충돌이 보이는 팔레스타인 사례로 돌아가보자. 이 두 논리를 검토하면서, 한편으로는 죽음과 테러, 다른 한편으로는 테러와 자유라는 한 쌍의 사안을 숙고해보고 싶다.

이 두 논리의 대립에서, 테러와 죽음은 서로의 반대쪽에 서지 않는다. 테러와 죽음은 두 논리의 핵심이다. 엘리아스 카네티Elias Canetti가 상기시켜주듯이, 생존자는 죽음으로 가는 길에 서서 수많은 죽음을 경험하고 쓰러진 자들 가운데에 있으면서도 여전히 살아있는 자이다. 아니, 더 정확하게 말하면, 생존자는 적 패거리 모두를 상대하여 용케 살아서 탈출했을 뿐만 아니라 자신을 공격한 자들을 죽이기까지 한 자이다. 살인이 생존의 가장 낮은 형태인 이유다. 카네티는 생존의 논리에서 "모든 사람들은 서로의 적이다"라고 지적한다. 더 근본적으로 말하자면, 생존의 논리에서, 죽음을 목격했을 때 느끼는 공포는 죽은 사람이 타자라는 만족으로 바뀐다. 생존자를 특별하게 느끼게 만드는 것은 타자의 죽음, 타자의 시체로서의 물리적 존재이다. 그리고 적을 죽일 때마다 생존자는 더 안전하다고 느낀다.[82]

순교의 논리는 다른 노선을 따라 전개된다. 이 논리는 그 자체로 많은 질문을 일으키는 '자살폭탄 공격자'의 형상으로 요약된다. 미사일 헬리콥터나 탱크로 하는 살상과 자신의 몸으로 하는 살상 사이에 어떤 본질적인 차이가 있는가? 죽음을 가하는 데 사용된 무기의 차이가 죽이는 방식과 죽어가는 방식 사이에 일반적인 교환 체계가 성립되는 것을 가로막을 수 있는가?

자살폭탄 테러자는 통상적인 군인 제복을 입지 않고 무기도 드러내지 않는다. 순교 후보자는 목표물을 쫓는다. 적은 설치해놓은 덫 앞의 먹이다. 이 측면에서 중요한 것은 매복하는 장소다. 버스 정류

---

82 다음을 참고하라. Elias Canetti, *Crowds and Power*, C. Stewart (trans.), Farrar Straus Giroux, New York, 1984, pp. 227-280[엘리아스 카네티, 《군중과 권력》, 강두식·박병식 옮김, 바다, 2010].

장, 카페, 디스코텍, 시장, 검문소, 길. 요컨대, 일상의 공간들이다.

덫이 된 신체가 이 매복의 장소에 더해진다. 순교 후보자들은 자신의 신체를 곧 폭발한 무기를 숨기는 가면으로 변형시킨다. 탱크나 미사일이 분명하게 보이는 데 반해, 몸의 모양으로 운반되는 무기는 보이지 않는다. 그렇게 감춰진 채, 그것은 몸의 일부를 형성한다. 얼마나 밀접하게 몸의 일부가 되는지, 폭발의 순간 무기는 운반자의 몸을 소멸시킨다. 그리고 그 운반자의 몸은 다른 이들의 몸을 함께 끌고 가거나, 그렇지 않은 경우 갈기갈기 찢기게 만든다. 몸은 단순히 무기를 감추는 것이 아니다. 몸은 은유적 의미에서가 아니라 정확하게 탄도학적인 의미에서 무기로 변형된다.

이런 경우에 나의 죽음은 타자의 죽음과 관련된다. 살인과 자살이 동일한 행위에서 이루어진다. 저항과 자기파괴는 크게는 동의어이다. 그러므로 죽음의 배분은 타자와 스스로를 활기 없는 살점의 지위로 환원하는 것이며, 그것은 사방으로 흩어져 매장 전에 다시 하나로 붙일 수 없는 조각이다. 이런 경우 전쟁은 근접전guerre au corps-a-corps이다. 죽이기 위해, 공격자는 가능한 한 적의 몸에 가까이 다가가야 한다. 폭탄을 터트리기 위해서는 근접과 은폐 작업을 통해 거리의 문제를 해결해야만 한다.

우리는 죽음이 단순히 나만의 것이 아니라 늘 타인들의 죽음과 맞물리는 이런 식의 출혈을 어떻게 해석해야 하는가?[83] 이것은 내 생존

---

83 Martin Heidegger, *Être et temps*, Gallimard, Paris, 1986, pp. 289-322[마르틴 하이데거, 《존재와 시간》, 이기상 옮김, 까치, 2025].

의 값이 다른 누군가를 죽일 역량과 준비성의 측면으로 계산되는 맥락을 고려했을 때, 탱크나 미사일에 의한 죽음과 어떻게 다른가? '순교'의 논리에서 죽고자 하는 의지는 자신과 함께 적을 죽이겠다는, 즉 모두를 위해 생의 가능성을 차단하겠다는 의지와 융합되어 있다. 이 논리는 자신의 생명은 보존하면서 다른 이들에게 죽음을 부과하기를 원하는 다른 논리에 상반된다. 카네티는 이 생존의 순간을 권력의 순간으로 묘사한다. 그런 경우에, 승리는 정확히 타인들이(이 경우에는 적) 더는 그곳에 없을 때 자신이 거기 있을 가능성에서 나온다. 그것이 고전적으로 이해되는 영웅주의 논리다. 자신의 죽음과는 거리를 둔 채 다른 이들을 처형하는 것이다.

순교의 논리에서 살해의 새로운 기호학이 등장한다. 이는 반드시 형식과 물질 사이의 관계에 근거를 둘 필요는 없다. 내가 앞서 지적했듯이 여기서 몸은 순교자의 제복이 된다. 하지만 그런 몸은 위험과 죽음에 대항하여 보호해야 할 대상만은 아니다. 몸은 그 자체로는 권력도 가치도 가지고 있지 않다. 그보다 그 권력과 가치는 영원을 향한 욕망에 근거한 추상 과정에서 비롯된다. 그런 의미에서 순교자는 주체가 자신의 필멸성을 극복하는 우위의 순간을 확립하면서 미래의 기호 아래서 수고하는 것으로 보일 수 있다. 다른 말로 하자면, 죽음 속에서 미래는 현재로 붕괴된다.

영원을 향한 욕망 속에서 포위된 몸은 두 단계를 통과한다. 첫째, 몸은 단순한 사물, 모양을 바꿀 수 있는 가소적인 단순한 물질로 변환된다. 둘째, 몸이 죽음에 처해지는 방식, 즉 자살이 그 몸에 궁극적인 의미를 준다. 몸의 물질, 또는 다시 말해서 몸으로서 존재하는 물질은 사물로서의 속성이 아니라 그것 바깥의 초월적인 노모스로부터 연역될 수 있는 특성을 지닌다. 포위된 몸은 희생을 통해 영원한 생을 존재하게 하는 금속 조각이 된다. 몸은 스스로를 이중화하고, 죽음 속에서 글자 그대로 또는 은유적으로 포위와 점령의 상태로부터 탈출한다.

결론적으로 나는 테러, 자유, 희생의 관계를 살펴보려 한다. 마르틴 하이데거는 인간의 "죽음을 향한 존재"가 모든 진정한 인간의 자유의 결정적 조건이라고 주장한다.[84] 다른 말로 하자면, 우리가 자기 삶을 자유롭게 사는 것은 오직 우리가 자기의 죽음을 두고 자유롭게 죽을 수 있기 때문이다. 하이데거가 '죽음을 향한 존재'에 존재론적 지위를 부여하고 그것을 자유의 사건으로 생각한 반면, 조르주 바타유는 '희생은 사실 아무것도 드러내지 않는다'라고 암시한다. 그것은 단순히 부정성의 절대적 선언이 아니다. 그것은 희극이기도 하다. 바타유에게 죽음은 인간 주체의 동물적 측면을 드러내는데, 더 나아가 그는 그것을 주체의 '자연적 존재'라 표현한다. 그는 이렇게 덧붙인다. "인간이 마침내 자신을 드러내려면, 인간은 죽어야 하지만, 살아있는 동안에 그렇게 해야 할 것이다. 존재하기를 멈추는 자신을 쳐다봄으로써 말이다." 다른 말로 하자면, 인간 주체는 죽음의 바로 그 순간에 완전히 살아있어야 한다. 자신의 죽어감을 인지해야 하고, 실제로 죽어가는 느낌과 함께 살아야 한다. 죽음 자체가 의식적 존재를 죽이는 바로 그 순간에 자아를 자각해야만 한다. "어떤 의미에서, 바

---

84   *Ibid*.

로 이러한 일은 적어도 그러한 일이 발생하는 찰나에 있는 것, 또는 파악하기 어려운, 덧없는 방식으로 일어나는 것으로서 희생이라는 책략subterfuge을 통해 일어난다. 희생 속에서 희생되는 자는 죽음에 임박한 동물과 자신을 동일시한다. 그러므로 희생되는 자는 자신이, 심지어 어떤 의미에서는 자신의 의지를 통해, 희생의 무기와 하나가 되어 자기 자신이 죽는 것을 보면서 죽는다. 하지만 이건 연극이다!" 그리고 바타유에게 연극은 어느 정도는 인간 주체가 '자발적으로 자기 자신을 속이는' 수단이다.[85]

어떻게 자살폭탄 공격자에게 연극과 속임수라는 개념이 관련되는가? 자살폭탄 공격자의 경우에 희생은 의심할 여지없이 스스로를 극적으로 죽음에 몰아넣는 것, 스스로 자기 자신의 희생자가 되는 것(자기희생)이다. 자기희생자들은 자신의 죽음에 정면으로 다가섬으로써 자기 죽음에 대한 권력을 갖는 것으로 나아간다. 이 권력은 아마 자신의 몸을 파괴하는 것이 존재의 연속성에 영향을 주지 않는다는 믿음에서 비롯되었을 것이다. 이는 곧, 존재는 우리의 외부에 있다는 개념이다. 이 경우 자기희생은 이중의 금지를 제거하는 것으로 이루어지는데, 즉 자기제물화(자살)의 금지와 살인의 금지를 제거하는 것이다. 그러나 원시적 희생과 다르게, 희생자의 대체물로 쓰일 동물이 없다. 여기서 죽음은 위반의 성격을 띤다. 하지만 십자가형과 달리 속죄의 차원은 없다. 그것은 헤겔적 위신prestige이나 인정recognition의 패러다임과는 관련되지 않는다. 실제로 죽은 사람은 역시 죽은 사람

---

85   Georges Bataille, *Œuvres complètes XII*, *op.cit.*, p. 336.

인 자신을 살인한 자를 인정할 수 없다. 그렇다면 이때의 죽음은 순수한 소멸과 무無로서, 과잉과 스캔들로서 발생한다는 것을 암시하는가?

노예제의 관점에서 읽든 식민 점령의 관점에서 읽든, 죽음과 자유는 불가분으로 서로 얽혀 있다. 앞에서 봤듯이, 공포terror는 노예제와 후기 근대의 식민 제도 양쪽의 결정적인 특징이다. 양쪽 체제는 또한 부자유의 구체적 사례들이자 경험들이다. 후기 근대의 점령하에서 산다는 것은 '고통 속에 존재함'이라는 영구적인 조건을 경험하는 것이다. 곳곳에 요새화된 구조물과 군 초소와 바리케이드가 있다. 굴욕과 심문과 구타의 고통스러운 기억을 떠올리게 하는 건물들, 해질녘부터 동틀 때까지 매일 밤 수십만 명을 각자의 비좁은 집에 감금하는 통행금지령, 자신의 그림자에 깜짝깜짝 놀라며 불빛 없는 거리를 순찰하는 군인들, 고무탄에 실명된 아이들, 가족들이 보는 앞에서 모욕당하고 구타당하는 부모들, 울타리에 오줌을 누고 장난으로 지붕 위 물탱크에 총을 쏘고 시끄럽게 모욕적인 구호를 연달아 외치고 아이들에게 겁을 주려고 부서지기 쉬운 양철 문을 쾅쾅 치고 서류를 압수하고 또는 거주지 한복판에 쓰레기를 쏟아붓는 군인들, 기분 내키는 대로 채소 가판대를 발로 차서 엎고 국경을 닫는 국경 수비대, 부러진 뼈들, 총격과 사망자들—어떤 종류의 광기.[86]

이런 상황에서 생의 규율과 고난의 필연성(죽음에 의한 시험)은 과잉

---

86 앞서 언급한 내용은 다음을 참고하라. Amira Hass, *Drinking the Sea at Gaza: Days and Nights in a Land under Siege*, Henry Holt, New York, 1996.

으로 표시된다. 공포와 죽음, 자유를 연결하는 것은 시간성과 정치에 대한 **황홀적**ecstatic 개념이다. 이 경우 미래는 진정성 있게 예견될 수 있지만, 현재 안에서는 아니다. 현재 자체는 단지 비전의 순간—아직 오지 않은 자유를 바라보는 비전—일 뿐이다. 현재에서의 죽음은 구원의 매개자이다. 한계나 경계, 장벽과의 마주침이 되기는커녕, 이것은 "공포와 속박으로부터의 해방"으로 경험된다.[87] 폴 길로이가 언급하듯이, 계속되는 노예 상태보다 죽음을 선호하는 것은 자유 자체(또는 그 결핍)의 성질에 대한 하나의 논평이다. 이 결핍이 노예나 식민지인으로 존재한다는 것의 본질이라면, 동일한 결핍이 정확하게 바로 자신의 필멸성을 고려하는 방식이기도 하다. 노예 사냥꾼들에게 내몰린 노예들의 개인적 또는 집단적 자살의 관행을 언급하면서, 길로이는 이 경우에 죽음이 행위주체성agency의 표현일 수 있다고 시사한다. 죽음은 정확히 내가 권력을 행사할 수 있는 대상이자 그 너머에 있는 지평이다. 하지만 또한 죽음은 자유와 부정이 작동하는 공간이기도 하다.

결론

이 글은 생명을 죽음의 권력에 예속시키는 동시대의 형태들(죽음정치)이 저항, 희생, 공포terror 사이의 관계를 심도 깊게 재구성한다는 것을

---

87 Paul Gilroy, *op. cit.*, p. 63.

주장했다. 나는 생명권력 개념이 생명을 죽음의 힘에 예속시키는 동시대의 형태들을 설명하는 데 불충분하다는 것을 논증했다. 더 나아가 나는 죽음정치, 죽음권력이라는 개념을 제시했다. 이는 지금 동시대 세계에서 사람들을 최대한 파괴하고 **죽음세계**death-worlds를 창출하려는 이해관계에 따라 무기가 배치되는 다양한 방식을 설명하기 위한 것이다. 이때 죽음세계란 새로운, 독특한 사회적 존재 양식으로서, 많은 인구가 자신들에게 **산송장**living dead의 지위를 부여하는 생의 조건에 강제로 종속되는 것이다. 이 글은 또한 억압된 잔인함의 지형들 일부(특히 플랜테이션과 식민지)의 윤곽을 그리며, 오늘날 죽음권력의 형태가 저항과 자살, 희생과 구원, 순교와 자유 사이의 경계를 흐리고 있음을 제시했다.

4장 파농의 약국

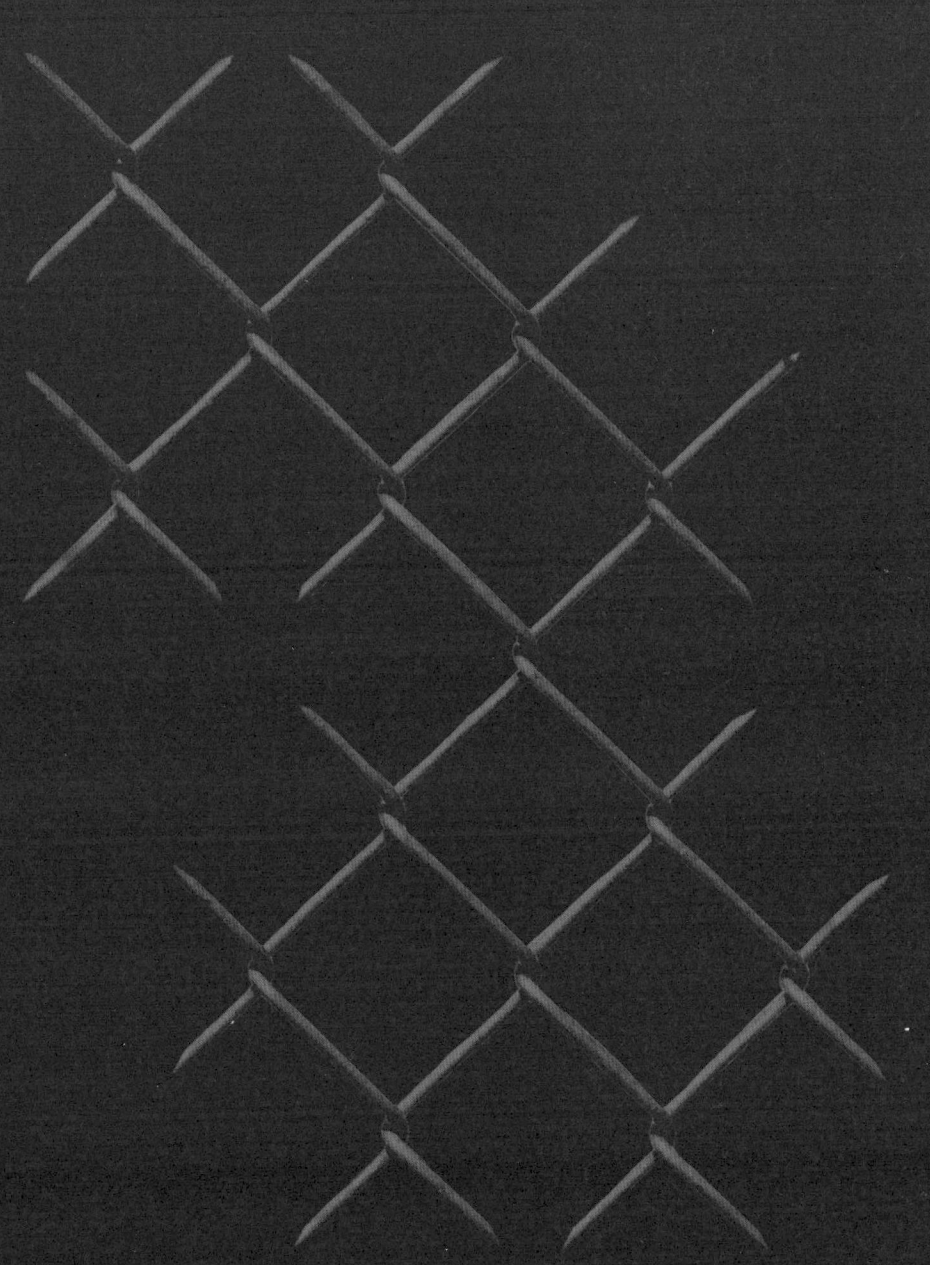

이 책의 1장과 2장은 오늘날 증오가 어떻게 자유민주주의의 정신을 이루고 있고, 적대가 어떻게 자유민주주의가 순수한 현재와 순수한 정치를 경험하고 있다고, 그리고 그것이 스스로 순수한 수단을 통해 만들어진다고 느끼게 하는지를 보여주었다. 또한 역사적인 관점에서 노예제의 공화국도, 식민지와 제국주의 체제도 민주주의에 외부적인 것이 아니었다는 점도 강조했다. 오히려 그것은 민주주의의 인광하는 재료[겉보기에 빛나 보이게 하는 재료]였으며, 곧 민주주의가 그 자신으로부터 이탈하여 이론적으로 선언하는 것과는 다른 것에 봉사하도록, 필요하다면 스스로와, 제 적과, 동류가 아닌 이들에 대하여 절대 권력을 실행하도록 하는 바로 그런 것이었다. 식민지 정복기의 원정군과 탈식민화 과정에서 반反봉기 전쟁 때의 군사작전들은 이러한 장기적인 억압적 정체 상태를 보여주는 가장 의미심장한 상징이었다.

그러므로 극단적으로 말하면, 자유민주주의는 이처럼 예속적인 것, 인종주의, 식민주의, 제국주의의 보충을 통해서만 존재한다. 이처럼 **기원적 이중성**이 자유민주주의의 전형적 특징이다. 이 분열이 민주주의에 가하는 위험과 위협은 민주주의의 메시지를 희미하게 만들고, 나아가 그 이름을 박탈하는 것이 아니다. 그보다는 외부에 전가하려고 애쓴 것을 내부로 거두어들이면서 민주주의가 스스로에 대항하도록 만드는 데 있는 것이다. 오늘날 외부와 내부를 경계 짓는 것이 거의 불가능하므로, 테러와 반反테러가 근대 민주주의에 드리우는 위협은 내전이다.

뒤따르는 긴 장에서 우리는 동시대의 증오정치의 주춧돌인 **파괴의 원리**와 **삶의 원리** 사이의 긴장을 직접적으로 다룰 것이다. 이와 같은 숙고 가운데, 우리는 프란츠 파농을 호출할 것이다. 한편으론 파괴와 폭력에 대한 것이며 다른 한편으론 치료의 과정과 무한한 생명의 욕망에 대한 것인 파농의 고찰은 그의 급진적 탈식민화 이론의 기반이 된다. 사실 파농에게 급진적 탈식민화는 하나의 운동이자 폭력적 작업이라는 관점에서 고려되었다. 이 작업의 목적은 삶의 원리를 여는 데로 나아가는 것, 새로운 것을 창조할 수 있게 하는 것이다. 그러나 모든 폭력이 새로운 무언가를 창조하는가? 아무것도 창출하지 않고, 어떤 것의 근거도 될 수 없으며, 무질서와 혼돈과 상실을 제도화하는 것만이 유일한 기능인 폭력들도 그러한가?

파괴의 원리

프란츠 파농이 창조적 폭력과 그 치유 능력에 부여하는 중요성을 이해하기 위해서는 두 가지를 상기해야 한다. 파농의 작업은 20세기의 가장 결정적인 세 가지 토론과 논쟁에 곧바로 기입된다. 이는 인간 유형les genres de l'humain 관한 논쟁(인종주의), 세계의 분할과 행성적 지배의 조건에 대한 논쟁(제국주의와 민족자결권), 그리고 기계의 지위와 전쟁의 숙명(우리가 파괴와 죽음과 맺는 관계)에 대한 논쟁이다. 이 세 가지 문제는 16세기 이후 유럽의 의식을 괴롭혀왔으며, 20세기 초에는 뿌리 깊은 문화적 비관주의를 향한 길을 마련했을 것이다.

여러 측면에서 20세기는 제1차 세계대전과 함께 진정으로 시작된다. 이 전쟁에 대해 프로이트는 이렇게 말할 것이다. "여태껏 인류가 공유한 소중한 재화를 이토록 파괴한 사건은 없었다."[1] 그가 덧붙인 것처럼 이 전쟁이 단지 공격과 방어를 위한 무기의 개량으로 인해 "과거의 어떠한 전쟁보다도 참혹하고 살상적"이기 때문만이 아니다. 이 전쟁은 "적어도 그에 앞선 모든 전쟁 못지않게 잔인하고 가차 없고 냉혹했다. 평화의 시기에 사람들이 순응하던 모든 제한, 만국공법이라 불렸던 모든 제한을 거부한다. 부상자와 의료진의 특권을 인정하지 않으며, 민간인과 전투원을 구분하지 않고, 사유재산에 대한 권리를 부정한다. 맹목적 분노에 사로잡혀, 그 앞길을 가로막는 모든 것을 전복시키고, 마치 인간에게 미래도 평화가 없다는 듯 행동한다".[2]

"전쟁 신경증 환자가 가득 들어찬 병실에 들어가며 내가 받은 첫 번째 느낌은 엄청난 놀라움이었다"라고 산도르 페렌치Sándor Ferenczi

---

1 Sigmund Freud, *Notre relation à la mort*, Petite Bibliothèque Payot, Paris, 1981, p. 13
2 *Ibid.*, pp. 23-24.

는 회상한다. 그가 덧붙이길, "거기에는 심각하게 병든 듯하거나, 심지어 불구가 된 것처럼 보이는" 쉰 명 정도의 환자들이 있었다. 몇몇은 "몸을 움직일 수 없었고", 또 다른 이들에게는 움직이려는 아주 작은 시도조차도 "무릎과 발의 격렬한 떨림"을 일으켜, 그들의 목소리는 "바닥을 두드리는 신발 밑창의 소리를 간신히" 뒤덮었다. 그가 판단하기에 가장 충격적인 것은 "이 떨고 있는 사람들"의 걸음걸이다. 그것은 경련성 마비처럼 보였고, 떨림, 경직, 쇠약의 다양한 결합은 "어쩌면 영화촬영기만이 재현할 수 있을 듯한 아주 특이한 걸음의 유형"을 만들어냈다.[3]

거울처럼 되비치는 말[동일성의 말] 이외의 모든 언어가 부딪혀 넘어지던 장면 위에서, 제1차 세계대전은 수 세기에 걸쳐 '전쟁법droit de la guerre'을 정의하려 했던 시도를 산산조각 냈거나, 적어도 그것을 근본적으로 문제시했다. 즉, 유럽국가 사이의 전쟁에서 무엇이 허용될 수 있고 그럴 수 없는지를 규정하는 '근본법'을 무너뜨린 것이다. 이러한 법은 전쟁의 본질 그 자체, 즉 전쟁이 무엇이며, 그것이 자연법과 정의와 어떤 관계인지를 대상으로 한 오랜 숙성과 무수한 시행착오, 격렬한 토론의 산물이었다.

여기서 우리를 다루는 쟁점, 특히 식민지 상황과 탈식민 상황에서 민주주의의 테러 문제에 관해서는, 원래 유럽의 사유가 법을 여러 양상으로 구별하였다는 점을 염두에 두는 것이 유용할 것이다. 법을 행

---

3 Sándor Ferenczi, "Deux types de névrose de guerre (hystérie)", in Sigmund Freud·Sándor Ferenczi·Karl Abraham, *Sur les névroses de guerre*, Petite Bibliothèque Payot, Paris, 1965 [1916], p. 64.

위의 속성으로서 여길 때, 이것은 우월권의 법과 동등자법, 자연법과 이른바 인간법(이는 민법과 만국공법을 포함한다), 보편법과 특수법으로 나뉘었다.⁴ 법은 '이른바 장엄한 전쟁'⁵ 또는 공적인 전쟁을 어떻게 다른 온갖 형태의 전쟁, 특히 사적 전쟁과 어떻게 구분할 것인지와 같은 복잡한 문제들을 규제하고자 노력했다.

전쟁은 정의상 국가를 붕괴시킬 위험을 드리우므로, 공적 전쟁은 국가의 주권 권력을 쥐고 있는 자의 명령에 의해서만 착수될 수 있었

---

4 옮긴이주. '우월권의 법(droit de supériorité)'은 전통적으로 정치 공동체나 개인 간에 권력·지위·능력의 불평등을 근거로 정당화된 법을 의미한다. 고대 로마의 '절대권(imperium)' 개념이나 중세의 봉건적 권리 관념은 이러한 우월권의 법을 뒷받침했다. 이와 달리 '동등자법(droit d'égal à égal)'은 홉스 이후의 사회계약론, 특히 루소의 '자유롭고 평등한 개인' 개념에서 강조되듯, 상호 대등성을 전제로 한 권리·의무 관계를 뜻한다. '자연법'은 스토아 철학에서 비롯된 '자연의 이성법' 개념이 로마법과 중세 스콜라 철학(특히 토마스 아퀴나스)을 거쳐 정립된 것으로, 인간의 보편적 이성과 도덕 질서에 근거한다. 근대에 와서 그로티우스는 자연법을 '신 없는 상황에서도 유효한 법'으로 재정의하며 국제법의 토대를 마련했다. '인간법'은 실정법으로서, 루소가 일반의지에 기초한 시민법과 국가 간 관계를 규율하는 만국공법(droit des gens)으로 구분한 바 있다. 칸트는 만국공법을 '영구 평화'의 법적 조건을 마련하는 규범 질서로 발전시킨다. '보편법'은 칸트의 도덕철학에서 보편화 가능성의 정언명령을 충족하는 법을 가리키며, 모든 이성적 존재자에게 동일하게 적용된다. '특수법'은 역사적·문화적·정치적 맥락에 따라 한정된 법으로, 헤겔은 이를 '특정한 민족정신(Volksgeist)이 구현된 법'으로 이해했다. 이 구분은 현대 국제법에서도 여전히 살아있으며, 인권 규범(보편법)과 국가별 법체계(특수법) 간의 긴장 속에서 논의 중이다.

5 옮긴이주. 장엄한 전쟁(guerre solennelle)은 17~19세기 유럽 국제법에서 쓰이던 공식 용어로, 주권 국가 간의 전쟁이자, 정식 절차(특히 선전포고)를 거친 전쟁, 전쟁법(포로 보호, 민간인 보호 등)의 적용을 받는 전쟁을 뜻한다. 이는 단순 무력 충돌이 아니라 법적으로 승인된 전쟁이라는 개념이다.

다.⁶ 공적 전쟁은 거기에 가담한 사람들이 주권 권력을 부여받았고, 일정한 몇몇 절차를 준수해야 한다는 사실에 의해 공적 전쟁으로 인식되었다. 그 외에 피가 피로 갚아진다 하더라도 무기의 사용은 결코 위험에서 벗어날 수 없으며 자신을 방어하는 것은 복수와 똑같지 않다는 점도 분명히 인식되었다. 철학적인 관점에서 전쟁의 권리를 제도화하려는 시도들은 17세기에 그로티우스Grotius와 그의 《전쟁과 평화의 법Droit de la guerre et de la paix》에서 절정에 이르렀다.

제1차 세계대전 직후에 유럽을 휩쓴 문화적 비관주의는 내셔널리즘과 군국주의의 상당히 새로운 형태의 결합으로 귀착되었다.⁷ 특히 독일에서 패배는 반역의 결과로 여겨졌다. 전쟁은 패배했지만 끝나지 않았다. '유대인 반역자들'은 패배에 책임을 져야 했고, 그들이 말살되는 날 비로소 국가의 복수가 완결될 것이었다.⁸ 새로운 군국주의적 내셔널리즘은 전례 없는 황폐화와 재앙의 상상계에서 그 근원을 찾았다. 참호의 지옥에서 돌아온 군인은 그 표상적 인물이었다. 그는 진창을 구르는 견딜 수 없는 경험을 했다. 그는 산산이 부서진 세계를 목격했다. 그는 모든 형태의 죽음을 가까이서 경험했다.

가스 공격은 대기 자체를 치명적인 무기로 바꾸어놓았다. 공기 자체가 오염되었기에 숨 쉬는 것이 위협이 되었다. 수천 개의 실린더가

---

6   Hugo Grotius, *Le Droit de la guerre et de la paix*, PUF, Paris, coll. "Quadrige", 2005, p. 94

7   Ernst Jünger, *Orages d'acier*, Payot, Paris, 1930 [1920].

8   Gerd Krumeich, "La place de la guerre de 1914-1918 dans l'histoire culturelle de l'Allemagne", *Vingtième Siècle*, no. 41, janvier-mars 1994, pp. 9-17.

수천 톤의 염소가스를 참호에 쏟아냈다. 수 킬로미터에 걸쳐 펼쳐진 바람에 실려온 짙은 녹황색 구름을 배경으로 수많은 병사가 질식해 자기 [폐 속에 고인] 체액 속에서 익사했다.⁹ 귀환한 병사는 신경쇠약의 위험에 거의 상시적으로 시달렸다. 공포에 사로잡혀 그는 전우들의 죽음의 비명을 들었고, 그들의 형언할 수 없는 고통을 목격했다. 그 자신도 미쳐버릴 조짐을 보이며, 전적으로 우연과 숙명의 지배 아래 있다고 느꼈다.¹⁰

프로이트가 말한 전쟁이 야기한 '대환멸grande désillusion'은 전쟁 행위 그 자체를 지속하는 데에서 생겨난 것이 아니다. 당시 전쟁의 영구적 종식이나 영원한 평화의 유토피아를 믿는 이는 극소수였다. 프로이트는 전쟁은 결코 종식되지 않을 것이라고 단언했다. "국민이 그토록 다른 조건에 살아가는 한, 개개인의 삶에 대한 가치 평가가 그렇게 다른 한, 그들을 갈라놓는 적대가 심리 현상에 그토록 강한 충동의 힘을 나타내는 한" 전쟁은 종식되지 않을 것이다.¹¹

이 환멸은 또한 "원시적 국민과 문명화된 국민 사이의 전쟁, 서로 다른 피부색을 가진 인종 사이의 전쟁, 더 나아가 유럽의 덜 발전한 혹은 다시 야만으로 퇴행한 개별 국민-개인들 사이의 전쟁"¹²이라는

---

9   다음을 참고하라. Sarah Everts, "When chemicals became weapons of war", http://chemicalweapons.cenmag.org, 23 février 2015.

10 Modris Eksteins, *Le Sacre du printemps. La Grande Guerre et la naissance de la modernité*, Plon, Paris, 1991.

11 Sigmund Freud, *Notre relation à la mort, op. cit.*, pp. 15-16.

12 *Ibid.*, p. 16.

현실에서 생겨난 것도 아니었다. "세계를 지배하는 백인 인종의 위대한 국가들, 인류의 방향을 책임지는 임무를 맡은 그들",[13] 그리고 "문명의 공동체"[14]를 누리는 그들은 "인류 최고의 문명에 속한다고 믿어 왔던 이들이 그럴 수 있으리라 생각지 못했던"[15] 행위의 난폭성을 보여준 참이었다. 이것이야말로 제1차 세계대전의 스캔들이었다. 달리 말하면 기원의 인간, 원시 시대의 인간, 즉 타인의 죽음을 기꺼이 받아들이고, 그 죽음을 초래한 데 대해 어떠한 가책도 갖지 않으며, 기꺼이 살인을 저지르고, 적의 죽음을 단지 자신이 적대하는 것의 파괴로 여겼던 최초의 인간이 "우리들 각자에 여전히 보존되어 있다". 단지 "우리의 의식에는 보이지 않게 심리적 삶vie psychique의 가장 깊은 층 속에" 숨어 있는 것이다.[16] 문명화 과정이 충동적 삶의 광범위한 재편을 이끌어냈다고 생각되지만, 이는 과거로 회귀하는 특유의 능력, 즉 프로이트가 퇴행이라고 명명한 그것을 거의 없애지는 못했다.

따라서 제1차 세계대전이 드러낸 것은 한편 원시의 심리적 구조가 "가장 충실한 의미에서 영속적인 것이기" 때문에 "원시 상태는 언제나 소환될 수 있다"는 것이다.[17] 다른 한편으로는 이것이 죽음이나 파괴에 대한 충동이 상당 부분 외부로 우회하거나 외부 세계의 대상을 향한다 하더라도, 이 충동의 다른 많은 부분들은 언제나 길들이기(문명화 과정의

---

13 *Ibid.*
14 *Ibid.*, p. 21.
15 *Ibid.*, p. 28.
16 *Ibid.*, pp. 59-60.
17 *Ibid.*, p. 43.

목적 그 자체)를 항상 벗어난다는 점이다. 게다가 외부로 향하거나 투사된 파괴의 충동은 (그 안에 포함된 가학적이고 피학적인 요소를 비롯한 모든 충동과 함께) 또 다시 내부를 향하거나 내적 투사introjectée될 수도 있다.

파괴의 충동은 먼저 내부의 타자를 표적으로 삼으며 시작된다. 나치 통치하에서 독일 민족의 몸에 퍼져 있다고들 하는 썩은 조각인 유대 민족을 절멸시키려는 명령이 이런 것이다. 그러나 그것은 곧 주체 그 자체를 그 대상으로 삼는다. 이 경우 파괴는 "외부 세계에서 되돌아와 주체를 향하고", "시의적으로 맞지 않는 일을 하도록, 자신의 이익에 반하여 행동하도록, 현실 세계에서 그에게 열린 전망들을 파괴하도록, 결국 그 자신의 실제 존재를 소멸시키도록" 주체를 밀어붙인다.[18] 식민주의, 파시즘, 나치즘은 **외부라고 생각되던** 세계가 주체로 회귀하는 극단적이거나 병리적인 세 가지 형태라 할 것이다.

전쟁 직후 특히 유럽에서 파시스트 운동들과 정당들이 모습을 드러냈다. 파시즘의 부상과 그 후 나치즘의 부상은 식민주의의 부상과 나란히 일어났는데, 오늘날에는 식민주의와 파시즘, 나치즘이 유지한 관계가 정황상의 관계 이상이었다는 점이 밝혀졌다.[19] 분명히 구별되어 있음에도 이 세 가지 형태는 동일한 신화, 즉 인종— 백인 인종—의 문화로서 이해되는 것 자체, 소위 서구 문화의 절대적 우월성에 관한 신화를 공유했다. 파우스트적 정신esprit faustien은 그 [서구 문

---

18 Sigmund Freud, *Du masochisme*, Petite Bibliothèque Payot, Paris, 2011, p. 183.

19 Hannah Arendt, *Les Origines du totalitarisme*, coll. "Quarto", Gallimard, Paris, 2002[한나 아렌트, 《전체주의의 기원》 1, 2, 박미애·이진우 옮김, 한길사, 2006].

화의] 본질일 텐데, 결국 그것은 기술적 힘으로 식별할 수 있다. 과거든 현재든 이 힘으로 서구 문화를 다른 어떠한 것과 비교할 수 없는 문화로 세울 수 있었던 것이다. 그 시대에 대한 통찰에서 "다른 어떠한 것과 비교할 수 없는 문화"라는 말은 두 가지 의미를 가졌다.

우선 그것은 하나의 본질을 가리킨다. 사람들이 주장하길, 서구의 문화는 인류 문화를 구성하는 하나의 평범한 요소가 아니라는 것이다. 인류의 창조물 사이에서 서구 문화는 다른 문화에 종속되지 않는 해방된 탁월한 지위를 누렸고, 그 탁월성으로 인해 일종의 면책을 부여받았는데, 그 결과 그것은 '손댈 수 없는' 것으로 여겨졌다. 그것은 다른 모든 문화와 구별되었기 때문에 '손댈 수 없는 것'이었다. 또한 그것은 다른 모든 문화를 자신에게 환원할 수 있는 능력을 지닌 유일한 문화였기에 '손댈 수 없는 것'이다. 다른 문화들은 오로지 서구의 문화에 의해서만 존재할 수 있고, 서구 문화와의 관계 속에서만 존재할 수 있었기 때문에, 서구 문화는 세계의 다른 문화들의 그물망 속에 결코 완전히 섞여들 수 없었다.

이렇게 실체화되고 받들어 올려진 서구의 문화는 전 인류의 방향을 결정하는 영점이 되었다. 그것은 서구 문화가 스스로에게 할당한 장소이자 살이었으며, 자신의 '여기'이자 형이상학적 지점이었다. 이것이 바로 서구 문화가 다른 몸들과 다른 살들의 존재, 의지, 욕망을 추상화하도록 만들었다. 이 다른 몸들과 다른 살들은 서구 문화 자신의 장소와는 다르면서도 동시에 그 안에 관여되어 있으나, 다시는 그 장소를 향해 나아갈 수 없는 먼 장소에 존재한다. 그 시대의 정신에서 '다른 어떠한 것과 비교할 수 없는 문화'는 또한 죽음을 상징적으로 극복한 유일한 문화라는 것을 의미했다. 이와 같은 죽음 길들이기는 자연을 지배하고, 무한한 공간을 예찬하고, 힘force이라는 개념을 발명함으로써 이루어졌다. 이 문화가 사유하고 관조할 능력이 없었던 건 아니었다. 그러나 그 기획은 그럼에도 불구하고 세계를 제 의지에 따라 지휘하려는 것이었다. 거대한 프로메테우스적 기획으로서, 서구의 독창성은 신에게서 그 비밀을 탈취하고, 인간 자신을 신으로 만드는 데 있었다.

식민주의와 파시즘, 나치즘은 또 하나의 신화를 공유했다. 이들 각각의 역사적 형성에 대하여 서구는 하나의 살아있는 자연적 몸이었다. 그것은 골수와 영혼을 지니고 있었다. 폴 발레리Paul Valéry는 "세계의 다른 곳들 또한 놀라운 문명들을 지녔다"고 선언했다. "그러나 세계의 어떤 곳도 이처럼 특이한 **물리적** 속성을 지니진 않았다. 가장 강렬한 **흡수 능력**과 가장 강렬한 **방사 능력**이 결합된 속성 말이다. 모든 것이 유럽으로 왔고, 모든 것이 유럽에서 나왔다."[20]

이처럼 특이한 물리적 속성, 즉 "가장 강렬한 흡수 능력"과 "가장 강력한 방사 능력"의 결합은 식민주의에 저항하는 전쟁을 진압해가며 구체적인 형태를 취했는데, 그것이 바로 수용소라는 형태였다.[21]

반세기가 넘도록 수용소-형태forme-camp에 대한 해석은 우리가 '극

---

20 Paul Valéry, *La Crise de l'esprit, in Œuvres*, vol. 1, Gallimard, Paris, 1962, p. 995[폴 발레리,《정신의 위기》, 임재철 옮김, 이모션북스, 2021].

21 다음을 참고하라. Federico Rahola, "La forme-camp. Pour une généalogie des lieux de transit et d'internement du présent", *Cultures & Conflits*, no. 68, 2007, pp. 31-50.

단의 정치'라고 부를 수밖에 없는 것들, 즉 에메 세제르Aimé Césaire의 표현을 빌리자면, **탈문명화**décivilisation**의 정치**가 지배했다. 그것은 때로는 극적이고 때로는 눈에 띄지 않는, 어느 정도 은밀한 메커니즘에 따라 식민지 상황과 동일한 본질을 지녔던 것이다. 유럽의 유대인 말살의 결과로 수용소는 홀로코스트에 뒤이어 급진적 탈인간화déshumanisation의 장소로 여겨졌다. 그곳은 인간이 다른 인간 존재들을 먼지 상태로 환원시키는 행위를 통해 스스로 '동물-되기'를 경험하는 공간으로 여겨졌다. 수용소는 또한 그 희생자들을 공동의 인간성l'humanité commune으로부터 추방하는 과정을 보여주는 징후로 해석되기도 했다. 그곳은 형상화될 수 없고 형언할 수 없는 은밀한 범죄의 현장이었으며, 적어도 그 범죄를 자행한 이들에게는 그것은 본질적으로 망각하도록 정해져 있었다. 처음부터 모든 것이 그 흔적들을 지우기 위해 획책하고 있었기 때문이다.

발레리가 환기한 그 강렬한 방사와 흡수의 능력은, 다른 모든 범죄를 요약하면서도, 특별한 선택적 지위를 누리는, '인간성 바깥'의 의미를 지닌 단일한 범죄의 기원이었던 것이 아니라, 우리가 그 복잡한 계보들을 생각해야 하는 일련의 테러들과 **범죄들의 연쇄의 기원**이었을 수 있다. 실제로 세제르가 고발한 탈문명화의 정치들(또는 극단의 정치들, 또는 공포의 정치들)의 낮의 국면에는, 정복 전쟁, 점령 전쟁, 절멸 전쟁, 집단학살과 여타의 살육들, 그리고 그 불가피한 대응물인 해방 전쟁과 반봉기 전쟁들로 이루어진 식민주의적 과정이 놓여 있으며, 우리는 그 규모를 이제야 헤아리기 시작했다.[22] 밤의 국면에는 여러 생존자가 증언한 집단 수용과 말살의 과정이 놓여 있다. 이 생존자가운데에는 파농의 독자였으며 단순한 대화 상대를 넘어 그를 거의 친족처럼 느꼈던 장 아메리Jean Améry도 있었다.²³ 그리고 한나 아렌트와 이후 미셸 푸코가 정확히 간파했듯이, 이 두 측면을 연결했던 것은 인종, 더 정확히 말하면 인종주의였다.²⁴

엄격한 역사적 관점으로 볼 때, 수용소-형태는 20세기의 언저리(1896년과 1907년 사이)에 쿠바와 필리핀, 남아프리카공화국, 당시 독일 지배하의 남서아프리카 식민지 전쟁의 상황에서 등장했다. 근대적 의미의 수용소camp는 18세기에 인도에서 영국인들에 의해, 1811년에 멕시코에서, 또는 19세기에 미국에서 실행된 인구 이동의 정책과 같은 것이 아니다. 이러한 맥락에서 수용소는 식민 정부가 적대적이라고 판단한 민간인들을 대규모로 진압하기 위해 이용한 전쟁 장치다. 일반적으로 이것은 여성들, 아이들, 노인들에 관한 것이며, 이들은 기근, 고문, 강제노역, 전염병의 위험에 체계적으로 노출된다.²⁵

남아메리카에서 이루어진 수용소에 대한 최초의 실험은 10년 전쟁(1868~1878) 중의 [스페인령] 쿠바에서였다. 그 후 1896년, 이러한 범

---

22 Caroline Elkins, *Imperial Reckoning. The Untold Story of Britain's Gulag in Kenya*, Henry Holt, New York, 2005.

23 Paul Gilroy, "Fanon and Amery. Theory, torture and the prospect of humanism", *Theory, Culture & Society*, vol. 27, no. 7-8, 2007, pp. 16-32.

24 Hannah Arendt, *op. cit.*; Michel Foucault, *Il faut défendre la société*, *Cours au Collège de France, 1976*, Seuil, Paris, 1997[미셸 푸코, 《사회를 보호해야 한다》, 김상운 옮김, 난장, 2015].

25 Jonathan Hyslop, "The invention of the concentration camp. Cuba, Southern Africa and the Philippines, 1896-1907", *South African Historical Journal*, vol. 63, no. 2, 2011, pp. 251-276.

주의 인구 집단은 스페인 장군 발레리아노 웨일러Valeriano Weyler에 의해 산티아고와 푸에르토 프린시페Puerto Príncipe 지역에 집결되었다.²⁶ 산타 클라라를 위시한 어떤 지역에서는 사망률이 38퍼센트에 달했다.²⁷ 미국인들로 말할 것 같으면, 그들은 1899년과 1902년 사이에 다양한 강제수용소를 만들어냈는데, 그 시기는 필리핀의 민족주의 반군들이 자신의 권리를 주장하기 위해 게릴라전을 벌이던 때였다.

필리핀의 강제수용소는 '**무자비한 전쟁**'이라 불리는 전쟁 방식의 연장선상에 있는 것으로, 이 용어의 기원은 미국 남북전쟁까지 거슬러 올라간다. 수많은 처벌 조치가 이때 채택되었는데, 그것들은 1863년의 리버 규칙Lieber code의 틀 안에 다시 들어갔다.²⁸ 이 규칙은

---

26 옮긴이주. 스페인령 쿠바의 10년 전쟁은 쿠바 크리올(criollos) 엘리트가 스페인 제국의 식민 통치와 인종차별적 법질서에 저항하며 시작되었다. 당시의 수용소는 주로 반(反)식민 봉기와 관련된 민간인을 격리·통제하기 위한 임시 구금 시설로, 국제법상 민간인 보호 의무가 미약했던 시기에 예외조치로 정당화되었다. 1896년 스페인 장군 발레리아노 웨일러는 쿠바 독립전쟁(1895~1898)의 진압을 위해 대규모 '재집결 정책'을 산티아고와 푸에르토 프린시페(현 카마구에이)에서 시행하였다. 이는 농촌 인구를 군사적으로 통제 가능한 구역으로 강제이주시키는 정책으로, '비전투원 보호'라는 명분 아래 사실상 생활 기반을 파괴하고 질병·아사로 이어지는 결과를 낳았다. 이러한 수용소는 훗날 국제인도법상 '집단 강제이주'와 '민간인 대량구금'의 전형적 사례로 언급되며, 제국적 우월권의 법이 인도주의 원칙과 정면으로 충돌한 대표적 사례로 평가된다.

27 John Lawrence Tone, *War and Genocide in Cuba, 1895-1898*, University of North Carolina Press, Chapel Hill, NC., 2006.

28 옮긴이주. '무자비한 전쟁(hard war)'이라는 용어의 기원은 미국 남북전쟁 당시 북군 일부 지휘관들이 반란 진압과 전선 장악을 위해 채택한 '전면적 소모·파괴전(total war)과 밀접히 연결된다. 이러한 전쟁 방식은 민간인 생계 기반의 파괴, 광범위한 재산 몰수, 강제이주, 식량 봉쇄 등 군사적·비군사적 수단을 혼합하여 적의 저항의지를 꺾는 것을 목표로 삼았다. 미국-필리핀(1899~1902)에서 이러한 방식

반봉기 전쟁의 대상이 되었던 다양한 인구 집단을 여러 범주로 구분했는데, 그중 가장 중요한 것은 불충한 자들, 반역자들을 충성스러운 시민과 가려내는 것이었다. 불충한 시민들은 다시 두 부류로 나뉘었다. 하나는 반란에 동조한다는 것은 명백히 알려졌지만 반란군에게 어떤 명백한 도움을 주지는 않은 시민들이고, 다른 하나는 무기를 들지는 않았지만, 강요당한 것도 아닌데 반란군 적에게 '명백한 지원을 제공하는 시민이다. 리버 규칙에 따르면 반란이 일어난 지역에서 군대의 지휘관들은 전쟁의 부담을 불충한 시민들이 짊어지도록 할 수 있었다. 필요한 경우 반역자들이 이례적인 형벌 처분을 받는 것이 당연했는데, 그 처분들은 특히 합법적인 전쟁 기간 동안에도 비전투원인 적들에게 그리 강요할 수 없는 것이었다. 군사 총독은 시민들을 추방할 수도 있었고, 이에 더해 그들은 이송과 투옥, 무거운 벌금형의 대상이 될 수도 있었다.[29]

이러한 조치들은 1900년 12월에 연대장 아서 매카서Arthur MacArthur와 이후 1911년 11월부터는 연대장 J. 프랭클린 벨J. Franklin Bell에 의해 실제로 적용되었다. 이 조치들은 필리핀의 저항이 특히 격렬했

은 필리핀 민간인에 대한 강제수용소 정책으로 재현되었으며, 이는 당시 '처벌 조치(mesures punitives)'의 연속선상에 놓여 있었다. 해당 조치들은 1863년 발표된 리버 규칙의 틀 안에서 다시 해석·적용되었다. 리버 규칙은 프란시스 리버(Francis Lieber)가 작성한 군사 규범으로, 전시 포로 처리, 민간인 보호, 약탈·파괴 금지 등의 원칙을 규정한 동시에 '군사적 필요'라는 명목하에 광범위한 강경 조치를 허용하였다. 필리핀 사례에서 리버 규칙은 국제인도법의 전신으로서의 의의와 더불어, 법적 근거를 가진 예외상태를 식민지 전쟁에 적용하는 양면성을 드러냈다.

29 자세한 내용은 다음 연구를 참고하라. Richard Shelley Hartigan, *Lieber's Code and the Law of War*, Transaction Publishers, New York, 1983.

던 바탕가스Batangas 지역에 집중되었다 농촌 지역에서는 대규모 인구 이동이 있었고, 강제수용소가 세워지고 고문이 성행했다. 똑같은 방법을 연대장 제이콥 H. 스미스Jacob H. Smith가 사마르Samar 지역에서 실행했다. 그는 이미 행해지고 있는 일련의 잔혹 행위들과 함께, 대대적 처형과 함께 그야말로 전면적인 초토화 정책을 추가했다.[30]

그러니까 강제수용소의 논리는 나치독일(제3제국)하에서 체계화되고 극단화되기 훨씬 전부터 실제로 존재하고 있었다. 남아프리카의 경우 1889년에서 1902년까지 [제2차 보어전쟁에서] 대영제국couronne britannique은 게릴라전의 논리와 맞닥뜨렸다. 1899년과 1900년 사이에 정규전에 가까운 전쟁이 두 적대 세력 사이에서 벌여졌다. 영국 군대의 끔찍한 압박을 받은 보어인들Boers은 재빨리 전략을 바꾸었고, 그들의 특공대는 점차 게릴라전을 이용했다. 정규군 형태로 적과 공개적으로 맞서는 대신 보어인들은 사복을 고쳐 입고 지역 주민 속으로 돌아갔다. 이러한 위치에서 그들은 영국군을 집요하게 공격했고, 결정적인 군사적 승리는 가져오지 못했지만 적어도 사기를 현저히 무너뜨리는 결과를 가져왔다.

호레이쇼 H. 키치너Horatio H. Kitchener의 지휘 아래, 대영제국은 강제수용소의 설치를 증대하는 것으로 대응했다. 1900년 12월에 정부가 합법화한 강제수용소는 식민지 권력이 고립시키고 무찌르려 한 병사들로부터 민간인을 분리시키기 위한 예외조치로 제시되었다.

---

30 Brian McAllister Linn, *The Philippine War, 1899-1902*, University of Kansas Press, Lawrence, KS., 2000.

그때부터 민간인들, 특히 여성과 아이들은 철조망으로 둘러싸인 황폐한 곳에 밀어넣어졌는데, 그곳의 사망률은 이례적으로 높은 것으로 드러났다.

식민지에서 만들어진 이러한 모델에 나치독일은 한 가지 결정적 측면을 더했다. 대량학살의 계획이라는 측면이다. 더구나 독일인들은 1904년 남서아프리카에서 대량학살의 계획을 시도한 바 있는데, 그때 헤로로족Hereros은 처음으로 강제수용소의 체계화된 강제노역을 체험했다. 이것이 20세기의 첫 번째 집단학살이었다. 식민지 바깥, 유럽 영토에서도 강제수용소의 논리는 단지 나치의 형상만 두르지는 않았다. 그것은 제2차 세계대전 이전과 전쟁 중, 전쟁 이후에도 존재했다. 예를 들어 1942년에 프랑스에는 100여 개의 수용소가 있었다. 그 대부분은 비시 정권régime de Vichy 이전, 에두아르 달라디에Édouard Daladier의 저물어가는 제3공화국 치하에서 나타났다. 그곳은 "국가 방위와 공공의 안전에 해를 끼친다고" 여겨지는 온갖 부류의 사람들을 수용했다.[32] 자신의 나라를 떠나 프랑스로 망명한 사람들(독일인들과 오스트리아인들, [독일 나치당이 집권한] 1933년 이후의 유대인들, 1939년 [스페인 내전에서 패배한] 이후의 스페인 공화주의 진영의 참전자들)의 경우가 대개 그러했다. 이러한 장소와 비시 정권하에 드러난 다른 수용소들(콩피에뉴Compiègne, 리브잘트Rivesaltes, 레밀Les Milles, 귀르스Gurs, 피티비에Pithiviers, 보네Beaune, 드랑시Drancy 등)은 예방하고 진압하고 처벌하는 장치들의 어떤 극단화가 허용되는 실험실로 이용되었다.

---

31 Jean-François Bossy, *La Philosophie à l'épreuve d'Auschwitz. Les camps nazis, entre*

그러니까 희생양의 다양한 형상들이 만들어진 시대였다. 수많은 외국인이 적은 아닐지라도, 적어도 제거해야 하는 '쓸모없는 입'으로 여겨졌다.[32] 그들은 '프랑스인의 일자리와 여자를 빼앗는다'고 비난받았다. 비시 정권하에서 외국인의 형상은 서서히 어두워지다 마침내 최고조에 이르렀다. 외국인은 더 이상 사회적 존재가 아니라, 그 열등성과 병리들이 국민 신체의 통합성을 직접적으로 위협하는 질 나쁜 생물학적 요소일 뿐이었다. 1927년 이후에 허가된 모든 귀화를 재심사할 수 있도록 허용하는 새로운 법이 1940년 가을부터 시행됐다. 1940년에서 1944년 사이에 1만 5,000명에 가까운 이들이 프랑스 국적을 박탈당하고 '무국적자로 되돌려졌다'.[33]

식민지의 강제수용소로 돌아가서, 우선 이들 수용소가 엄밀한 의미에서 절멸이 예정된 수용소는 아니었다는 점을 분명히 하자. 유럽의 사례와 관련해서는 많은 역사가가 특히 **재집결수용소**camps de regroupement, 유대인이 아닌 민족을 대상으로 마련된 **강제수용소**camps d'extermination, 유대인 학살이 자행된 **절멸수용소**camps d'extermination를 구분해야 한다고 제안한다. 즉, 정치적 적을 수용하기 위해 마련된 수용소와 말 그대로 살해 중심 시설 사이를 구분해야 한다는 말이다. 실

---

    mémoire et histoire, Ellipses, Paris, 2004, p. 32.

32   다음을 참고하라. Ralph Schor, *L'Opinion française et les étrangers, 1919-1939*, Publications de la Sorbonne, Paris, 1985.

33   다음을 참고하라. Bernard Laguerre, "Les dénaturalisés de Vichy, 1940-1944", *Vingtième Siècle*, vol. 20, no. 1, 1988, pp. 3-15. Robert Paxton, *La France de Vichy, 1940-1944*, Seuil, Paris, 1974, pp. 168-169.

제로 모든 수용소가 죽음이 예정된 수용소는 아니었다. 강제수용소 장치라는 표현의 엄밀한 의미와, 본래적 의미에서의 절멸 장치 사이의 구분은 중요하다. 물론 모든 수용소(식민지 수용소를 포함하여)는 고통이 떠돌고, 온갖 형태의 죽음—탈진, 강제노동, 방치와 무관심으로 서서히 오는 죽음, 혹은 유럽 한가운데서 실제로 그랬듯 가스에 의한 순수하고 단순한 소멸, 그리고 이어지는 연기, 재, 먼지—이 존재하던 장소였다. 어느 쪽이든 수용소는 한때는 쓸모없고, 또 한때는 해롭고, 또 다른 때는 적으로 인식되었으며, 어찌됐든 언제나 기생적이고 불필요한 사람들로 선언된 이들을 수용했다. 근대 철학에서 수용소의 세계는 공공연한 비밀 속에서 행해지는 하나의 특수한 범죄, 즉 **반인륜적 범죄**의 세계와 떼려야 뗄 수 없는 것이 되었다.

식민지 현장은 인류에 반한 범죄가 저질러지고도 반드시 그렇게 인식되거나 인정되지 않는 이 문제를, 가장 명시적이고 근대적으로 표현한 것 가운데 하나였다. 오늘날까지도 흑인 노예제와 식민지적 잔혹 행위가 '전 세계Tout-Monde'의 기억에 속해 있다는 것, 더구나 이러한 기억이 공동의 것이기에 이러한 사건의 희생자였던 민족들만의 전유물이 아니라 인류 전체의 것이라는 점이 모든 이에게 자명하지 않다. 또한 우리가 '전 세계'의 기억을 수용할 수 없는 한, 진정으로 공동의 세계, 진정으로 보편적 인간성을 상상하기란 불가능할 것이다.

물론 식민 통치하에서 모든 감금 공간이 반드시 강제수용소의 체계나 절멸 장치라는 성질을 띠었던 것은 아니었다. 그러나 수용소는 식민지화와 제국주의 전쟁의 핵심적인 장치였다. 그러므로 우리는 수용소의 이러한 기원을 기억해야만 한다. 이는 제국주의와 식민화 전쟁(본질적으로 비대칭적인 전쟁)의 도가니에서 기원한다는 것, 그다음에는 내전들과 그 여파 속에서, 결국 세계대전의 지평선 안에서 기원한다는 것을 말이다. 이러한 계보는 수용소의 기원에는 언제나 인간을 분할하려는 기획이 있었음을 암시한다. 분할과 점령은 추방과 강제이주, 그리고 명시적이든 암묵적이든 제거 계획과 병행한다. 사실상 수용소-형태는 거의 어디에서나 [기존 인구를 제거하거나 절멸시키고 그 자리에 새로운 인구를 이주시켜 정착시키려는] 제거적 정착peuplement éradicateur의 논리들을 동반했다는 것은 결코 우연이 아니다.

프란츠 파농은 이 인간들의 분할과 제거적 정착의 증인이 되었다. 그는 짧은 생애의 대부분을 환자를 치료하는 데 바쳤으며, 헤아릴 수 없는 고통, 광기, 인간의 절망, 그리고 무엇보다 명백한 이유 없이 수많은 무고한 이들의 죽어가는 모습을 직접 목격했다. 다시 말해, **극한 상황**에서도 보통은 살아남으리라 기대되는 이들의 죽음이었다.

실제로 모든 구조적 예속의 상황은 적어도 이를 감내하는 이들에게는 잠재적으로 극한 상황이다. 식민지 경험이 그러했다. 그것이 절멸의 의지로 추동되는 곳에서, 식민 기획은 극소수의 토착 인구만을 남겨두었고, 그마저도 서둘러 엔클레이브에 가두었다. 식민지 개척자와 피정복민 사이의 만남과 접촉을 제한함으로써 식민 기획은 두 집단 사이의 거리를 극대화했는데, 이는 무관심이 일상화되는 데의 전제 조건이었다. 이 기획을 실행할 의무를 짊어진 이들 쪽에서는 식민지 정복과 점령이 단지 비범한 수준의 무관심만이 아니라 명백히 혐오스러운 행위를 실행하는 비정상적 능력 또한 요구했다. 학살과 살육, 그리고 저항을 탄압하는 것은 때로 몸과 몸의 접촉을 요구했고, 끔찍한 형태의 잔혹함이 전개되었고, 신체와 재산에 대한 공격은 매번 소위 열등한 인종들을 얼마나 치욕적인 위치에 두었는지를 드러내야 했다. 필요한 곳에서는 공중 폭격이 지상에서의 파괴에 더해졌다.[34] 참수, 사지 절단, 고문, 여타의 성적 학대가 그 잔혹 행위를 완성하는 데 일조했다.[35]

가학성에 익숙해지는 것, 아무것도 알지 않겠다는 냉혹한 의지, 피해자에게 어떤 공감도 느끼지 않으려는 의지, 선주민의 비열함을 확신하려는 의지, 선주민에게 가해지는 잔혹 행위와 그들이 겪은 대규모 폭력과 피해의 책임을 그들이 지게 하려는 의지—바로 그러한 것이 법이었다. 파농이 설명한 바와 같이, 식민주의를 변호해야 할 때마다 사람들은 별로 주저하지 않고 똑같은 핑계들을 끌어들인다. 범죄는 독자적 개인의 행위이며, 그 개인들이야말로 피해자들의 짐승 같은 행태와 극도로 야만적인 행위, 그리고 야만인들이 그들의 삶에 가하는 위협 앞에서 공포에 사로잡혔다는 것이다. 피식민자들이 경험한 공포는 그들을 내버려두었을 때 견뎌야 했을지도 모르는 비참함에 비한다면 그리 무거운 것도 아니며, 문명의 이름으로 완수되는 것(경제 발전, 기술적 진보, 교육, 보건, 기독교 전도, 동화)은 식민 기획의 부정적인—그리고 불가피하다고 치부되는—결과들을 상쇄하게 되었다

---

34   Paul Armengaud, *Quelques enseignements des campagnes du Rif en matière d'aviation*, Berger-Levrault, Paris, 1928.

35   Claude Juin, *Des soldats tortionnaires. Guerre d'Algérie : des jeunes gens ordinaires confrontés à l'intolérable*, Robert Laffont, Paris, 2012.

는 것 등이다.[36]

알제리의 경우가 특히 그랬다. 대개의 식민지 전쟁에 대해 파농은 그것이 온갖 병리 기원이 되고 정신질환이 발현하기에 적합한 토양을 형성한다고 말하곤 했다. 전쟁 시기에 고유하게 나타나는 이러한 병리들은 과거 정복과 점령의 시기에 식민화가 피식민자들에게 가했던 온갖 종류의 상처에 더해진 것이었다. 식민지 전쟁을 견디거나 병사로서 그 전쟁에 참가했던 피식민자는 그의 몸의 바깥과 안에, 그리고 그 자신 속에 최초의 상흔들과 그 밖의 흔적들을 지니고 있었다.

특히 파농은 알제리 전쟁이 아주 빈번히 "진정한 집단학살"의 면모를 띠었다고 말했다.[37] 실제로 그 외관을 꾸미는 것과 마찬가지로 그 구조에서도―무엇보다 인종주의적이고 우월주의적 전제에 기댈 때―식민주의 과정은 언제나 집단학살의 충동을 둘러싸고 구성되었다. 많은 경우 이러한 충동이 정말로 실현되지는 않았지만 그것은 언제나 잠재된 상태로 거기 있었다. 정복과 점령의 전쟁이든, 반봉기 전쟁이든 간에 전쟁의 시기에 그 충동은 최고조에 이르렀다. 대량학살의 충동은 분자적인 방식으로 작용했다. 대부분 은근히 끓어오르던 이 충동은, 때때로 참혹한 사건들(도살, 학살, 탄압)로 결정화되었고,

---

36 Joseph-Simon Gallieni, *Rapport d'ensemble sur la pacification, l'organisation et la colonisation de Madagascar*, Charles-Lavauzelle, Paris, 1900; Hubert Lyautey, *Du rôle colonial de l'armée*, Armand Colin, Paris, 1900.

37 Frantz Fanon, *Les Damnés la terre, op. cit.*, p. 627[프란츠 파농, 《대지의 저주받은 사람들》, 남경태 옮김, 그린비, 2010].

그 사건들이 점차 되풀이되었다. 전쟁은 이 충동의 절정이었다. 전쟁은 모든 식민 체제가 생존을 위해서라면 언제든 들이댈 준비가 되어 있는 그 위협을 실행했고, 그 위협을 만천하에 드러냈다. 즉, 되도록 많은 피를 흩뿌리고, 피식민자의 세계를 조각조각 깨부수고, 그것을 분간할 수 없는 폐허의 더미로, 찢겨나간 몸들로, 영원히 파괴된 삶들로, 거주할 수 없는 장소로 변형시키는 것이다.

이 알제리 전쟁에 대해 파농은 전쟁이 사람들을, 즉 피해자와 가해자를, 병사와 민간인을 피로 물든 기류에 빠뜨렸다고 했다. 여러 층 위에서 그 전쟁은 모두를 적대의 화신으로 변모시키고, 모두에게서 모든 인간적 감정을 앗아갈 위협을 가했다. 그 첫 번째는 연민, 마음이 움직이도록 내버려두는 능력, 대타자의 불행과 고통 앞에서 자신의 취약성을 떠올리는 능력이었다. 연민의 감정이 전부 근절되는 것, 즉 동류 사이의 교류가 완전히 부재한 상태는 사람들에게 "진정한 아포칼립스를 목격한다는" 집요한 느낌을 자아내며, 비인간적 행위를 일반화하는 길을 열어놓았다.[38]

이러한 잠식 행위와 그 결과인 파괴에 맞서 파농은 폭력을 불가피한 것으로 여겼다. 이러한 폭력은 두 가지를 겨냥했다. 식민지 체제 그 자체와, 수많은 피식민자를 공포, 미신, 수많은 박해와 열등감 콤플렉스의 굴레 아래 두던 온갖 종류의 억제 체제가 그것이었다. 폭력은 억압적인 질서를 철폐하며 새로운 창조에 필요한 장이 열리도록 했다. 식민 질서를 낡고 무력한 것으로 만들었기에, 폭력은 부활의

---

38   *Ibid*.

도구로 작용했다.

파농의 사유에서 문제는 단순히 국가를 정복하는 것이 아니라, 또 다른 형태의 주권 형성을 만들어내는 데 있었다. 새로운 것이 갑작스럽게 솟아나는 특권적인 순간에 탈식민화의 재생적 폭력은 다른 삶의 형태들을 창조할 목적을 품었다. 그것은 헤아릴 수 없는 차원을 지닌 것이었다. 이 헤아릴 수 없음 때문에, 폭력은 본질적으로 예측 불가능했다. 일단 촉발되기만 하면 제어할 수 없는 것이 될 수 있었다. 이런 관점에서 폭력은 구원의 가능성인 동시에 위험이 집 안으로 침투하는 경로이기도 했다.

사물의 사회와 파괴의 형이상학

식민지 사회들은 연민의 감정이 떠나버린 실체들이었다. 자신들을 **동류의 사회**라고 거의 상상하지 않았기 때문에, 법적으로나 실제로나 분리와 적대의 공동체였다. 역설적이게도 적대가 사회를 단결시켰다. 증오의 관계가 거의 확정적으로 내면화될수록 잔혹함은 더 일상이 되고 냉소는 더 공격적이고 경멸적인 것이 되었다. 사실 지배자와 피지배자가 서로를 도구로 여기는 관계는 이를테면 내부의 적과 외부의 적의 몫을 명확하게 구분하기가 더는 거의 불가능한 그러한 것이었다. 무엇보다 인종주의는 그러한 사회의 동력이자 파괴의 원리였다. 그리고 타자 없는 자아는 존재할 수 없다는 점을 고려하면—타자는 부정의 형상 아래에서도 또 다른 나에 지나지 않으므로—타자에게 죽음을 내리는 것은 이제 스스로에게 죽음을 부여하는 행위와 구별되지 않게 되었다.

파농에 의하면 인종주의는 좀처럼 우연적인 것이 아니었다. 모든 인종주의―특히 반反네그르 인종주의―는 구조에 의해서 지지되었다. 이러한 구조 자체가 거대한 경제적 및 생물학적 예속 작업이라 불리는 것에 봉사하고 있었다. 달리 말하면, 인종주의는 **생명―경제와 동시에 환경―생물학과 관련해서 분석되어야만 했다**.[39] 한편으로 인종주의적 행위는 특정한 집단, 계급, 인간 유형의 우월성을 다른 이들에 대해 확정하기 위한 자의적이며 본원적인 우월성 선언으로 구성된다. 다른 한편으로는 언제나 유연성을 잃지 않으려 하는 것이 인종주의의 본성이었다. 그 독성과 실효성을 보존하기 위해 매번 갱신되고 얼굴을 바꾸고 변신해야만 했던 것이다.

파농은 특히 인종주의의 두 가지 유형을 구별했다. 한편에선 적나라하고 저속하고 원초적이며 단순한 인종주의로, 파농이 판단하기

---

39 옮긴이주. 파농이 사용하는 생명-경제(bio-économie)는 인종주의가 인간의 신체와 생물학적 생존 자체를 경제적 지배 체제에 종속시키는 구조를 지칭한다. 즉, 노동력 착취와 인구 관리(출산, 사망, 건강, 재생산 통제)가 결합된 식민 권력의 생명 관리 체제이며, 푸코가 말한 '생명권력(biopouvoir)'의 식민지적 변형이라 할 수 있다. 한편 환경-생물학(éco-biologie)는 인종주의가 환경(기후·지리)과 생물학(유전·신체)을 결합하여 집단 위계화를 정당화하는 담론을 의미한다. 이를 통해 식민주의는 인종적 차이를 '자연의 법칙'이나 '과학적 필연성'으로 위장하며, 열대·온대·한대 등 기후 환경과 인종적 특성을 연결시켜 우열을 설정했다. 이 두 개념은 각각 인종주의의 경제적·정치적 토대(환경-생물학)와 이데올로기적·담론적 토대(생명-경제)를 구성하며, 상호 보완적으로 작동하여 식민 지배와 인종차별을 재생산한다.

에 이는 "인간의 팔과 다리를 난폭하게 착취하는 시대"에 부합한다.[40] 이것은 두개골을 비교하는 시대의 인종주의였다. 뇌 주름의 양과 배열을 판별하려고 애쓰는 인종주의, 흑인의 감정적 불안의 논리를 파악하고자 하는 인종주의, 아랍인이 피질하에서 통합된다는 [즉, 본능적인 뇌 수준에서만 통합된다는] 인종주의, 유대인의 일반적인 죄책감을 확립하려 하는 인종주의, 등골의 크기를 측정하려 하는 인종주의, 피부의 미시적 측면을 규명하려는 인종주의였다. 이러한 인종주의의 방식들은 저속한 것이면서도 스스로 합리적인 것, 심지어 과학적인 것이 되고자 했다. 과학, 특히 생물학과 심리학에서 자신의 권위를 끌어오려고 했다.

다른 한편에는 파농이 문화적 인종주의라고 불렀던 인종주의의 한 형태가 맹위를 떨치고 있었다. 사실 문화적 인종주의는 저속한 인종주의의 변이에 불과했다. 문화적 인종주의는 형태론적 차원의 방정식에 근거를 둔 것은 아니었다. 그것은 당시 식민주의가 특히 없애버리려고 했던 특정한 존재 방식을 공격했다. 그것들을 파괴하지 못하면 비하하거나 이국적인 대상으로 만들려고 했다. 이런 식의 은밀한 작업이 가장 많이 가해진 영역은 복장, 언어, 기술, 먹는 방식, 앉는 방식, 쉬는 방식, 여가를 즐기는 방식, 웃는 방식, 그리고 무엇보다 섹슈얼리티에 대한 태도였다.

파농은 생명-경제와 이 두 가지 형태의 인종주의가 연관되어 있다는 점 못지않게, 인종주의가 야기한 상처의 본질을 끊임없이 부각시

---

40 Frantz Fanon, "Racisme et culture", in *Œuvres, op. cit.*, p. 719.

컸다. 그는 "인종주의는 그것을 실행하는 문화의 얼굴을 부풀리고 왜곡시킨다"라고 주장했다.[41] 더욱 단호한 방식으로 그는 인종주의가 사실 신경증의 한 기본 형태에 해당한다고 주장했다. 인종주의는 매번 몇몇 정신병에서 발견하게 되는 바와 같이 정념적 몰입engagement passionnel이라는 요소를 포함했다. 이는 특히 정념적 성질의 망상과 결부되었다. 신경증, 정신병, 망상적 삼중 구조에, 그는 비평에서 비교적 연구하지 않고 남겨뒀던 한 차원을 더했다. 그것은 인종주의가 주체로 하여금 자기 자신에 대해 품고 있는 내적 수치심을 타자에게 전가하고 희생양으로 전이하는 하나의 방식이라는 점이었다.

이러한 투사의 메커니즘을 파농은 **전이주의**transitivisme라고 불렀다. 전이주의는 문화가 자기 내부에 있는 하위의 심급과 충동을 부정하거나 부인하는 방식을 의미하는 것이 아니다. 오히려 그것을 자신이 만들어낸 어떤 악한 정령(흑인, 유대인, 아랍인)의 탓으로 전가하고, 공포나 잔혹의 시기에 그 악한 정령을 불러내는 매커니즘을 의미했다.

이와 같은 악한 정령 덕분에 이 문화는 자기 내부의 적을 만들어낸다. 그리고 사회적 신경증의 반복을 통해 자신이 그 밖에서 표방한 가치들을 내부에서부터 약화시키고 파괴한다. 표면적이고 조잡하고 원시적인 인종주의에, 모든 죄책감을 타자에게 떠넘기려고 하는 더욱 은밀한 형태의 인종주의가 대립한다. 파농에 따르면, 모든 인종주의적 표현은 언제나 어디선가 그것이 억누르려 하는 죄의식에 시달리고 있다. 보통 인종주의자가 숨어 있거나 나서지 않으려 하는 이유

---

41   *Ibid.*, p. 721.

중의 하나가 바로 이 때문이라고 그는 주장했다.

이 은폐와 감추려는 경향은 인종주의적 정동이 대개 섹슈얼리티와 맺고 있는 관계들의 근본적 측면과 연결되어 있을 가능성을 배제할 수 없다. 파농이 말하길, 인종주의적인 사회는 자신이 가진 성적 잠재력을 상실할까 봐 불안에 떠는 사회이기 때문이다. 이는 또한 "성적 방종이 허용되고, 제재 없는 집단 난교가 펼쳐지며, 강간이 처벌되지 않고, 근친상간이 처벌받지 않는 예외적 시대에 대한 향수"에 사로잡힌 사회다.[42] 집단 난교, 강간, 근친상간은 인종주의적 환상을 구성하는 데 정확히 같은 기능을 하는 것은 아니다. 그러나 파농이 생각하기에 그것들은 공통적으로 생명 본능에 대한 응답이다. 이러한 생명 본능에는 이중성이 있다. 네그르는 도덕과 금기에 구애받지 않는 생식력을 지닌 존재이며, 그 생식력은 실질적인 생물학적 위험을 구성한다는 공포가 그것이다.

인종주의가 초래하는 고통의 형상들을 살펴보도록 하자. 앞서 나열한 갖가지 형태의 인종주의하에서, 인종주의의 표적이 된 사람들은 어떤 종류의 고통에 노출되는가? 그들에게 가해진 상처, 그들을 짓누르는 괴로움, 그들이 겪는 트라우마와 그들이 경험하는 모종의 광기를 어떻게 규정할까? 이러한 질문에 답하기 위해서는 인종주의가 작동하는 방식, 그리고 그것이 자신의 분노에 노출된 주체를 어떻게 내부로부터 구성해내는지 면밀히 들여다보아야 한다.

---

42 Frantz Fanon, *Peau noire, masques blancs*, in *Œuvres*, op. cit., p. 196 및 이하[프란츠 파농, 《검은 피부, 하얀 가면》, 노서경 옮김, 문학동네, 2022].

우선 인종화된 주체는 자신 외부에 있는 힘의 욕망의 산물인데, 이 힘은 자신이 선택한 것은 아니지만 역설적이게도 자신의 존재를 개시하고 지속시킨다. 파농이 서술한 고통의 많은 부분은 주체가 이 외부의 힘을 수용하게 되는 방식에서 기인하는데, 그렇게 함으로써 이 외부의 힘은 자신의 시초를 구성하는 순간으로 변한다. 이처럼 주체가 종속의 욕망 속에서 구성되는 것은 인종적 지배의 특수한, 내면화된 양태 중 하나다. 또한 식민화된 주체가 자기 자신에게 맞서고, 예속 안에서 그리고 예속을 통해 출현했던 그 조건에서 자신을 해방시키는 그 과정을 진지하게 고려해야 한다. 심리적 삶은 이 **해방**의 **과정**에 단단히 연루되어 있다. 파농에게 이 해방의 과정이란 필연적으로 단호한 폭력의 실천과 자기 자신으로부터의 이탈, 그리고 필요하다면 반란을 통해 진행된다.

또한 인종의 주체라는 상태로 환원되는 것은 곧 처음부터 대타자의 자리에 놓이는 것이다. 대타자는 자신이 인간적 존재이며 동류로 받아들여질 자격이 있다는 것을 다른 사람에게 매번 증명해야 하는 자이다. 파농이 끊임없이 거듭 말하는 것처럼 타자는 '다른 사람들과 똑같은 사람', '다른 사람들과 같은 사람', 우리와 같은 사람, 우리인 사람, 우리에 속하는 사람이다. 대타자는 언제나 불안정한 지위에 있다고 느낀다. 대타자의 비극은 이러한 불안정성 때문에 그가 줄곧 항상 경계 태세에 있다는 것이다. 그는 거부를 예상하며 살아간다. 그는 거부당하는 일이 일어나지 않도록 무엇이든 하지만, 그것이 필연적으로 일어나리라는 것과 그 시점을 그가 조금도 통제할 수 없다는 것도 잘 알고 있다.

결국 그는 있는 그대로의 자신을 드러내는 것을 두려워하며, 진정성보다는 가장과 은폐를 선호하고, 자신의 존재가 창피의 대상이 되었다고 확신한다. 그에게 '나'는 갈등으로 얽힌 매듭이다. 분열되고 세상에 맞설 수 없는데, 어떻게 세상에 형태를 부여하는 일을 감행할 수 있겠는가? 어떻게 세상에 거주하기를 기도할 수 있겠는가? "나는 그저 다만 다른 사람들 사이에서 사람일 수 있기를 바랐다. (…) 나는 사람이기를, 오직 사람이기만을 바랐다."[43] 그리고 이제는 "내가 다른 사물들에 둘러싸인 하나의 사물이라는 것을 알게 되었다."[44] 다른 사람들 사이에서 사람이고 싶다는 욕망은 차이의 명령에 의해 저지된다. 인종의 주체, 즉 차이로 규정되는 주체에 대해 인종주의는 "네그르의 행실conduite de Nègre"를 요구한다. 말하자면 이는 따로 놓인 사람의 행실인데, 왜냐하면 네그르는 따로 떨어뜨린 인간들의 일부—따로 떼어진 몫을 대표하기 때문이다. 그들은 불명예와 치욕에 귀속되도록 배치된 일종의 '잔여물'이 되는 것이다.

신체-사물, 사물 속의 주체, 도대체 어떤 종류의 사물에 대해 말하는가? 가구처럼 실재하는 물질적 사물이 문제인가? 사물들의 이미지—가면으로서의 네그르—가 문제인가? 아니면 욕망과 공포심의 경계에 놓인 유령과 같은 환상적 대상이 문제인가? 나를 강간하고, 나를 때리고, 쾌락의 울부짖음인지 공포의 울부짖음인지도 정확히 알지 못한 채 내가 울부짖게 만드는 네그르에 대한 환상? 아마도 이

---

43 *Ibid.*, p. 155.
44 *Ibid.*, p. 154.

모든 것이 동시에 해당될 것이며, 나아가 온전한 몸을 만들기는커녕 어딘지 모를 곳에서 불쑥 나타나는 부분적 대상들, 흩어진 사지들의 문제일 것이다. "나의 몸은 다시 돌아왔다. 그것은 흩어져 있고, 분리되고, 박살 나고, 이 한겨울 백색의 날에 온통 애도에 잠겨 있다."[45]

겨울의 애도, 이 백색의 날에, 애도의 날에 백색의 겨울, 텅 빈 장소에서, 비워지는 시간에, 그리고 막이 내린다. 사물 속에서 자신의 해체를 목격하는 본질적 인간됨은 갑자기 인간적 실체성을 모조리 박탈당하고 압도적인 사물성 속으로 유폐된다. 타자는 "염료로 표본을 염착시키는 식으로" 나를 "고정시켰다".[46] "응고된 피", 이제 나는 끔찍한 악순환의 포로가 되었다.[47] '백인'을 대표하는 심급이 내 자리를 차지하고 내 의식을 그 자신의 대상으로 만들었다. 이제 이 심급이 내 자리에서 숨쉬고, 내 자리에서 생각하고, 내 자리에서 말하고, 나를 감시하고, 내 자리에서 행동한다. 그러는 동시에 이 주인-심급은 나를 두려워한다. 거기에서 나는 문화의 어슴푸레한 빛에 묻힌 어두운 온갖 감정들— 공포terreur, 섬뜩함, 적의, 멸시와 모욕— 이 표면에 드러나도록 한다. 주인-심급은 저가 나에게 가하는 것과 거의 같은 정도로 내가 저에게 온갖 종류의 수치스러운 학대 행위를 가할 수 있으리라고 오해한다. 나는 주인-심급 안에 불안한 두려움을 불러일으킨다. 이는 복수의 욕망이나 나를 사로잡은 분노나 무력한 격분으로

---

45   *Ibid.*, p. 156.
46   *Ibid.*, p. 164.
47   *Ibid.*, p. 159.

부터 생겨난 것이 아니고, 그가 내게 씌워놓은, 공포를 유발하는 대상이라는 지위 때문에 생겨난 것이다. 내가 과거에 그에게 한 일이나 그에게 보여준 어떤 것 때문이 아니라, 그가 나에게 했던 일과 내가 그것을 앙갚음할 수 있을 것이라고 생각하기 때문에 나를 두려워하는 것이다.

따라서 인종주의의 형성물formations은 정의상 모든 종류의 축소된 광기를 생산하고 재분배한다. 그것들은 내부에 광기의 불타는 핵을 품고 있으며, 그 광기를 신경증, 정신병, 망상, 심지어는 에로티즘의 방식으로, 세포 단위의 수준으로 방출하려 한다. 동시에 그것들은 광기의 객관적 상황들을 퍼트린다. 광기의 이러한 상황들이 사회적 존재양식 전체를 포위하고 조직한다. 모든 사람이 이 폭력의 그물 속에, 그 다양한 거울 또는 그 갖가지 굴절 속에 사로잡혀 있으며, 모두가 제각기 이 폭력의 생존자들이다. 그것이 어떤 쪽이든 어느 한쪽에 있다는 사실은 게임에서 벗어나 있다는 의미가 절대로 아니다.

인종주의의 두려움

따라서 인종주의자는 은폐하려는 성향만 가진 것이 아니다. 그는 또한 두려움에 사로잡혀 있다. 여기서 우리가 주목하는 것은 네그르에 대한 두려움, 즉 이중성, 결핍, 대립antagonisme이라는 표지 아래 삶을 살아가도록 강요받는 대타자에 대한 두려움이다. 이러한 결핍은 일반적으로 자연의 언어와 유기적이고 생물학적인 과정 속에서 생각된다. 확실히 네그르는 숨 쉬고 먹고 마시고 자고 배설한다. 그의 몸은 자연적인 몸, 욕구하는 몸, 생리적인 몸이다. 그는 인간적 표현 능력을 가진 몸처럼 고통받지는 않는다. 그는 근본적으로 병에 걸릴 수도 없다. 어차피 이 불안정성이 네그르의 [타고난] 속성이기 때문이다. 그의 몸은 결코 건강한 몸으로 여겨진 적은 없었다. 네그르의 삶은 본질적으로 결핍되어 있고, 그렇기에 빈곤하다.

식민 상황에서 인종주의자는 힘을 휘두른다. 그러나 힘을 휘두르는 것만으로는 두려움을 없애기에 충분하지 않다. 인종주의자는 흑인이 열등하다고 이미 공표했음에도 사실 그들을 두려워한다. 비하해버린 사람을 어떻게 두려워할 수 있을까? 힘과 권력의 모든 속성을 미리 박탈해버린 사람을 말이다. 게다가 이는 두려움만의 문제가 아니라, 두려움과 적대와 뒤틀린 사랑의 뒤섞임이다. 이것이 바로 반反네그르 인종주의의 특징적 성격인데, 네그르를 마주했을 때 '정상적으로' 처신할 수도 행동할 수도 없게 되는 것이다. 이는 흑인 자신에게도, 그를 마주한 사람에게도 똑같이 영향을 미친다.

공포증phobie에 대해 파농은 그것이 "대상(가장 넓은 의미에서 개인의 외부에 있는 모든 사물)에 대한, 혹은 더 확장된 의미에서 어떤 상황에 대한 불안한 무서움을 특징으로 하는 신경증"이라는 것을 알아차렸다.[48] 네그르는 무서움과 혐오를 불러일으키는 대상이다. 네그르에 대한 무서움, 불안, 두려움은 유아기적 구조에서 유래한다. 다시 말해, 인종주의에는 유아기적 구조가 존재하며, 이는 불안을 유발하는 사건,

---

48   다음을 참고하라. Angelo Hesnard, *L'Univers morbide de la faute*, PUF, Paris, 1949.

특히 남성의 경우 어머니의 부재와 관련된다. 파농은 공포증을 일으키는 대상의 선택은 결정되어 있다고 한다. "이 대상은 무無의 어둠에서 생겨나는 것이 아니다."[49] 어떤 사건이 일어났고, 이 사건은 주체에게 어떤 정동을 불러일으켰다. "공포증은 주체의 세계 가장 깊은 곳에 이러한 정동이 잠재적으로 존재하는 것이다." 거기에는 "조직화, 형태화"가 있다. 당연히 "대상이 실제로 거기 있을 필요가 없기" 때문에 "있다는 것만으로 충분하다. 이는 하나의 가능성이다". 이 대상에 "악의적 의도와 사악한 힘의 모든 속성들이 부여된다". 그러므로 두려워하는 인간에게는 뭔가 주술적인 생각이 있다.[50]

흑인을 적대시하거나, 그에게 무서움을 느끼거나, 현실에서든 환상이든 흑인과의 만남이 그를 불안에 빠뜨리는 사람은 불안을 유발하는 트라우마를 되풀이하고 있는 것이다. 그의 행동은 합리적이지도 논리적이지도 않다. 그는 거의 사고를 하지 않는다. 정동에 의해 움직이며 정동의 법칙에 따른다. 흑인은 대개 다소 가상적인 공격자이다. 그는 두려움을 일으키는 대상이며, 공포를 불러일으킨다. 다음으로 파농은 이 인종주의적 공포의 역학 속에서 섹슈얼리티가 차지하는 자리를 연구한다. 그 점에서 그는 [정신분석학자] 앙젤로 에스나르Angelo Hesnard를 따르는데, 공포심의 동기는 네그르가 '내게 온갖 일

49　Frantz Fanon, *Peau noire, masques blancs*, in *Œuvres*, *op. cit.*, p. 189. 다음의 인용문은 모두 같은 면에서 가져왔다[프란츠 파농, 《검은 피부, 하얀 가면》, 노서경 옮김, 문학동네, 2022].

50　다음을 참고하라. Charles Odier, *L'Angoisse et la pensée magique*, Delachaux et Niestlé, Neuchâtel, 1948.

을 할지도 모른다. 그것도 평범한 가학 행위가 아니라 성적인 폭행, 즉 외설적이고 모욕스러운 것들이다'에서 비롯된다는 가설을 내놓는다.[51]

인종주의적 상상계에서 성적 주체로서의 네그르는 피해자에게 가학 행위와 트라우마를 가할 수 있는, 무시무시하고 위협적인 대상과 동일한 것으로 여겨진다. 그에게는 모든 일이 생식기의 차원에서 일어난다고 여겨지므로 그가 저지를 수 있는 가학 행위들은 특히 모욕스러운 것으로 밝혀질 수 있다. 그가 실제로 우리를 강간하거나 단지 채찍질한다고 하더라도, 이 모욕은 오로지 우리가 수치로 점철된 어떤 존재와 강제적으로 연루된 데서 오는 것만은 아니다. 이는 또한 대상-몸corps-objet에 의해 인간이라고 여겨지는 몸이 침범당한 결과이기도 하다. 그런데 디오니소스적이고 가학-피학적인 관점에서, 다른 주체의 음경membre이 아니라 대상object을 경유한 주이상스보다 더 황홀하고 쾌락적인 것이 무엇이겠는가.

우리는 이제 디오니소스적 섹슈얼리티와 가학-피학적인 섹슈얼리티의 두 가지 양상이 인종주의적 환영 속에서 점하는 특권적 지위를 이해한다. 바쿠스적 유형의 디오니소스적 성에서 네그르는 근본적으로 하나의 음경이다. 그것도 아무런 음경이 아니라, 두려움을 불러일으키는 음경이다. 가학-피학적 유향의 섹슈얼리티에서 흑인은 강간범이다. 이런 관점에서 인종주의적 주체는 "네그르가 나를 강간

---

51   Frantz Fanon, *Peau noire*…, p. 190[프란츠 파농,《검은 피부, 하얀 가면》, 노서경 옮김, 문학동네, 2022].

한다! 네그르가 나를 때린다! 네그르가 나를 강간했다!"고 끊임없이 외치는 자이다. 그러나 파농이 말하길 결국 그것은 유아기의 환상이라는 것이다. "네그르가 나를 강간한다"거나 "나를 때린다"고 말하는 것은 '나를 아프게 한다'거나 '네그르가 나를 고통스럽게 한다'는 의미가 아니다. '만약 그가 실제로 나의 입장이라면, 그럴 기회가 있다면 그가 나에게 하게 될 것처럼, 나는 나 자신을 아프게 한다'는 것이다.

성의 두 양상의 중심에 팔루스phallus가 있다. 그것은 단지 추상적 장소, 단순한 기표, 차이를 만들어내는 하나의 기호―자크 라캉이 말하는 분리·절단 가능한 상징계 속에서 다른 의미로 변화될 수 있는 대상―가 아니다. 확실히 팔루스는 페니스 그 자체로 환원되지 않는다. 그러나 그것은 서구 정신분석의 어떤 전통이 그토록 좋아하는 신체 없는 기관 역시 아니다. 오히려 식민지 상황―그러므로 인종주의적 상황―에서 그것은 삶에 대해 가장 순수한 방식으로 발기, 돌출, 그리고 침입으로서 나타나는 것을 상징한다. 팔루스에 그 물질성이나 그도 아니라면 최소한 그 살아있는 살을, 감각의 영역을 증언하는 능력, 모든 종류의 감각과 진동과 전율(색, 향기, 촉감, 무게, 냄새)을 느끼는 능력을 회복시켜주지 않고서는 발기, 돌출, 침입에 대해 말할 수 없다. 인종적 지배의 맥락에서, 따라서 사회적 소수화의 맥락에서, 네그르의 팔루스는 무엇보다 거대한 자기 긍정의 힘으로서 인식된다. 그것은 완전히 긍정하는 동시에 위반하는 힘, 어떠한 금기로도 억눌리지 않는 힘의 이름이다.

[네그르의 팔루스는] 그 자체로서, 우선 금지의 권력으로 정의되는 데

다 스스로를 하나의 팔루스를 가진 권력으로 표상하는 인종적 권력과 근본적으로 상반된다. 이때 이 팔루스는 그 권력의 상징이자 장식으로서, 동시에 바로 그 훈육 장치의 핵심적 기제로 작동한다. 이 권력은 팔루스이고 팔루스는 금지의 최종적 이름이다. 금지의 최종적 이름으로서, 다시 말해 모든 금지 너머의 것으로서, 그것은 자신에게 굴복하는 것들 위에 흔쾌히 올라탈 수 있다. 이런 이유로 그것은 운동과 에너지의 근원으로서 움직이고 싶어 한다. 마치 사건이 바로 팔루스에서, 팔루스에 의해서 일어나는 양, 사실 팔루스가 사건인 것인 양 움직일 수 있다.

결국 권력이란 남근phallos이 스스로 형상Figure이 되기 위해 발휘하는 노력이라는 믿음, 이러한 믿음이 모든 식민 지배의 기초에 있다. 실제로 이 믿음은 우리가 그것에 대해 전혀 들으려 하지 않는데도 여전히 암묵적인 것, 저변, 나아가 우리 근대성의 지평으로 기능하고 있다. 팔루스가 육체로부터 벗어나서 고유의 자율성을 부여받으려 하는 운동 속에서만 팔루스라는 믿음도 마찬가지다. 그리고 이와 같은 탈출 시도, 혹은 이와 같은 돌출이 경련들을 일으키는 것이다. 식민주의적이고 인종주의적 상황에서의 권력은 바로 이러한 경련적인 돌출들을 통해 자기의 정체성을 드러낸다.

권력과 그 진동을 인식하고 알아볼 수 있다고 믿게 만드는 경련들은 실은 이 권력의 빈약하고 납작한 형체만을 드러내 보일 뿐이다. 왜냐하면 팔루스는 아무리 부풀어도, 이러한 팽창은 언제나 수축, 소멸, 이완으로 이어지기 때문이다. 게다가 식민지와 인종주의의 상황에서 네그르를 울부짖게 하고 그의 가슴에서 끝없이 비명을 지르게 만드는 권력은 자신의 짐승— 개-정신, 돼지-정신, 천민-정신— 과 결합된 권력일 수밖에 없다. 그것은 육체적 재료, 즉 팔루스가 가장 선명하게 드러나는 동시에 가장 어두운 표면을 이루는 몸뚱이를 부여받은 권력이다. 파농이 암시하듯, 남근인 권력은 죽음의 두개골을 뒤집어쓴 채로만 그에게 복종하는 이들에게 나타날 수 있다. 바로 이 두개골이 그들에게 그러한 비명을 지르도록 만들고 네그르의 삶을 '네그르적 삶'— 단순한 동물적 삶— 으로 만드는 것이다.

역사적으로 노예제 시기와 노예해방 선언 직후 미국 남부의 흑인 남성에 대한 린치는 그들을 거세하려는 욕망에서 어느 정도 비롯된 것이다. 자신의 성적 잠재력에 대해 불안해하던 인종주의자인 '작은 백인petit Blanc'과 플랜테이션 농장주는 '검은 검glaive noir'이라 불린 흑인의 성기를 떠올릴 때, 그 가공할 크기뿐만 아니라 본질적으로 관통하고 공격하는 속성 또한 두려워했다. 작가 미셸 쿠르노Michel Cournot는 이와 같은 말을 더 음란한 어조로 표현한 바 있다. "흑인의 검은 검이다. 그 검 위이 네 아내를 지나갔을 때, 그녀는 어떤 '계시'의 영역에 속하는 무언가를 느꼈다." 그러나 그 검은 그 뒤로 깊은 구렁을 또한 남겼다. 그리고 이 구렁에서 "너의 장식구[아내]는 못쓰게 된다"고 그는 분명히 말했다. 그리고 흑인의 음경을 절대로 꺾이지 않는 종려나무나 빵나무에 비교하는 것이다.

그러니까 린치라는 외설적 행위를 통해 [백인들은] 흑인을 죽음 직전까지 끌고 감으로써 백인 여성의 가상적 순결을 지키려고 한다. 인종주의적 환상 속에서 그의 '숭고한 태양', 그의 '남근'으로 상징되는 그것의 소멸과 퇴색을 응시하게 만들고자 하는 것이다. 그의 남성성을 파열시키는 일은 그의 생식기를 폐허의 들판으로 변형시키는 과정을 거쳐야만 한다. 생명의 힘들과 분리되는 것이다. 파농이 분명히 말하고 있듯이 이러한 형상 속에 네그르는 존재하지 않기 때문이다. 정확히 말해 네그르는 무엇보다 하나의 음경일 뿐이다.

그런데 힘의 모든 속성을 모조리 미리 빼앗아두고도 그를 두려워한다는 것이 그에게 폭력을 가할 능력이 없다는 뜻은 아니다. 그에게 자행되는 폭력은 어떤 신화에 기대고 있는데, 그것은 언제나 지배자들의 폭력에 수반되는 신화다. 파농이 계속해서 상기시키듯, 이 지배자들은 그들 자신의 폭력, 그들이 가해자인 폭력과 특유의 방식으로 관계를 맺는데, 이는 보통 신화화라는 경로를 따른다. 다시 말해, 현실성을 벗어나고 역사로부터 유리된 담론을 구축하는 방식이다. 이때 신화의 기능은 피해자임이 분명한 사람들이 폭력에 대해 책임지도록 만드는 것이다. 이 신화의 토대에 '그들'과 '우리' 사이의 태생적인 분리만 있는 것은 아니다. 진정한 문제는 다음과 같다. '그들이 우리와 같지 않다는 것은 받아들일 수 없다. 그러나 그들이 우리와 같게 되는 것도 받아들일 수 없다.' 지배자에게 이 두 가지 선택지는 똑같이 틀렸을 뿐 아니라 참을 수 없는 것이다.

그렇게 결국 하나의 상황적 광기가 만들어지는데, 그것이 영속하려면 지속적인 폭력이 필요하다. 그러나 폭력은 끝없이 탈현실화된다는 점에서 신화적 기능을 가진다. 그 폭력은 지배자에 의해 인지되지 않으며, 지배자는 그것을 부정하거나 완곡하게 표현하기를 멈추지 않는다. 폭력은 존재하지만, 폭력을 유발하는 자들은 보이지 않고 익명인 채 남아 있다. 또한 그 존재가 확인되었을 때조차도 폭력의 주체가 없다. 지배자가 조금도 그에 대해 책임지지 않기 때문에 폭력은 피해자 스스로가 야기한 것일 수밖에 없다. 이렇게 해서, 예를 들자면 그들이 살해당한다면, 그들이 누구인가가 바로 그 살해의 이유가 된다. 살해당하지 않으려면, 그들이 아니어야 하는 수밖에 없다. 혹은 그들을 살해한다면, 이는 어쩌다 우연히 벌어진 일일 뿐이다. 부수적인 피해인 것이다. 살해당하지 않으려면 그곳에 있어서는 안 됐고, 그 시간에 거기에 있으면 안 되는 것이었다. 혹은 그들이 살해된다면, 그것은 그들이 우리처럼, 우리의 분신이 되겠다고 자청했기 때문이다. 분신을 죽임으로써 우리는 우리의 생존을 확보한다. 그러므로 그들은 우리와 같아서는 안 된다. 이처럼 영원히 갱신되는 '그들'과 '우리' 사이의 분할은 식민주의적이고 인종주의적 유형의 폭력이 분자적 층위에서 재현되는 조건 중 하나다. 그런데 오늘날 확인할 수 있는 것처럼, 인종주의적 폭력은 그것이 발생했을 때의 역사적 조건을 넘어서 살아남는 속성을 지닌다.

파농은 특히 인종적 폭력에 관심을 기울이며, 언뜻 보기에 가벼운 질문에서부터 출발한다. 흑인과 백인이 만날 때 어떤 일이 일어나는가? 파농에 의하면, 만남은 하나의 공유된 신화―네그르에 대한 신화―의 영향 아래에서 이루어진다. 파농은 유럽의 문화는 하나의 네그르 이미지를 가지고 있다면서, 흑인들 스스로 이 이미지를 내면화하고, 심지어 가장 사소한 삶의 상황 속에서도 이를 충실히 재현한다고 밝힌다. 그렇다면 이 이미지는 무엇으로 이루어져 있는가? 이 상상계의 경제*économie imaginaire*에서 네그르는 사람이 아니고 사물[대상]이다. 더 정확히 말하면, 그 자체로 공포심과 두려움을 불러일으키는 공포증의 대상이며, 바로 이러한 속성 때문에 두려움과 경악을 유발한다. 그리고 이 공포증의 대상은 무엇보다 우선 응시를 통해 발견한다.

급진적 탈식민화와 상상력의 축제

그러므로 이제 파농이 이름 붙인 급진적 탈식민화 décolonisation radicale 라는 창설적 순간에 멈추어보자. 그의 작업에서 이것은 거부의 힘과 비슷해서 습관화의 정념 passion[습성]과 정면으로 대립한다. 거부의 이러한 힘은 정치적인 것과 주체의 최초의 순간을 구성한다. 실제로 정치의 주체—혹은 그저 파농의 주체—는 "아니요"라고 말할 수 있는 능력이라는 이 최초의 몸짓을 통해서 세계 속에, 그리고 자기 자신에게로 태어난다. 그것은 복종하는 것, 우선 재현에 복종하는 것에 대한 거부다. 인종주의적 맥락 속에서 '재현하기'란 '형상을 훼손하는 것'과 다를 바 없기 때문이다. 재현의 의지는 본질적으로 파괴의 의지다. 무언가를 폭력적으로 무無에 이르도록 하는 것이다. 따라서 재현하기란 그림자놀이인 동시에 황폐화의 행위이기도 하고, 이 황폐화 뒤에도 여전히 존재하는 무언가가 있다면 그것은 기존의 질서에 속하는 것이다.

상징적 작용으로서 재현이 반드시 상호적 인식의 가능성을 위한 길을 열어주는 것은 아니다. 우선 재현하는 주체의 의식 속에서 재현되는 주체는 대상이나 노리개로 변해버릴 위험을 안고 있다. 자신이 재현되도록 허용함으로서, 그는 자기 자신과 세계를 위해 자신의 형상을 스스로 만들어낼 능력을 박탈당한다. 그가 끝없이 맞서 싸우게 될 이미지를 강제로 떠맡는 것이다. 그는 자신에게 덧씌워진 이미지에 사로잡힌 자이며, 그 이미지에서 벗어나려고 고군분투하는 자이다. 그는 그 이미지를 만든 자가 아니며, 그 이미지 속에서 자신을 전혀 알아볼 수 없다. 그리고 그는 설령 그것이 가능하다고 가정하더라도, "자신이 온전하게 그 자신인 것"이 되는 대신에, 그는 자기의식을 하나의 결핍으로 [인식하며_저자] 살아가도록 강요받는다.[52] 서구와 먼 세계가 마주해온 역사 속에는 타자를 재현하는 하나의 방식이 존재해왔는데, 이 방식은 타자의 모든 실체를 비워버리고 그를 생명 없는 존재로 남기며, "죽음과 맞붙는, 죽음 이전의 죽음, 삶 속의 죽음"으로 내버려둔다.[53]

이것이 바로 파농이 인종적 폭력에 대해 품은 생각의 기반이 되는 재현의 부정적 이론이다. 인종적 폭력은 단지 시선만으로 작동하지 않는다. 인종적 폭력은 예를 들어 공간의 분할, 이른바 분리, '더러운 일'의 인종적 구분(그 결과, 예를 들자면 '세네갈 저격병들'이 마다가스카르 혁명을 무자비하게 진압해야 했던),[54] 그리고 때로는 살해적 권능을 지닌 언어, 라디오, 나아가 의학과 같은 기술을 포함해 온갖 장치들에 의거했다. 그것은 일련의 생존자들을 만들어냈다. 결국 그들은 자신이 빠져들

---

52 *Ibid.*, p. 172.

53 Frantz Fanon, *Pour la révolution africaine, in Œuvres, op. cit.*, p. 700.

54 옮긴이주. 1947년 마다가스카르 말가시 봉기 진압 과정에서 프랑스 당국은 프랑스 본토군만이 아니라 세네갈, 모로코, 알제리 등 북아프리카·서아프리카의 튀라일뢰 부대와 같은 다른 식민지 출신 병력을 동원하였다.

었던 그림자와 몸싸움을 벌이는 남성들과 여성들이며, 그들은 그 그림자를 찢어내고 자기 자신의 명료함에 이르기 위해 분투한다.

파농이 광기 상황 속에 있는 (이런 관점에서 인종주의는 정신착란의 한 특수한 형태로 여겨진다) 삶의 그늘진 면모에 그토록 오래 주목하는 건, 언제나 긍정의 시간, 거의 태양의 시간, '다른 모든 타인과 똑같은 사람'의 도래를 알리는 상호적 인정의 시간을 그려내기 위해서이다. '다른 사람들과 같은' 사람은 하나의 몸을 가지고 있다. 발, 손, 폐와 심장이 있다. 그는 장기들의 덩어리가 아니다. 그는 숨을 쉰다. 그는 걷는다.

생명이 있고 움직이는 몸, 즉 숨 쉬고 걷는 몸만이 진정한 몸이라면, 마찬가지로 '이름'을 가지는 몸만이 또한 몸이라 할 수 있다. 이름은 [비하적] 별명과 다르다. 별명은 그가 누구인지 별 상관없이, 그를 모하메드Mohammed, 마마두Mamadou라고 부르는 것이다. 파농이 암시하듯 별명은 원래의 이름을 "역겹다"라는 생각에 따라 왜곡한 결과다.[55] 이름은 **얼굴**과 함께 작용한다. 대타자의 얼굴을 나의 얼굴과 같거나 적어도 그것과 가까운 것으로 요구하지 않고서는 상호적 인정은 존재할 수 없다. 대타자의 얼굴을 내가 **선험적**으로 수호해야 할 얼굴로 요청하는 이 행위는, 예를 들어 **용모**를 추적해서 그의 얼굴을 소거하려는 행위와 철저히 대립한다.

결국 대타자는 우리들 사이에 **자리**를 갖는 한에서만 대타자이며, 우리들 사이에서 자리를 발견하는 한에서만, 우리가 그에게 우리 사

---

55 *Ibid.*, p. 702.

이에 자리를 마련해주는 한에서만 대타자이다.[56] 내 앞에 있는 남자 혹은 여자의 얼굴에서 나와 같은 인간성을 인식하는 것이 바로 '이 땅―모두의 집으로서 이 땅―위에 있는' 인간이 단순한 장기 덩어리 이상이 되고 모하메드 이상이 되기 위한 조건이다. 그리고 이 땅이 모두의 집이라면, 이제 누구에게도 자기 집으로 돌아가라고 더는 요구할 수 없다.

파농의 환자를 거부의 능력으로만 알아볼 수 있는 것은 아니다. 그는 또한 투쟁하려는 성향으로도 구별된다. 투쟁을 말하기 위해, 파농은 일련의 용어들을 사용한다. 해방, 탈식민화, 절대적 무질서, 세계 질서의 변화, 솟아남, 거대한 밤으로부터의 탈출, 세상에의 도래. 투쟁은 자발적인 것이 아니다. 조직적이며 의식적이다. 파농이 말하길 투쟁은 "급진적인 결단"의 산물이다.[57] 투쟁은 고유한 리듬을 지닌다.

새로운 인간들의 과업, 그 특권적 행위자는 민중이며, 이들이야말로 집합적 주체라 할 수 있는 존재다. 투쟁은 새로운 언어의 기원이며, 새로운 인간성의 출현을 지향한다. 투쟁은 모든 것을 동원한다. 근육, 맨주먹, 지성, 넘쳐나는 고통, 피. 새로운 몸짓은 새로운 호흡의 리듬을 불러일으킨다. 파농의 투사는 새롭게 숨 쉬는 인간, 근육이 긴장을 풀고 상상력이 축제처럼 유쾌한 인간이다.

---

56 *Ibid.*, p. 701.

57 Frantz Fanon, *Les Damnés…*, *op. cit.*, p. 459[프란츠 파농, 《대지의 저주받은 사람들》, 남경태 옮김, 그린비, 2010].

투쟁의 산물인 상상력의 축제, 그것이 파농이 문화라고 이름을 부여한 것이다. 그것은 피카레스크 인물상들의 변형,[58] 영웅적 서사들의 재출현, 그리고 사물과 형태에 대한 엄청난 작업으로 박동한다. 그것은 목재, 무엇보다 낙담에서 생기까지 스쳐가는 특히 얼굴을 묘사한 가면들에서 찾아볼 수 있다. 그것은 도자기들(항아리, 단지, 도장壔甕, 쟁반)에서도 찾아볼 수 있다. 춤과 선율이 있는 노래를 통해 피식민자는 자신의 지각을 재구성한다. 세계는 저주받은 성격을 잃고, 피할 수 없는 대결을 위해 조건이 결집된다. 따라서 투쟁에는 반드시 노쇠한 문화적 퇴적물을 깨부수지 않을 수 없다. 이런 형태의 투쟁은 조직화된 집합적 작업이다. 그것은 분명 역사의 전복을 지향한다. 파농의 환자는 다시 미래의 기원이 되려고 노력한다.

---

[58] 옮긴이주. 피카레스크(picaresque)는 16세기 스페인에서 유래한 소설 장르로, 사회의 하층민이나 부랑자, 사기꾼 같은 주변부 인물들이 주인공이 되어, 그들의 모험과 생존술을 해학적·풍자적으로 그리는 서사를 가리킨다. 이는 스페인 문학에서 피카레스 소설의 효시가 된 《라사리요 데 토르메스Lazarillo de Tormes》와 같은 반(反)영웅 서사에서 비롯되었으며, 제도와 권위에 대한 비판, 사회의 모순 폭로라는 기능을 지녔다. 파농이 말하는 '피카레스크 인물상들의 변형'은 식민지 상황에서 탄생한 억압받는 이들의 해학적·교활한 생존술과 비판 정신이, 탈식민 투쟁의 과정에서 비극적·영웅적, 혹은 집단적 해방 주체의 형상으로 변모하는 과정을 의미한다. 즉, 기존의 사회적 주변인 이미지가 단순 풍자가 아니라 역사적·정치적 실천의 상징적 주체로 재구성되는 것이다.

돌봄의 관계

증오의 사회가 만들어낸 여러 환자들 가운데, 파농은 특히 다음과 같은 이들을 돌보았다. 성불능에 성기능 장애에 시달리는 사람들, 강간당한 여성들, 고문 피해자들, 불안, 망연자실, 우울증에 시달리는 사람들, 부모를 잃은 사람들, (아이들을 포함해서) 살인이나 고문을 행한 적이 있는 많은 사람들, 온갖 종류의 공포증을 겪는 사람들, 군인들과 민간인들, 프랑스인들과 알제리인들, 온갖 종류의 산후정신병 psychoses puerpérales에 걸린 난민들, 절망의 끝에서 더 이상 아무것도 할 수 없어서 자살을 기도했던 사람들, 심각하게 붕괴되어 목소리를 잃고 소리를 지르기 시작했으며, 파농이 증언하기에 그 격한 동요가 때로는 광란과 망상(특히 피해망상)으로 보이기도 했던 사람들이다.

이게 전부가 아니었다. 그는 나이와 직업을 불문하고 남녀 모두를 돌봤다. 심각한 정신장애와 행동장애를 보이는 환자, 피해망상에 시달리는 환자, 아무 데서나 아무 때나 거친 비명과 절규를 내지르는 환자, 밤낮없이 간헐적으로 정신운동성 초조감에 시달리는 환자, 때로는 공격적이면서도 자신의 병을 전혀 자각하지 못하는 환자, 신체적으로 왕성하나 치료에 저항하고 반발하는 환자, 인종주의적 광인들, 아프리카에서 돌아온 사람들—그중 선교사들도 있었는데, 이들은 아이들을 포함한 선주민들에게 폭력적이고 경멸적인 태도로 악명을 떨친 이들이었다. 또한 건강염려증 환자, 그리고 자아와 세계와의 관계가 심각하게 변형되어 더 이상 '인간 사회의 자리'를 찾을 수 없는 이들도 있었다.[60]

그러나 무엇보다도 거의 지속적인 우울 상태에 빠져 있고, 흥분하며, 과민하고, 분노와 때로는 격분에 사로잡히고, 눈물, 비명, 탄식에 휩싸이고, 죽음이 임박했다는 느낌에 직면하고, (보이는 그리고 보이지 않는) 고문자들과 맞닥뜨려 그들에게 끊임없이 자비를 구했던 사람들이 문제였다. 응답 없는 자비에 대한 호소, 무고한 자들을 살려달라는 호소로 직조된 이 적대와 불행, 전쟁의 세계—이것이 파농이 주의를 기울였던 세계, 무엇보다도 귀 기울였던 세계다. 이 세계는 파농이 인내심을 가지고 그 이야기를 재구성하기 위해 애썼던 세계이며, 비참함을 과장하지 않으면서 그가 목소리와 얼굴을 돌려주고자 했던 세계다.

파농이 말하길, 환자는 "무엇보다 고통받는 자, 진정되기를 요청하는 자"이다.[60] "고통은 연민과 다정함을 불러일으키기" 때문에 무엇보다 "치유의 기관, 치료의 기관"인 의료기관은 "병영兵營"으로 변환되어서는 안 된다.[61] 자유의 상실, 시간 감각의 상실, 자기 자신을 돌보고 배려하는 능력의 상실, 관계의 상실과 세계의 상실이 병든 사람, 정신이상자의 진정한 비극을 구성한다. "건강한 인간은 사회적 인간"이기 때문에 그렇다.[62] 질병은 다른 사회적 존재들로부터 "그를 떼어내고", "그들에게서 고립시킨다." 병은 "그를 전적으로 무력하게, 홀로, 엄밀히 그의 것인 아픔과 함께 내버려두며", 세계로부터 분

---

59 Frantz Fanon, *Écrits sur l'aliénation et la liberté*, La Découverte, Paris, 2015, p. 187.
60 *Ibid.*, p. 290.
61 *Ibid.*, p. 291.
62 *Ibid.*, p. 181.

리시킨다.⁶³ 병자의 생물물리적 통합성, 정신적 통합성, 심리적 통합성이 전적으로나 부분적으로 붕괴되면, 환자가 세계 밖으로 내쳐지고 병영에 수용되는 것[감금되는 것]을 막아주는 관계의 시스템을 위협한다. 타인, 더 정확히는 "나의 이웃"이나 "나의 동류"가 더 이상 나 자신에게 나를 밝혀내주지 않는 곳, 내가 더 이상 "타인의 얼굴을 마주할 수" 없게 되고, "다른 사람들, 나의 동류들과 함께 있을" 수 없게 되는 곳, 거기에 병이 있다.⁶⁴

질병은 내가 나의 이웃, 나의 동류, 다른 사람들과 만나는 것을 거의 허용하지 않기 때문에, 모든 진정한 치유guérison 행위는 관계의 복원, 우리에게 공동적인 어떤 것의 복원을 상정한다. 공동적 것을 복원하는 일은 말을 교환하고 침묵을 깨뜨리는 것에서 시작된다. "침묵과 정적을 깨뜨리는 것이 언어이다. 그러면 우리는 의사소통하거나 교감할 수 있다. 기독교적 의미의 이웃은 항상 공모자이다. (…) 교감하기, 그것은 어떤 것 앞에서 교감하는 것이다. (…) 바로 이 공동적인 것으로부터 창조적 의지가 솟아날 수 있는 것이다."⁶⁵

환자에게 그의 동류들과 소통하고, 함께 교감하고, 공모 관계로 엮이는 것은 세계와의 접촉을 유지하고 세계에 참여하는 방법이 되는 만큼, 기억하고 미래로 자신을 투사하는 것 역시 삶으로 되돌아오는 데 꼭 필요하며, 따라서 모든 치료 과정에서 결정적이다. 흘러가

---

63 *Ibid.*, p. 322.
64 *Ibid.*, p. 181.
65 *Ibid.*, p. 234–235.

는 시간과의 이러한 관계—잊지 않아야 하는 날짜, 계획을 세울 수 있게 해주는 달력, 어제, 내일, 비슷하지 않은 지나가는 날들, 이드 알 아드하를 기념하기,[66] 울려 퍼지는 삼종기도Angelus의 소리, 들려오는 부활절 종소리—가 모든 치유 행위의 핵심이다. 어떤 병자들은 일단 입원하면 "외부 세계와 자신 사이에 아주 어두운 장막을 세우고 그 뒤에서 꼼짝하지 않기" 때문이다.[67]

그들은 무기력증에 사로잡혀 자포자기한다. 병원의 "무겁고 숨 막히는 분위기" 속에서 정신병원asilaire에서의 삶은 환자들 사이의 끝없는 말다툼으로 이루어져, 간호사들이 "자신이 공격받을 위험을 무릅쓰고" 끊임없이 그들을 떼어내야만 한다.[68] 공간의 협소함과 "음식물을 테이블이나 바닥으로 집어던지고 철제 접시를 비틀고 식기를 부수는" 환자의 성격은 "청소하는 데 드는 돌봄이 직원 업무에서 상당 부분을 차지하게 되는" 정도다.[69] 두려움이 자리를 잡는다. 간호사는 환자를 무서워한다. 이발사는 이발을 할 때 환자들을 묶어놓길 요구한다. "환자를 두려워해서든, 혹은 환자를 벌하기 위해서든", 예방 차원에서 환자를 그저 "결박"하지 않을 때도, 그는 "때로는 속옷도, 매

---

66 옮긴이주. 이드 알 아드하(Aïd-el-Kébir, 희생제)는 이슬람력 12월 10일에 지내는 이슬람 최대의 종교 축제 중 하나로, '큰 명절(grande fête)'이라는 뜻을 가진 프랑스어 표기 'Aïd-el-Kébir'가 북아프리카 식민지 시기 문헌에 널리 쓰였다. 이 축제는 전 세계 무슬림 공동체가 양·염소·소 등을 도축하고 이를 가족·친지·이웃·가난한 자와 나누는 의례로 이루어진다.

67 *Ibid.*, p. 267.
68 *Ibid.*, p. 304.
69 *Ibid.*, p. 301.

트리스도, 시트도 없이 독방에" 남겨진다.[70]

쪼그리고 있든, 곧게 누워 있든, 드러누워 있든, 앉아 있든, 환자가 단지 자신을 내버려두는 데 그치는 게 아니다. 그의 시간적 기준점들이 심각하게 손상된다. 예전에 그의 세계를 만들었던 것이 돌연 그 자신 위로 무너져 내린다. 시간이 평평해지는 데에 언어의 퇴화가 더해진다. 표현 기능과 의미 기능 사이의 분기점이 뚜렷해진다. 지시 기능이 무력화되고 기표가 허물어진다. 언어 행위를 통해 현실 세계에 합류하고 타인과의 만남을 행하는 능력이 약화된다. 이제 말하는 행위는 반드시 의식적인 행동을 드러내는 표시가 아니다. 의식으로부터 떨어져 나오면서 언어는 이제 질병이 물화된 상태에 지나지 않게 된다. 환자는 반쯤 누워서, 눈을 감고서, 환자는 접근할 수 없는 영역과 망각—넓은 세계에 대한 망각—의 영역으로 들어간다.

이런 상황에서 돌봄의 관계는 분명 퇴행의 가차없는 흐름을 가로막는 데 있다. 그러나 무엇보다 돌봄의 관계는 병든 사람이 그의 존재 속에서, 그리고 세계와의 관계 속에서 회복되기를 지향한다. 질병, 그리고 어떤 때는 죽음이 미래와 전체 삶을 장악하지 않기 위해서는 돌봄의 관계가 병든 사람을 알아보고, 세계를 새롭게 되찾기 위한 환자의 노력에 함께 해주어야 한다. 그가 때 이르게 죽는 것을, 마치 이미 죽은 사람처럼 생각하고 행동하는 것을, 일상적 삶의 시간이 더 이상 중요하지 않다는 것처럼 사는 것을 막아야 한다. 돌봄의 관계는 그가 삶에 대한 흥미를 키워가도록 부추겨야 한다. 그렇기 때

---

70 *Ibid.*, p. 304.

문에 파농이 보기에 "병든 사람이 내뱉는 모든 말과 모든 몸짓, 모든 표정을 그가 앓고 있는 질병으로 되돌리는 끊임없는 관심"이 필요하다.[71]

파농의 환자 중 하나인 경찰관은 자신의 직무—고문—를 수행한다. 그게 그의 일이다. 그래서 그는 태연하게 고문한다. 고문은 사실 피곤한 일이다. 그러나 결국엔 정상적이고, 논리적이며 합리적인 일이다. 그러던 어느날 그가 집에서도 직장에서 하던 것처럼 굴기 시작한다. 예전에는 항상 그러지 않았지만, 이제는 그렇다. 진료소에서 그는 그가 고문했던 사람 중 하나를 마주친다. 이 만남은 서로 견디기 힘든 것이다. 무엇보다 자기 자신에게 자신이 미치지 않았다는 것을 어떻게 납득시킬 수 있을까? 그 자신을 포함해서 사람들에게 그가 미치지 않았다는 것을 이해시키려면 어떻게 해야 할까? 그가 행해야 했던 폭력이 이제는 그를 미친 사람 속에 감금한다. 어쩌면 거기서 벗어나기 위해 제 몸에다 불을 질러야 할까?

파농이 언급하는 또 다른 환자는 분노와 격분에 사로잡혀 있다. 하지만 그는 분신의 충동에 시달리지는 않는다. 그는 끔찍한 고문으로 인해 고환이 거의 으스러졌다. 그는 성불능이 되었고 남성성이 훼손되었다. 그는 자신이 견뎌야만 했던 폭력 때문에 자기 안에 자리 잡게 된 폭력을 어떻게 해야 할지 모른다. 그의 아내는 아마도 강간당했을 것이다. 그러므로 여기에는 폭력의 두 심급이 있다. 하나는 외부에서 주어졌지만, 그것이 주체 내부에 자리 잡고 그에게 격분과 분

---

71 *Ibid.*, p. 236.

노, 경우에 따라 절망을 불러일으키는 또 다른 폭력을 만들어낸다.

이렇게 겪게 된 격분과 분노가 고통의 본래적 형태를 이룬다. 그러나 고통은 아주 멀리까지 확장된다. 고통은 기억의 틀 자체를 공격한다. 기억하는 힘이 침식된다. 기억은 이제 파편과 찌꺼기로만, 그리고 병리적 방식으로만 작동한다. 억압된 욕망의 무더기는 더 이상 대낮의 세계에 나타나지 않고, 오직 변장의 형태로만 나타난다— 전부 또는 대부분 알아볼 수 없게 변해버린 것이다. 일련의 트라우마적 사건들의 사슬이 주체를 얽매고, 혐오, 원한, 분노, 적대감, 무력한 격분을 그 안에 불러일으킨다. 파농이 제안하길, 거기에서 벗어나기 위해서는 패배한 자의 흔적을 되짚어 스스로의 계보를 다시 세워야 한다. 신화에서 벗어나 역사를 써야 한다. 신경증적 방식으로가 아니라 '내가 나 자신의 토대'라는 원칙에 근거해서 살아야 하는 것이다.

경악스러운 분신

이 경찰관은 더 이상 비명을 듣고 싶지 않다. 비명으로 그는 잠들지 못한다. 이 밤의 소음에서 벗어나기 위해, 그는 매일 밤 자기 전에 매번 덧문을 닫고, 한여름 더위에도 창문을 막아야 하고, 솜으로 귀를 틀어막아야 한다.

이 경찰관은 담배를 끊지 못한다. 그는 식욕을 잃었고, 끝없는 악몽에 시달려 잠에 들지 못한다. "누군가가 나에게 맞서면 언제나 때리고 싶은 기분이 듭니다. 근무 중이 아닐 때도 내 앞을 가로막는 사람을 두들겨 패고 싶어져요. 별일도 아닌 거예요. 예를 들어 신문을 사러 갈 때를 생각해보세요. 줄을 서서 기다려야 합니다. 그런데 제가 신문을 사려고 팔을 뻗었는데 (가판대를 운영하는 사람은 제 오랜 친구입니다), 줄에 서 있던 사람이 좀 도발적인 표정으로 '차례를 기다려요'라고 말하더군요. 그러자 그를 때리고 싶은 생각이 들었어요. 속으로 이렇게 중얼거렸죠. '내가 몇 시간만 너를 붙잡아두면, 다시는 거들먹거리지 못할 걸.'"[72] 사실 그는 때리고 싶은 충동에 시달리고 괴로워한다. 모든 것, 모든 사람, 집을 포함한 모든 곳에서도 마찬가지였다. 이 충동에는 그 누구도 예외가 없었다. 그의 자녀들, "심지어 20개월 된 아기"조차 예외가 아니었다. "유례없이 잔혹한 방식으로" 그가 대했던 그 아내는 더더욱 예외가 아니었다. 그 아내는 그를 불러 세워 그를 좀먹는 병의 이름을 부르며 지적했다. "맙소사, 당신은 미쳤어"[73]라고 아내가 말하자 그는 "아내에게 화를 내며 아내를 때리고 의자에 묶어놓고 소리쳤어요. '누가 이 집의 주인인지 이번 한번으로 가르쳐주지.'"

스물한 살의 한 프랑스 여성은 아버지의 장례식에 역겨움을 느꼈다. 그녀는 관계자들이 그녀 자신의 경험과 전혀 닮지 않은 아버지의 초상화를 그리는 것을 듣는다. 애도받는 고인에게 갑자기 자기희생, 헌신, 조국에 대한 사랑과도 같은 도덕적 자질이 부여된다. 그녀는 그것에 구역질이 났다. 사실 그녀는 아버지의 집에 갈 때마다, 아

---

72 *Ibid.*, p. 639.
73 *Ibid.*

래층에서 끊임없이 들려오는 비명소리에 밤잠을 지새우며 끊임없이 괴로워했다. "지하실과 버려진 방에서 알제리인들을 고문하여 정보를 빼내고 있었다."[74] 그녀는 이렇게 말했다. "나는 어떻게 인간이 (…) 누군가가 고통스럽게 비명을 지르는 소리를 들으면서 견딜 수 있는 궁금합니다."

파농은 1956년에 [알제리] 주재 장관에게 보낸 사직서에서 "거의 3년 동안 나는 이 나라와 이 나라에 사는 사람들에게 전적으로 헌신했다"고 썼다. 그러나 그는 이렇게 즉시 언급한다. "마음의 빈곤, 정신적 불모, 이 나라의 선주민에 대한 적대감으로 인해 그것이 실현될 수 없다면 의도가 무슨 가치가 있겠는가."[75] 마음의 빈곤, 정신의 불임, 선주민에 대한 적대감이라는 이 세 가지 용어는 그가 보기에 언제나 식민지 체제를 특징짓는 것이 무엇인지 압축적으로 설명한다. 몇 번이고, 항상 직접 관찰한 사실을 바탕으로 그는 이 식민지 체제를 상세하고 다면적으로 설명했다. 그리고 그가 이 체제를 더 직접적으로 경험할수록 그것은 그에게 정착민이든 식민지 주민이든 누구의 몸도 가리지 않는 나병, 즉 "온몸에 퍼져 있는 이 모든 나병"[76]으로 보였다.

파농의 〈프랑스인에게 보내는 편지Lettre à un Français〉는 그의 〈주재 장관에게 보내는 편지Lettre au Ministre Résident〉와 함께 읽어야 한다.[77]

---

74 Ibid., p. 646.
75 Frantz Fanon, Pour la révolution…, op. cit., p. 734.
76 Ibid., p. 730.
77 In ibid., pp. 729-732 및 pp. 733-735. 이하의 모든 인용은 이 두 텍스트에서 나온 것이다.

이 글들이 같은 시기에 쓰였든 아니든, 한 편이 다른 한 편을 설명한다. 한 편지가 다른 편지를 정당화한다. 나병의 한 형태로서 식민화는 신체를 공격하고 변형시킨다. 하지만 그것의 주된 표적은 뇌이며, 부차적으로는 신경계이다. 그것의 목표는 '탈대뇌화décérébraliser'이다.

물론 탈대뇌화는 뇌를 절단하는 것까지는 아니지만, 최소한 뇌를 불모화하는 것이다. 탈대뇌화 행위는 또한 피험자를 "자신의 환경에 대해 낯선 존재"로 만드는 것을 목표로 한다. "현실과의 체계적인 균열rupture"을 만드는 이 과정은 많은 경우 광기로 이어진다. 종종 이 광기는 거짓말이라는 방식으로 표현된다. 식민지적 거짓말의 기능 중 하나는 침묵을 부추기고, "달리 할 수 있는 일이 없다"—아마도 떠나는 것 외에는—라는 핑계로 공모 행위를 유도하는 것이다.

그렇다면 왜 떠나야 하는가? 정착민들은 언제 떠나는 것이 더 나을지 모른다는 생각을 품기 시작하는가? 그것은 일이 잘 풀리지 않는다는 것을 깨닫는 순간이다. "분위기가 나빠지고 있다," "나라가 들끓고" 길이 "더 이상 안전하지 않다". "밀밭은 화염으로 뒤덮였다." 아랍인들은 "사나워진다". 그들은 곧 우리 여자를 강간할 것이다. 우리 자신의 고환이 "잘려" 우리 이빨 사이에 "박힐 것"이다. 그러나 상황이 정말로 심각해지는 건, 식민지의 나병이 도처에 퍼져나가고, 그와 함께 "거대한 상처"가 "침묵의 수의"에 묻히기 때문이다. 그것은 모두의 침묵, 겉으로는 무지한 듯 가장하는 침묵이며, 결국 거짓에 근거하여 자신의 무고함을 외치는 침묵이다.

어떻게 아무도 이 나라와 그 나라에 살고 있는 사람들을 보지 못할 수 있는가? 왜 아무도 그들 주변에서 매일같이 무슨 일이 일어나는

지 전혀 이해하고 싶어하지 않는가? 인류에 대한 우려를 "울부짖으면서", "아랍인에 대해서만은" 매일같이 부정하고 그를 "사하라 장식품"으로 변모시키는 것에 대해서는 그렇게 하지 않는가? 어떻게 "아랍인과 악수"를 하고, "함께 커피를 마시고", "아랍인과 날씨에 대해 이야기"한 적이 없단" 말인가? 결국 "아랍인에게 가해진 처우를 제외하고는 모든 것에 분노하지 않고, 분개하지 않으며, 경악하지도 않는" 유럽인은 단 한 명도 없기 때문이다.

그렇기에 파농에게는 무관심할 권리, 무지할 권리는 존재하지 않는다. 그뿐 아니라 허리가 굽고 "멈춰버린 삶"을 사는 사람, 얼굴에 절망의 흔적이 새겨진 사람, 위장에 체념이 읽히는 사람, 혈액에 "평생을 짓누른 굴종 속의 탈진"이 진단되는 사람의 처지에 분노하고, 격분하고, 경악하는 것이 순수한 기술적 측면을 넘어, 식민지 상황에서의 의사가 맡아야 할 임무였다. 의료 행위의 목적은 그가 말하는 삶이 가능한 세계를 실현하는 것이다. 의사는 '무슨 일이 일어나고 있는가?' '무슨 일이 일어났는가?'라는 질문에 대답할 수 있어야 했다.

응답할 수 있어야 한다는 이 요구는 스스로 눈을 가리지 않는 의무(자기기만을 거부), 무시하지 않을 의무, 침묵하지 않을 의무, 현실을 은폐하지 않을 의무를 수반한다. 그것은 이미 쥐어짜인 사람들, 꿈이 없는 사람들과 함께 그들의 세계와 섞여, 우리가 동시에 행위자이자 목격자였던 사실을 분명히 또렷한 목소리로 이야기하는 것을 요구했다. 파농은 자기 입장을 밝히며 이렇게 말했다. "나는 원한다. 내 목소리가 거칠기를, 그 목소리가 아름답지 않기를. 나는 내 목소리가 순수하지 않기를 원한다. 나는 내 목소리가 모든 차원을 갖추지 않기를 원한다"고 말했다. 반대로 그는 목소리가 "철저하게 찢겨지기를" 원했다. "나는 이러한 내 목소리를 즐기기를 원한다. 나는 결국 인간과 인간의 거부, 인간의 일상적 부패, 인간의 끔찍한 포기를 말하고 있기 때문이다."

식민지 상황에서 의료 제도의 비극적이고, 가슴 아프고, 역설적인 성격을 '철저하게 찢겨진' 목소리만이 전달해낼 수 있었기 때문이다. 만약 의료 행위의 목적이 정말로 질병과 싸워 고통을 잠재우는 것이라면, 식민지 피지배자가 "거의 유기적인 혼돈의 안개 속에서 의사, 기술자, 교사, 경찰관, 시골 치안관"을 어떻게 [동일한 범주로] 인식하게 되는 것인가?[78] "그러나 전쟁은 계속된다. 그리고 우리는 식민주의적 쇄도가 우리 민족에게 가한 무수하고 때로는 지울 수 없는 상처들을 수년 간 싸매야 할 것이다."[79]

두 문장은 모두 식민화와 상처의 사실 사이에, 인과관계를 즉시 설정한다. 이는 또한 식민지의 피해자들을 완전히 치유하는 것이 얼마나 어려운지를 암시한다. 이 어려움은 치료에 거의 끝없는 시간이 걸린다는 점에만 관련된 것은 아니다. 실제로 어떤 상처, 베인 상처, 병변은 그 깊이 때문에 결코 치유되지 않을 것이며, 그 흉터는 결코 사라지지 않을 것이고, 그 피해자들은 그 흔적을 영원히 지니고 살아가

---

[78] Frantz Fanon, *L'An V de la révolution algérienne*, in *Œuvres, op. cit.*, p. 355[프란츠 파농, 《알제리 혁명 5년》, 홍지화 옮김, 인간사랑, 2008(절판)].

[79] Frantz Fanon, *Les Damnés…*, *op. cit.*, p. 625[프란츠 파농, 《대지의 저주받은 사람들》, 남경태 옮김, 그린비, 2010].

야 한다. 여기서 식민 전쟁은 점령 권력의 행위자 측과 선주민 측 모두에게 발생하는 정신장애의 관점에서 다루어진다.

예를 들어, 스물여섯 살의 한 젊은 알제리 청년도 마찬가지이다. 겉보기에 그는 지속적인 편두통과 불면증을 앓고 있지만, 근본적 문제는 발기부전이다. 봉쇄 작전에서 간신히 탈출한 후, 그는 처음에 전단지와 정치 지도자들을 실어 나르다 점차 알제리 해방 전쟁에 가담한 알제리 특공대원들을 실어 나르던 택시를 버렸다. 택시에는 기관단총 탄창 두 개가 들어 있었다. 그는 서둘러 산악 게릴라 부대 maquis에 합류했는데, 그때까지 아내와 20개월 된 딸에 대한 소식을 받지 못하다가 어느 날 아내에게서 자신을 잊으라는 메시지를 받게 됐다.

잊어달라는 요청은 그녀가 두 차례의 강간 피해를 당했기 때문으로 설명할 수 있다. 처음에는 프랑스 군인에 의해 단독으로, 두 번째는 몇 명의 다른 사람들—이를 목격자들이라고 해야 할까?— 앞에서 또 다른 군인에 의해. 이 이중의 불명예는 즉시 수치심과 죄책감의 문제를 제기한다. 첫 번째 강간 장면은 여성과 그 가해자만이 대면하는 일대일의 사적인 상황에서 벌어진 반면, 두 번째 장면은 공개적 자리에서 벌어진 일이다. 이 수치스러운 장면은 한 명의 군인이 수행하고 있지만, 다른 여러 명의 유사 포르노그래피적 시선 아래서 벌어진다. 그들은 위임받은 주이상스의 방식으로 이 장면을 경험한다. 이 장면 위를 떠도는, 물리적으로 부재하지만 유령과도 같은 형상이 하나 있는데, 그 존재가 강간하는 군인을 더욱 격화시킨다. 이 형상은 바로 남편이다. 프랑스 군인은 아내를 강간함으로써 그의 팔루스를 겨냥하여 상징적으로 거세하려고 한다.

이러한 남자 대 남자의 갈등에서 여자는 무엇보다 대리물substitute로, 부차적으로는 장교의 가학적인 욕망을 충족시키는 대상으로 쓰인다. 이 장교에게는 주이상스의 문제가 아닐 것이다. 그것은 한편으로 여성에게 (그리고 그녀를 통해 남편에게) 깊은 모욕감을 주고, 그녀와 남편 각자의 자존심과 존엄성, 그리고 그들이 자신과 서로의 관계에 대한 생각에 돌이킬 수 없는 손상을 입히는 것이다. 다른 한편으로는 강간 행위를 통해 적대의 관계 같은 것을 설정하는 것이다. 적대는 인정의 관계를 가로막는다. 그것은 무엇보다도 저주의 관계이다. 한 팔루스가 또 다른 팔루스를 적대적으로 저주한다. "그 개자식 남편을 다시 만나면 우리가 너에게 한 일을 그에게 잊지 말고 말해."[80] 게다가 불행한 아내는 그 명령을 따른다.

여자는 남편에게 자신을 잊어달라고 부탁함으로써 자신이 느꼈을 역겨움과 굴욕감을 가리켰다. 그녀의 내밀하고 비밀스러운 자아는 타인의 시선, 낯선 이들의 시선, 점령자의 시선에 노출되었다. 그녀의 욕망, 그녀의 정숙함, 그녀의 숨겨진 성적 쾌락, 그리고 그녀의 육체적 형태도 훼손까지는 아니었을지라도 적어도 노출되었고, 그녀의 의지에 반하여 소유되고, 구겨지고, 저속해졌다. 그녀는 다시는 그것들을 온전한 모습으로 보여줄 수 없을 것이다.

그리고 모든 사건이 목격자들 앞에서, 혹은 어떤 경우에는 관음증자들 앞에서 일어났기 때문에, 그녀는 더 이상 혼자서 아무것도 숨길

---

80   *Ibid*., p. 630.

수 없다. 그녀가 할 수 있는 것은 자백뿐이다. 그리고 그녀는 이 모욕을 지울 수 없기 때문에, 그녀에게 남은 것은 단 하나의 선택지뿐이다. 남편에게 자신을 잊어달라고 요청하는 것이다. 이는 순전히 단절의 효과를 위한 것이다. 여기에서 여자는 자신의 주이상스를 위해서가 아니라 남자를 위해 만들어진 존재이기 때문에 남자의 명예에 대한 모욕은 필연적으로 하나의 오점이며, 그 오점은 필연적으로 하나의 희생으로 귀결된다. 그 희생이란 바로 그 남자를 잃는 것이다.

그 남자에 대해 말하자면, 그는 발기부전에 시달린다. 남편으로서의 품위가 훼손되었다. 그것은 아내에 대한 배타적 주이상스라는 원칙에 근거하지 않았던가? 그의 남근적 힘은 이러한 배타성에서 양분을 얻는 것이 아니었던가? 아내가 자신도 모르게 '프랑스 남자의 맛을 본' 이상 그 배타성의 고리가 끊어졌다. 현재 그녀는 씻을 수도, 닦아낼 수도, 제거할 수도 없는 얼룩으로 살아온 육체를 짊어진 채 살아간다. 그는 그 일로 깊은 충격에 휩싸인 채다. 이 트라우마가 이제 그를 사로잡고 있다. "그는 성관계를 가지려고 할 때마다, 아내를 생각했다." 그의 아내는 그가 원래 사랑했던 사촌이 아닌, 달리 결혼하지 않을 수 없었던 여자였고, 그 사촌은 가족 간의 결혼 주선으로 다른 남자와 결혼했다. 그의 아내는 그의 부모가 원했기 때문에 결국 결혼하게 된 여자다. 그의 아내는 착했지만, 그는 그녀를 진정으로 사랑하지 않았다.

그녀가 강간당했다는 사실이 그를 화나게 한다. 그의 분노는 "그 개자식들"[81]을 향한다. 하지만 누가 알겠는가. 그것은 또한 그의 아내를 향한 것일 수도 있다. 조금씩 분노는 안도감으로 바뀐다. "아, 심각한 것은 아니야. 그녀는 죽지 않았어. 그녀는 삶을 다시 시작할 수 있어."[82] 불명예스럽게 사는 것이 죽는 것보다 낫다. 상황이 복잡해진다. 그는 **궁극적으로** 자신의 아내의 강간에 대한 책임이 없는가? 그는 두아르[83]에서 때때로 무료함의 결과로 벌어지는 가학적인 강간을 목격하지 않았는가? 그리고 만약 그의 아내가 "남편을 팔고" 싶지 않았기 때문에 강간을 당했다면? 그리고 만약 강간이 "네트워크를 보호"하려는 그의 아내의 의지의 결과라면? "그녀는 그들이 나를 찾고 있었기 때문에 강간을 당했다. 사실, 침묵을 지킨다는 것을 처벌하기 위해 그들은 아내를 강간했다."[84]

그러므로 그는 아내의 강간에 책임이 있다. 그녀는 그 때문에 불명예를 당했다. 불명예스러운 것은 '썩었다'는 것이다. 그리고 썩은 것에서 나오는 것은 그 자체가 썩은 것일 수밖에 없다. 여기에는 그가 성행위를 할 때마다 사진을 찢어버리고 싶은 그의 20개월 된 딸도 포함된다. 독립 후 아내를 되찾는다는 것은 평생을 썩은 것과 함께 사는 것을 의미한다. '그걸 어떻게 잊을 수가 있어?' 사실 그는 그의 아

---

81 *Ibid.*, p. 631.

82 *Ibid.*

83 옮긴이주. 두아르(douar)란 북아프리카, 특히 알제리와 모로코의 베르베르 및 아랍계 유목·반(半)유목 공동체의 집단 거주 단위를 가리킨다. 프랑스 식민지 행정 하에서 두아르는 단순한 촌락 단위를 넘어, 행정·세무·군사 통제의 기초 단위로 재편되었다. 1830년대 알제리 점령 이후 프랑스 당국은 토착민법을 통해 두아르를 식민지 지방행정 단위로 규정하고, 두아르 장을 임명하여 세금 징수, 병역 동원, 토지 재분배 등 식민지법상 의무를 수행하게 했다. 이러한 제도화 과정에서 두아르는 전통적 자치와 연대의 중심지에서, 식민 통치와 통제의 도구로 변모했다.

84 *Ibid.*

내가 강간당했다는 것을 결코 잊지 못할 것이다. 마찬가지로, 그가 자신에게 다음과 같은 질문을 하지 않는 순간은 결코 오지 않을 것이다. '아내가 나에게 그 사실을 말해야 했을까?' 그러니 아무 말도 하지 않는 것이다. 불명예의 짐을 홀로 짊어지는 것이다. 비록 그 불명예가 자신이 결혼한 남자를 보호하려는 욕망에서 비롯한 것일지라도.

두 번째 사례는 [알제리 동북부의] 콩스탕티누아Constantinois 지방의 두아르 출신으로, 집단 처형의 생존자가 보이는 무차별적 살인 충동에 관한 것이다. 그는 사람들이 죽거나 다치는 것을 직접 눈으로 보았다. 그는 인간의 죽음이라는 생각에 더 이상 동요하지 않는 사람들과는 달랐다. 죽어 있는 인간의 형상은 여전히 그를 동요시켰다. 첫 번째 사례와 마찬가지로 그 기원에는 배신에 대한 거부가 있었다. 매복 공격이 있었고, 두아르의 주민이 모두 체포되어 심문을 받았다. 아무도 대답하지 않았다. 대답이 없자 한 장교는 두아르를 파괴하고 집에 불을 지르고 남은 남자들을 모아 건천 근처로 데려가 학살하라는 명령을 내렸다. 남성 스물아홉 명이 근거리에서 사망했다. 해당 환자는 몸에 두 발의 총알을 맞고, 상완골 골절상을 입은 채 탈출했다.

그러니 그는 생존자다. 하지만 거의 불구에 가까운 생존자로, 총을 달라며 울음을 그치지 않았다. 그는 "누구 앞에 서서 걷는 것을 거부한다. 자기 뒤에 누군가 있는 것도 거부한다. 어느 날 밤, 그는 병사의 총 하나를 빼앗아 잠든 군인들에게 서투르게 총을 쏘았다."[85] 그는 거

---

85 *Ibid.*, p. 633.

칠게 무장해제됐다. 그때부터 그의 손은 묶여 있었다. 그는 흥분해서 소리친다. 그는 모든 사람을 무차별적으로 죽이려 한다. 모방적이고 반복적인 제스처로, 그는 자신만의 작은 학살을 수행하려고 한다.

"삶에서, 죽지 않으려면 죽여야 한다"라고 그는 설명한다. 그리고 죽일 수 있기 위해서는, 먼저 자신이 죽임당하지 않아야 한다. 그러므로 나의 삶이나 생존은 다른 사람의 살인을 거쳐서 이루어지며, 특히 내가 의심하는 자, 즉 위장해서 지금은 동료 또는 동족처럼 보이는 외부의 신체를 살해하는 것을 거쳐야 한다. "우리 중 몇몇은 프랑스인들이에요. 그들은 아랍인으로 위장하고 있어요. 전부 다 죽여야 합니다. 기관총을 주세요. 소위 알제리 사람들이라는 자들은 모두 프랑스 사람들이고…… 날 가만 놔두지 않아요. 내가 막 잠들려고 하면, 그들은 내 방으로 들어와요, 하지만 이제 나는 그놈들을 알아요. 다 죽여버릴 겁니다, 예외 없이 전부. 놈들의 목을 하나씩 다 그어버릴 겁니다. 그리고 당신도 마찬가지야."[86]

그러므로 생존자는 격렬한 살인 욕망에 의해 사로잡혀 소진된다. 이 욕망은 어떤 구분도 아랑곳하지 않는다. 여성의 세계뿐 아니라 어린이의 세계, 가금류의 세계, 그리고 가축의 세계를 마구 공격한다. "너희들은 모두 나를 죽이고 싶어 하지만, 다른 방법을 생각해야 할 거다. 너희를 죽인다고 해서 나는 어떤 영향도 받지 않을 거야. 어린 아이들, 어른들, 여자들, 아이들, 개들, 새들, 당나귀들…… 아무도 살

---

86 *Ibid.*, p. 634.

려두지 않을 거다…… 그 후에 나는 평화롭게 잘 수 있을 거야."⁸⁷ 일단 집단 살해에 대한 욕망이 충족되면, 생존자는 마침내 그토록 갈망하는 잠을 누릴 수 있을 것이다.

사라져가는 삶

그리고 열아홉 살의 국민해방군 병사가 있다. 그는 자신이 살해한 여성이 유령으로 끊임없이 나타나 고통에 시달린다. 파농은 당시 상황을 자세히 기록한다. "입술이 마르고 손이 계속 축축한" 환자는 "깊은 우울증에 빠져 있는 것"처럼 보인다.⁸⁸ 파농은 그의 호흡, 그의 가슴을 끊임없이 들썩이게 하는 "멈추지 않는 한숨"의 연속에 주목한다. 환자는 이미 살인을 저질렀기 때문에 다른 살인을 저지르고자 하는 어떤 욕망도 드러내지 않는다. 오히려 이번에는 다른 사람의 목숨을 먼저 끊은 후 자살을 하려고 했다. 앞서 언급한 생존자와 마찬가지로 그는 잠이 부족해 괴로워한다.

파농은 그의 시선을 관찰한다. 그는 "얼마 동안 공간의 한 지점에 시선을 고정하는데, 그 순간 얼굴에 혈색이 돌고, 병자가 어떤 광경을 보고 있는 듯한 인상을 준다"고 기록한다.⁸⁹ 그런 다음 그는 환자

---

87 *Ibid.*,
88 *Ibid.*
89 *Ibid.*, p. 635.

의 말에 주목한다. "그는 자신의 쏟아진 피, 비어가는 동맥들, 박동이 고르지 못한 심장에 대해 말했다. 그는 우리에게 출혈을 멈추게 해달라고 애원했고, 그들이 병원에까지 들어와 그를 '흡혈'하는 것을 더는 못하게 해달라고 간청했다. 때때로 그는 더 이상 말을 할 수 없었고 연필을 요구했다. 그는 다음과 같이 썼다. '나는 목소리를 잃었다. 내 삶 전체가 사라지고 있다.'"[90]

그 병자에게는 여전히 몸이 있다. 그러나 이 몸과 그 안의 생명력을 갉아먹는 활동적 힘에 포위되어 있다. 참을 수 없는 고통에 시달린 이 표류하는 몸은 더 이상 기호signe가 되지 못한다. 또는 이 기호가 여전히 기호의 표시를 유지하고 있다면, 이 기호는 더 이상 상징을 형성하지 않는 기호다. 담겨 있어야 할 것이 모호해지고, 넘쳐흐르고, 흩어진다. 고통받는 주체의 몸은 더 이상 거처가 아니다. 만약 그것이 거처로 남아 있다면, 그것은 결코 불가침의 것이 아니다. 몸은 더 이상 아무것도 보존할 수 없다. 몸의 장기들은 풀려나고 체액들은 빠져나간다. 이제 그는 오직 공허함이나 침묵의 기호 아래서만 자신을 표현할 수 있다—붕괴에 대한 두려움, 다시 언어에 거주하고, 말로 돌아오며, 목소리가 되고, 따라서 삶이 되는 것의 어려움 속에서. 고통받는 주체는 그것을 완벽하게 이해한다. 어쩌면 그 때문에 그는 두 번에 걸쳐 자살을 시도하고, 자신의 죽음을 스스로 책임지고, 자기봉헌의 방식으로 죽음을 전유하려고 했을 것이다.

신체를 수탈당한 듯한 느낌 뒤에는 살해의 서사가 놓여 있다. 그

---

[90] *Ibid.*

맥락은 식민지 전쟁이다. 식민지 전쟁은 다른 형태의 전쟁과 마찬가지로 죽음을 주고받는 장례의 경제에 기초한다. 남자, 여자, 아이, 가축, 가금류, 식물, 동물, 산과 언덕과 계곡, 개울과 강 등 온 세계가 죽음을 목격하게 만드는 분위기의 상황에 놓여 있었고, 그들은 죽음을 보았다. 그들은 다른 사람들이 죽임당했을 때 그곳에 있었다. 그들은 무고한 사람들이 살해되는 것을 목격했다. 그들은 이에 응하여 투쟁에 참가했다.

투쟁의 기능 중 하나는 적대의 경제와 복수의 욕망을 정치경제로 전환하는 것이다. 해방투쟁의 목적은 살해 충동, 살해 욕구, 복수에 대한 갈증을 근절하는 것이 아니라 이 충동, 욕망, 갈증을 정치적 성격를 지닌 초자아의 계명, 이른바 한 국가의 출현이라는 계명으로 종속시키려는 데 있다.

투쟁은 이 에너지(살해 의지)를 유도하는 것이며, 그것 없이는 무미건조한 반복에 불과하다. 살해 행위, 살해되는 몸(적의 몸), 죽음을 맞이하는 몸(전사자 또는 순교자의 몸)은 이 기표의 질서에서 자리를 찾을 수 있어야 한다. 살해 충동은 더 이상 원초적인 본능의 힘에 고정되어서는 안 된다. 이는 정치적 투쟁의 에너지로 변화되어 이제는 상징적으로 구조화되어야 한다.

여기서 우리가 주목하는 사례, 즉 흡혈귀에 쫓기며 피, 목소리, 생명을 잃을 위기에 처한 남자의 경우, 이러한 배열이 불안정하다. 그의 어머니는 "근거리에서 프랑스 병사에게 살해되었다". 그의 여동생 두 명은 "군인들에게 끌려갔고" 심문, 고문, 구금과 강간이 일상적인 상황에서 그들이 어떻게 되었는지, 어떤 처우를 받았는지조차 알지 못한다. 그의 아버지는 "몇 년 전에" 돌아가셨고, 가족 중 "유일한 남자"인 그의 "유일한 야망"은 어머니와 누이들의 삶을 더 편하게 하는 것이었다.

이 투쟁의 비극은 개별적 이야기의 틀이 특정 순간 정치적 궤도와 맞물릴 때 절정에 이른다. 그때부터 실타래를 풀어내기가 어렵다. 다음 이야기에서 잘 알 수 있듯이 모든 것이 혼란스러워진다. 해방 운동에 강하게 반대해온 한 식민 정착민이 알제리 민간인 두 명을 학살했고, 그에 대한 작전이 시작되었다.

사건은 밤에 일어난다. "그의 아내만 집에 있었다. 그녀는 우리를 보자마자 그녀를 죽이지 말라고 우리에게 애원했다. (…) 우리는 남편을 기다리기로 했다. 그러나 나는 계속 그녀를 바라보고 어머니를 생각했다. 그녀는 안락의자에 앉아 있었지만, 거기 없는 듯했다. (그의 눈에 그녀는 이미 사라졌다.) 나는 왜 우리가 그녀를 죽이지 않았는지 스스로에게 묻고 있었다."[91] 왜 그녀를 죽이는가? 그녀는 이미 간청하며 남편에게 정치에 말려들지 말라고 여러 차례 요청했다는 사실을 분명히 밝히지 않았는가? 그리고 그녀의 두 번째 간청에서 그녀는 단지 그녀의 아이들의 이름으로 그녀의 생명을 간청하지 않았는가? ("제발 저를 죽이지 마세요……. 저에게는 아이들이 있어요.") 하지만 책임에 관한 주장도 인도주의적 호소도 그 대화를 나누던 상대를 조금도 흔들지 못했고, 그 상대는 아무런 대답도 하지 않았다.

그의 작품에서 파농은 식민지에서 주인-피지배자sujet 관계의 주요

---

91 *Ibid.*, p. 636. 다음 인용문들은 모두 같은 면에서 가져왔다.

한 특징 중 하나, 즉 이 세계의 빈곤을 끊임없이 강조해왔다. 이러한 관점에서 식민지 세계에서의 삶은 동물의 삶에 비견될 수 있다. 식민 지배자와 피지배자가 유지하는 관계는 결코 살아있는 정동적 공동체communauté affective로 이어지지 않는다. 그것은 결코 공동적인 영역의 구성을 이룰 수 없다. 식민 지배자는 결코 피지배자의 말에 **영향받지** 않는다.

식민지 주인과 토착민(인종적, 존재론적 관점에서 그의 사물인 동시에 법적 관점에서 그의 피지배자인)과 유지하는 관계의 빈곤은 여기서, 그러나 뒤집힌 형태로 재현된다. 남편의 부재 속에서, 이제 그녀를 둘러싸고 있는 상황이 완전히 닫혀버렸다. 이 시점부터 그의 아내는 곧 그녀를 살해할 누군가의 충동적 힘에 직면하게 된다. 간청이 끝나자마자, 누구나 공유할 수 있다고 여겨지는 어떤 인간성과 연민에 대한 마지막 호소에도 불구하고, "그다음 순간 그녀는 죽어 있었다". 총성은 없었다. 거리도 없었다. 거의 육박전과 같은 밀접한 거리에서, 폐쇄된 회로 속에서 하나의 사물이 다른 사물과 관계 맺는 것처럼. "나는 나 자신의 칼로 그녀를 죽였다."

하지만 그가 방금 죽인 사람은 누구일까? 살려달라고 애원하다가 결국 목숨을 잃은 이 여자인가? 아니면 근본적으로는 또 다른 여성의 초상에 불과한, 그가 잠재적인 피해자를 본 바로 그 순간에 생각하던 어머니의 거울인 그 여자인가? "나는 계속 그 여성을 바라보고 어머니를 생각했다."

바꿔 말해 다시 요약하자면 이렇다. "그녀는 우리에게 자신을 죽이지 말라고 애원하기 시작했다. 그다음 순간 그녀는 죽어 있었다. 나는 칼로 그녀를 죽였다. 나는 무장해제되었다. 며칠 후에 나는 심문을 받았다. 나는 내가 죽게 될 줄 알았다. 하지만 신경 쓰지 않았다." 사람들은 그게 끝이라고 생각했을 것이다. [그러나] 누군가 그의 어머니의 피를 흘리게 했다. 프랑스 군인, 고유한 얼굴이 없는, 수많은 얼굴을 한 적의 일반적 이름이.

복수를 외치는 이 피에 대해, 그는 다른 한 여자의 피를 흘리게 함으로써 응답한다. 그 여자는 누구의 피도 흘리게 하지 않았지만 자신의 의지와는 무관하게, 전적으로 남편 때문에 지옥 같은 전쟁의 고리에 간접적으로 연루된 것이다. 두 명의 알제리인의 암살에 실질적 책임이 있는 남자는 보복은 면하고 결국 아내를 잃는다. 양쪽 모두 어머니를 잃었고, 살해 당시 부재했던 남자는 아내를 잃었다. 이쪽이든 저쪽이든 모두 고아가 있고, 본래 죽음이 예정되었던 쪽이지만 부재했던 남자는 홀아비가 된다. 여성들은 남성들이 저지른 행위의 대가만 치르는 것이 아니다. 그들은 이 장례 경제의 교환 수단을 구성한다.

이러한 여성의 과잉 현존으로 인해 어머니의 모습이든 아내나 여동생의 형상이든, 더 이상 누가 죽었는지 명확하게 아는 것이 더 이상 불가능하다. 누가 죽은 자로 여겨지는가? 그 여자의 창자를 갈라 죽이는 것이, 사실은 자신의 어머니를 죽이는 것이 아니라고 어떻게 확신할 수 있는가? 우리 몸에서 모든 피를 비우겠다는 흡혈귀의 위협, 이 끝없는 출혈의 상징은 결국에는 두 번의 창자 가르기―기본적으로 하나는 유령(그 어머니의 것)이고 다른 하나의 실재(적의 아내의 것)―의 이름이 아닌가? "배에 커다랗게 벌어진 구멍"을 지닌 여성들의 외침, "혈색이 없고 병색으로 창백하며 끔찍하게 마른" 여성들의, 보호받지 못하는 대신 죽음에서만이라도 면해달라는 여성들의 간청, 이것이 지금 살인자를 공포에 떨게 하고, 잠을 자지 못하게 하고, 식사 후에 구토를 하도록 하는 것이 아닌가? 밤이 되자마자, 그가 잠자리에 눕는 순간, 방은 "여성들로 가득 차버리고", 모두 똑같이 그들이 자신의 흘린 피를 돌려달라고 요구하는 것 아닌가?

파농은 기록한다. "그 순간 물 흐르는 소리가 방 안을 가득 채우고, 폭포수가 쏟아지는 것처럼 우레와 같이 커지며, 그리고 젊은 병자는 방바닥이 피로, 자신의 피로 흠뻑 젖는 것을 보았다. 그러는 동안 여성들은 서서히 안색을 되찾고 상처가 아물기 시작한다. 땀에 흠뻑 젖은 불안감에 휩싸인 환자는 잠에서 깨어 새벽까지 다시 불안해하곤 했다."

5장 숨 막히는 한낮

파농이 세상을 떠났을 때 그의 시선은 아프리카, 정확히 말하면 그가 "다가올 아프리카"라고 불렀던 것을 향해 있었다. 마르티니크에서 태어나 프랑스를 거쳐 알제리에 도착한 그는 자신의 운명을 알제리에 결부시켰다. 알제리를 통해 그는 마침내, 마치 반대 방향에서 온 것처럼, 삼각지대를 한 바퀴 돌았다.[1] 그는 "한 대륙의 질서 있는 움직임에 참여하는 것은 궁극적으로 내가 선택한 일이었다"라고 말한다.[2] 탈식민화의 여파 속에서 그가 발견한 아프리카는 모순의 미로이다. 콩고는 정지 상태에 있다. 앙골라, 모잠비크, 남아프리카공화국, 로디지아 등 남부 아프리카의 거대한 '식민주의의 성채들'은 여전히 그 자리를 지키고 있다. 서구의 유령은 도처에 맴돌고 있다. 새롭게 등장한 민족 부르주아는 이미 약탈의 길을 걷고 있다. 그리고 "붉은 땅에 귀를 붙이고 기울이면 녹슨 쇠사슬 소리, 고통의 신음이 뚜렷하

---

1   옮긴이주. '삼각지대'는 대서양을 무대로 한 삼각무역(유럽-아프리카-아메리카 간 노예·원료·상품 교역 구조)을 은유적으로 지칭한다.

2   Frantz Fanon, "Cette Afrique à venir", in *Pour la révolution...*, *op. cit.*, p. 860.

게 들려오며, 이 숨 막히는 한낮에 여전히 상처 입은 살점이 존재하기에 어깨가 떨어진다."³ 그럼에도 불구하고 밧줄을 끊고, 새로운 전선을 열고, 아프리카를 흔들고, 새로운 세계를 탄생시키는 것이 바로 이 기획의 목표다. 이 새로운 세계는 새로운 인간의 도래와 불가분의 관계에 있다. 힘든 과업인가? "다행히도, 사방에서 팔이 우리에게 손짓하고, 목소리가 우리에게 응답하고, 손이 우리를 붙잡는다."⁴

대체로 18세기 중반에 시작된 '새로운 세계'의 가능성에 대한 아프리카 및 디아스포라의 근대적 사유는 지난 3세기 동안 서구에서 널리 퍼진 인본주의적 사고의 틀 안에서 대부분 이루어졌다. 이러한 관점에서, 초기 아프리카계 미국인 저술 가운데 상당수가 자서전이라는 점은 시사하는 바 크다.⁵ '나'라고 말하는 것은 인간이 스스로를 실존하게 하려고 사용하는 모든 말 중 첫 번째가 아닐까?

다른 한편, 그들의 역사에 대한 설명과 해석에서 종교적 서사가 차지하는 위치도 주요하다. 노예제라는 공포와 빈곤, 사회적 죽음의 상황에서 자기 자신과 과거에 대해 이야기하기 위해 신학 담론에 의지하는 것은 타락하고 오염된 표식의 공동체의 입장에서 볼 때, 도덕적 정체성을 되찾으려는 시도로 이해되어야 한다.⁶ 그 이후로 이러한 성

---

3   *Ibid.*, p. 861.

4   *Ibid.*, p. 860.

5   Andrews William, *To Tell a Free Story. The First Century of African American Autobiography, 1760-1865*, University of Illinois Press, Urbana, 1986.

6   John Ernest, *Liberation Historiography. African American Writers and the Challenge of History, 1794-1861*, University of North Carolina Press, Chapel Hill, 2004.

찰은 여러 갈래로 나뉘어 이어져왔다. 그것은 계속 다음의 내용을 질문해왔다. 삶이 회복력을 끌어낼 수 있는 이상에 기초해 주체가 스스로에게 부여하는, 진정으로 인간적인 세계는 어떤 조건에서 형성될 수 있는가 하는 것이다.⁷

인본주의의 곤경

이러한 자기설명과 자기이해의 노력은 두 가지를 부각시킨다. 첫째, 네그르의 역사는 별개의 역사가 아니라는 것이다―이를 상기하는 것은 쓸모없지 않다. 네그르의 역사는 세계사의 필수적인 일부다. 이 세계사에서 네그르들은 인류의 나머지와 마찬가지의 상속인이다.[8] 또한 네그르들의 먼 기원의 사슬을 거슬러 올라가면 거의 필연적으로 아프리카에 이르게 되지만, 세계에서 그들의 거처는 반대로 이동, 순환, 분산의 방식으로 전개되었다.[9] 움직임과 이동성이 흑인들의 역

---

7   이러한 관점에서 다음을 참고하라. Alexander Crummell, *Destiny and Race. Selected Writings, 1840-1898*, The University of Massachusetts Press, Amherst, 1992; Edward W. Blyden, *Christianity, Islam and the Negro Race*, Black Classic Press, Baltimore, 1978 [1887]. Léopold Sédar Senghor, *Liberté I. Négritude et humanisme*, Seuil, Paris, 1964 ; Paul Gilroy, *Against Race. Imagining Political Culture Beyond the Color Line*, Harvard University Press, Cambridge, 1998; Fabien Eboussi-Boulaga, *La Crise du Muntu. Authenticité africaine et philosophie*, Présence africaine, Paris, 1981.

8   Frantz Fanon, *Œuvres, op. cit.*

9   대서양 측면에서 다음을 참고하라. John Thornton, *Africa and Africans in the Making of the Atlantic World, 1400-1680*, Cambridge University Press, Cambridge, 1992.

사적 경험을 구성하는 구조적 요인 때문에, 오늘날 그들은 지구 표면에 퍼져 있다. 그 결과 세계 전체(또는 세계의 한 지역)의 과거 가운데 네그르들의 과거와 동시에 관련되지 않는 것은 더 이상 없으며, 이와 마찬가지로 네그르들의 과거 가운데 전체로서의 세계사와 무관하게 설명될 수 있는 것은 없다.

따라서 서구의 자아-인식 속에서 네그르들의 존재가 종종 망령, 부인, 소멸의 방식으로만 나타난다 할지라도, 네그르들은 서구의 과거를 구성한다.[10] 미국에 관해 논할 때 이와 관련하여, 제임스 볼드윈 James Baldwin은 이렇게 단언한다. 네그르들은 신대륙의 역사에 낯선 이들이 아니다. 그들은 신대륙이 형성하는 데 기여했고, 그 모든 과정을 함께해왔기 때문이다. 네그르들은 이 신대륙의 구성 주체들이지만, 네그르들을 절대적 외부의 형상으로서 설정해둔 그 자리에서 신대륙은 결코 그들을 자신의 '고유성propre'의 일부로 인정하지 않는다.[11] 한편, 폴 길로이는 수많은 역사가의 연구를 바탕으로 18세기 초 대서양을 중심으로 구조화되던 근대 세계의 출현에 네그르가 관여했음을 보여준다.[12]

인류의 다른 폐기물들(공유지 인클로저로 몰수당한 사람들, 예속적 소작농 peónes 및 추방형을 받은 범죄자들, 상선과 군함에 강제로 승선된 선원들, 급진적 종교

---

10   Ralph Ellison, *Invisible Man*, Random House, New York, 1952[랠프 엘리슨, 《보이지 않는 인간》 1, 2, 송무 옮김, 문예출판사, 2012].

11   James Baldwin, *The Fire Next Time*, Vintage Books, New York, 1963[제임스 볼드윈, 《단지 흑인이라서, 다른 이유는 없다》, 박다솜 옮김, 열린책들, 2020].

12   Paul Gilroy, *L'Atlantique noir…, op. cit.*

종파에서 추방된 사람들, 해적과 [17~18세기 카리브해 해적] 부카니에, 모든 반란군과 탈영병들)과 어깨를 맞대고, 네그르들은 새로운 무역로를 따라 항구에서, 배 위에서 발견된다. 숲을 베고, 담배를 생산하고, 목화를 재배하고, 사탕수수를 베고, 럼주를 만들고, 주괴, 모피, 생선, 설탕 및 기타 제조품을 운반하는 모든 곳에 그들이 있었다.[13]

수많은 익명의 사람들과 함께 아프리카 노예들은 근대의 진정한 '노역자soutier'로서, 17세기 초 유럽의 식민지 확장과 19세기 초 대서양 연안의 중심 도시들(메트로폴리스)의 산업화로 인해 촉발된 우주적 힘의 중심에 있었다.[14] 그들이 인간사의 근대적 흐름 속에 포함된 것은 익명성과 소멸의 은폐 속에서 이루어졌지만, 그럼에도 그것은 행성적이고, 이질적이고, 다중언어적이라는 세 가지 차원을 유지하고 있었고, 이는 그들의 문화 생산물에 깊은 흔적을 남겼다.[15]

---

13 예컨대 다음을 참고하라. Sidney Mintz, *op. cit*[시드니 민츠, 《설탕과 권력》, 김문호 옮김, 지호, 1998(절판)].; Seymour Shapiro, *Capital and the Cotton Industry in the Industrial Revolution*, Cornell University Press, Ithaca, 1967; John Hebron Moore, *The Emergence of the Cotton Kingdom in the Old Southwest. Mississipi, 1770-1860*, University of Louisiana Press, Baton Rouge, 1988.

14 Markus Rediker·Peter Linebaugh, *L'Hydre aux mille têtes. L'histoire cachée de l'Atlantique révolutionnaire*, Éditions Amsterdam, Paris, 2009[마커스 레디커·피터 라인보우, 《히드라》, 정남영·손지태 옮김, 갈무리, 2008].

15 다음을 참고하라. Peter Mark, *"Portuguese" Style and Luso-African Identity. Precolonial Senegambia, Sixteenth-Nineteenth-Centuries*, Indiana University Press, Bloomington, 2002; J. Lorand Matory, *Black Atlantic Religion. Tradition, Transnationalism, and Matriarchy in the Afro-Brazilian Candomble*, Princeton University Press, Princeton, 2005; David Northrup, *Africa's Discovery of Europe, 1450-1850*, Oxford University Press, Oxford, 2009.

네그르 사실[16]의 행성적 차원이 어느 정도 받아들여지고 있다 하더라도, 서구 인본주의적 사고의 틀과 용어 내에서 '네그르 문제'를 제기하는 것은 여전히—일부는 내부적이고, 일부는 외부적인—비판의 대상이 된다. 세제르든 파농이든 그들의 내부적 비판은 죽음 충동과 파괴 욕망이 서구 인본주의 기획의 내부에서까지 작동한다는 점을 강조하는 경향이 있다. 특히 이러한 기획이 식민주의와 인종주의적 정념의 미로 속에 갇혀 있을 때 그렇다.[17]

세제르와 파농의 경우, 셍고르Léopold Sédar Senghor[18]나 글리상이 그런 것처럼, '인간'이라는 개념 자체를 단번에 영원히 부정하는 일은 없다. 오히려 이들의 중요한 관심사는 '인간'에 대한 서구 담론의 교착 상태를 지적하고 이를 수정하는 것이다.[19] 그렇다면 요점은 실비아 윈터Sylvia Wynter처럼 인간이 이름이 아니라 실천과 생성이라는 사

---

16 옮긴이주. '네그르 사실(fait nègre)'이라는 표현은 단순히 네그르에 관한 사건이나 사실을 지시하는 것이 아니라, 역사적·사회적·문화적 조건 속에서 형성된 흑인의 집합적 경험과 정체성을 가리킨다. 에메 세제르는 《식민주의에 대한 담론》과 시집 《귀향 수첩》 등에서 이 개념을 적극적으로 전유했으며, 프란츠 파농 또한 《검은 피부, 하얀 가면》에서 흑인으로 존재한다는 사실(fait d'être noir)의 실존적 조건과 식민성의 문제를 분석한 바 있다. 따라서 '네그르 사실'은 단순한 인종적 범주가 아니라, 근대 세계체제 속에서의 강제이주, 노예제, 식민주의, 인종주의가 교차하여 빚어낸 역사적 경험을 지칭한다.

17 Aimé Césaire, *Discours sur le colonialisme, op. cit* [에메 세제르, 《식민주의에 대한 담론》, 이석호 옮김, 그린비, 2011].

18 옮긴이주. 레오폴드 세다르 셍고르는 세네갈 출신의 시인·사상가·정치가로, '네그리튀드(Négritude)' 운동의 창시자 중 한 사람이며 세네갈 초대 대통령을 지냈다.

19 이 관점에서 참고하라. Leopold Sedar Senghor, *op. cit.*; Édouard Glissant, *Traité du Tout-Monde*, Gallimard, Paris, 1997; Paul Gilroy, *Against Race, op. cit.*

실을 주장하거나,[20] 폴 길로이처럼 새롭고 더 '행성적인' 인간성을 호소하는 것이다. 글리상에게서 그것은 대지의 시학, 그리고 모든 것의 살로 이루어지는 세계에 호소하는 것이다. 그 안에서 각 인간 주체는 다시 한 번 자신의 말, 이름, 행위, 욕망을 전달할 수 있다.

외부적 비판은 두 가지 형태로 나뉜다. 첫 번째, 아프리카 중심주의afrocentriste 입장은 서구 인본주의의 보편주의적 허상을 탈신비화하고 아프리카 자신의 역사 자체에서 도출된 범주와 개념을 끌어오는 지식을 구축하는 것을 목표로 한다. 이러한 관점에서 인본주의라는 개념은 본질적으로 역사적 깊이와 네그르 고유성을 지우는 구조에 불과하다. 인본주의의 기능은 타인을 대신하여, 그가 어디에서 왔으며, 무엇이며, 어디로 가야 하는지를 서술하고 규정하는 권력을 스스로에게 부여하는 것이다. 인본주의는 이름 붙여지지 않은 신화에 불과하다.[21] 신화로서 인본주의는 자기 내용의 허구성 여부에 완전히 무관심할 것이다. 그리하여, 예컨대 셰이크 안타 디오프Cheikh Anta Diop[22]에게서는 유럽의 신화들에 맞서 더 진실하다고 여겨지는 다른 신화들로, 세계의 다른 계보들에 길을 열어줄 수 있는 다른 신화들

---

20 David Scott, "The re-enchantment of humanism. An interview of Sylvia Wynter", *Small Axe*, no. 8, septembre 2000, pp. 119-207; Sylvia Wynter, "Human being as noun? Or *Being Human* as praxis? Towards the autopoetic turn/overturn. A manifesto", 25 août 2007, 다음에서 확인할 수 있다. http://fr.slideshare.net.

21 Cheikh Anta Diop, *Nations nègres et culture*, Présence africaine, Paris, 1954.

22 옮긴이주. 셰이크 안타 디오프는 세네갈 출신의 역사학자·인류학자·물리학자이며, 아프로센트리즘의 대표적 지식인이다. 그는 고대 이집트 문명을 아프리카 문명의 기원으로 재해석하고, 서구 중심의 역사 서술을 비판했다.

로 대응하려는 의지를 볼 수 있다.[23] 그러나 아프리카 중심주의가 세계가 아프리카에 진 문명적 부채를 바탕으로 인본주의 문제를 제기한다 하더라도, 이 사조는 디오프가 "인류 전체의 진보", "인간종 개념의 승리", 그리고 "보편적 화해의 시대의 출현"이라고 부르는 것을 결코 덜 권고하지 않는다.[24]

인간의 대타자와 사물화의 계보

우리가 여기서 주목해야 할 두 번째 반론은 소위 아프로퓨처리즘적 경향의 줄기에서 비롯한다. 아프로퓨처리즘afrofuturisme[아프리카 미래주의]은 20세기 후반 디아스포라에서 등장한 문학적, 미학적, 문화적 운동이다. 이는 SF, 흑인 문화와의 관계 속에서의 기술에 대한 성찰, 마술적 리얼리즘, 비유럽적 우주론을 결합하여, 소위 유색인종의 과거와 현재 상황에 의문을 제기하는 것을 목표로 한다.[25] 이 흐름은 인

---

23 Cheikh Anta Diop, *Antériorité des civilisations nègres. Mythe ou vérité historique?*, Présence africaine, Paris, 1967.

24 *Ibid.* 이것 역시 참고하라. *Civilisation ou Barbarie*, Présence africaine, Paris, 1981.

25 예컨대 새뮤얼 딜레이니(Samuel R. Delany)와 옥타비아 버틀러(Octavia Butler)의 환상적 저작을 보라. 또한 장미셸 바스키아(Jean-Michel Basquiat)의 그림, 르네 콕스(Renee Cox)의 사진, 그리고 팔리아멘트-펑카델릭(Parliament-Funkadelic), 존준 크루(Jonzun Crew), 선 라(Sun Ra)의 작업 속에서 외계 신화들의 음악적 번역들을 들어보라. 더 일반적인 개괄을 위해서는 다음을 참고하라. Alondra Nelson (dir.), "Afrofuturism. A special issue", *Social Text*, no. 71, 2002.

본주의가 어떤 다른 주체나 실재(살아있든 비활성이든)를 사물(대상)이나 사고accident라는 기계적 상태로 격하시켜야만 자신을 구성할 수 있다는 점에서, 인본주의적 가정을 처음부터 거부한다.

아프로퓨처리즘는 '고유하게 인간적인 것proprement humain'이라는 환상을 고발하는 데 그치지 않는다. 아프로퓨처리즘의 시각으로 보자면, 인간종이라는 개념 자체가 네그르의 경험에 의해 훼손되는 것이다. 약탈의 역사의 산물인 흑인은 사실상 사물의 옷을 입고 대상[사물]과 도구의 운명을 함께하도록 강요당한 인간이다. 이렇게 함으로써 흑인은 자기 자신 안에 인간의 무덤을 지니게 되었을 것이다. 그는 서구 인본주의라는 광기를 배회하는 유령이었을 것이다. 따라서 서구의 인본주의란 대상의 운명을 함께하도록 강요받은 자의 유령이 출몰하는 일종의 납골당인 셈이다.

이러한 재독해를 바탕으로 아프로퓨처리즘적 경향은 인본주의가 이제 시대에 뒤떨어진 범주라고 선언한다. 그 대변인들이 제안하듯, 동시대의 조건을 적절하게 명명하려면 네그르가 근대의 출현 이래 원형이나 예표豫表, préfiguration가 되어온, 모든 **사물–인간**objets-humains과 **인간–사물**humains-objets의 배치들assemblages에서 출발해야 할 것이다.[26] 왜냐하면 근대 세계의 무대에 네그르가 난입한 이래, '비非인간', '인간을 넘어선 것', '인간 너머의 것' 또는 '인간 바깥의 것'에 더 이상 참여하지 않는 '인간'은 존재하지 않기 때문이다.

---

26   Kodwo Eshun, *More Brilliant Than the Sun. Adventures in Sonic Fiction*, Quartet Books, Londres, 1999.

다시 말해, 인간에 대해서는 이제 미래 시제로만 말할 수 있고, 항상 인간의 분신이자 이제는 그 무덤인 사물object과 결부되어서만 말할 수 있을 것이다. 이 미래에서 네그르는 자신의 역사로 인해, [인간의] 거의 무한한 변형 가능성과 가소성의 잠재력이라는 관념을 환기시키는 존재로서, 그 미래의 예표가 될 것이다.²⁷ 환상문학, SF 소설, 기술, 음악, 공연 예술을 바탕으로, 아프로퓨처리즘은 더 혹은 덜 연속적인 변신, 다중적 전도, 해부학적 차원까지 포함하는 가소성, 그리고 필요한 경우 기계적 신체성의 관점에서 이 세계에 대한 네그르적 경험을 다시 쓰려고 시도한다.²⁸

네그르가 그 예표인, 도래할 생명의 형태가 거주할 유일한 장소가 지구만일 수는 없을 것이다. 역사적 구성에서 지구는 본질적으로 끝없는 변모의 운명에 처한 저 금속의 인간, 저 은銀의 인간, 저 목재의 인간, 저 액체의 인간에게 단지 광대한 감옥에 지나지 않는다. 변형적이면서도 가소적인 그릇인 그의 거처는 결국 우주 전체일 수밖에 없다. 따라서 지구의 조건은 **우주의 조건**으로 대체될 것이며, 거기서 인간, 동물, 식물, 유기물, 광물 그리고 태양, 밤 또는 천체와 같은 모

---

27 다음과 같은 다양한 저자들의 연구를 보라. Alexander Weheliye, *Phonographies. Grooves in Sonic Afro-modernity*, Duke University Press, Durham, 2005 ; Fred Moten, *In the Break. The Aesthetics of the Black Radical Tradition*, University of Minnesota Press, Minneapolis, 2003; Kodwo Eshun, *op. cit.*

28 특히 다음을 참고하라. Alondra Nelson, *op. cit.*; Ytasha L. Womack, *Afrofuturism. The World of Black Science Fiction and Fantasy Culture*, Chicago Review Press, Chicago, 2013; Bill Campbell et Edward Austin Hall, *Mothership. Tales from Afrofuturism and Beyond*, Rosarium Publishing, 2013 ; Sheree R. Thomas, *Dark Matter. A Century of Speculative Fiction from the African Diaspora*, Warner Books, New York, 2000.

든 다른 생명력 사이의 화해의 무대가 펼쳐질 것이다.

근대성에서 비롯된 '인간'이라는 개념에 대한 아프로퓨처리즘의 거부는 의외의 것처럼 보일 수 있다. 이러한 거부는 궁극적으로 네그르적 인간성을 노골적으로 부정함으로써 번영한 사고의 전통을 다시 강화하는 것이 아닌가? 하지만 이것은 근대의 출현 이래, 우리가 자신과 자연의 주인과 소유자가 되는 꿈에 사로잡혀 살아왔다는 사실을 망각하는 것이다. 이 목표를 달성하기 위해 우리는 우리 자신, 자연, 그리고 세계를 알아야 했다. 17세기 말부터 사람들은 우리 자신을 진정으로 알고, 자연과 세계를 알기 위해서는 지식의 모든 영역을 통합하고, 자연적 및 사회적 과정을 산술 공식으로 번역할 수 있게 해주는 질서, 계산 측정의 과학을 발전시켜야 한다고 여기기 시작했다.[29]

대수학이 자연과 삶을 모델링하기 위한 수단이 되면서 본질적으로 세상을 평평하게 만드는 것, 즉 모든 생명체를 균질화하며, 그 대상들을 원하는 대로 서로 교환할 수 있고 조작할 수 있게 만드는 앎의 방식이 점차 지배적인 것으로 자리 잡았다.[30] 따라서 근대 지식과 인식의 상당 부분은 수 세기 이 세계를 평평하게 만들어온 운동의 지배를 받았다고 할 수 있다.

---

29 다음을 참고하라. Earl Gammon, "Nature as adversary. The rise of modern conceptions of nature in economic thought", *Economy & Society*, vol. 38, no. 2, 2010, pp. 218-246.

30 Marie-Noelle Bourguet·Christophe Bonneuil, "De l'inventaire du globe à la "mise en valeur" du monde : botanique et colonisation (fin xviiie siècle, début xxe siècle)", *Revue française d'histoire d'Outre-mer*, vol. 86, no. 322-323, 1999.

이 평탄화의 운동은 여러 정도에서, 그리고 헤아릴 수 없는 결과와 함께 근대의 또 다른 전형적인 역사적 과정, 즉 자본주의의 비호 아래 세계-공간espaces-mondes이 형성되는 과정을 동반했다. 15세기부터 노예제 기반의 중상주의적 체제에 의해 추진된 새로운 행성의 모험은 서반구를 특권적 동력으로 삼았다. 삼각무역을 기반으로 대서양 세계는 전체적으로 재편되었고, 아메리카 대륙의 거대한 식민지 제국들이 탄생하거나 강화되면서 인류 역사의 새로운 시대가 시작되었다.

이 새로운 역사적 주기는 두 가지 상징적 형상으로 특징지어진다. 첫째, 그림자 같은 형상, 즉 네그르 노예의 형상이다(우리가 '초기 자본주의'라고 부르는 중상주의 시기). 둘째, 태양처럼 빛나는 붉은 노동자의 형상이며, 더 나아가 프롤레타리아트의 형상이다(1750~1820년에 그 기원을 둬야 하는 산업화 시기). 우리는 대서양 노예무역에 필수적인 '인간 사냥'에 필연적으로 수반된 물질과 에너지의 생태적 신진대사를 이제야 설명하기 시작한 참이다.[31]

더 정확하게 말하자면, 노예들은 대서양 한쪽 연안에서의 이윤 창출이 다른 쪽 해안의 약탈, 포획 전쟁, 그리고 다양한 형태의 '인간 사냥'이 결합한 체제에 밀접하게 의존하는 경제 내에서, 포식의 역학이 만들어낸 산물이었다.[32] 네그르 노예무역 시대에, 자본주의는 인간인

---

31 식민지 시기와 관련해서 다음을 참고하라. Richard H. Grove, *Green Imperialism. Colonial Expansion, Tropical Islands and the Origins of Environmentalism, 1660-1860*, Cambridge University Press, Cambridge, 1995.

32 다음을 참고하라. Randy J. Sparks, *Where the Negroes Are Masters. An African Port in the Era of the Slave Trade*, Harvard University Press, Cambridge, 2014.

동시에 식물인 생물자산bio-stock이라고 부를 수 있는 것의 수탈과 소비를 기반으로 작동한다.

이 방대한 인구 유출과 그에 수반되는 온갖 폭력의 행렬이 초래한 생태계 교란은 아직까지 어떠한 체계적 연구의 대상이 되지 않았다. 하지만 신대륙의 플랜테이션은 아프리카 노예들인 '걸어 다니는 태양soleils ambulants'의 대규모 사용 없이는 거의 작동할 수 없었을 것이다. 산업혁명 이후에도 이 진정한 인간 화석들은 계속해서 에너지 생산을 위한 석탄 역할을 계속하며 지구 체계의 경제 변혁에 필요한 에너지를 제공했다.[33] 그러한 다면적 약탈을 자행하려면 당연히 거대한 자본이 동원되고 지출되어야 했다. 그 결과 노예 소유주들은 상대적으로 적은 비용으로 노예에게서 노동력을 추출할 수 있었다. 이 노동은 무보수였기 때문이다. 그들은 또한 때때로 노예를 제3자에게 되팔 수 있었다. 노예의 양도 및 이전 가능성으로 인해 노예는 금전적 평가나 시장 거래에 개방된 사유재가 되었다.[34]

그럼에도 불구하고 대서양 경제 내에서는 수많은 역설이 노예의 세계를 특징지었다. 한편으로 이 노예들은 이윤을 창출하는 데 유용

---

33   Richard H. Steckel, "A peculiar population. The nutrition, health, and mortality of U.S. slaves from childhood to maturity", *Journal of Economic History*, vol. 46, no. 3, 1986, pp. 721-741.

34   Michael Tadman, *Speculators and Slaves. Masters, Traders, and Slaves in the Old South*, University of Wisconsin Press, Madison, 1989; Laurence J. Kotlikoff, "Quantitative description of the New Orleans slave market", in William Fogel et Stanley L. Engerman (dir.), *Without Consent or Contract. The Rise and Fall of American Slavery*, W.W. Norton & Co, New York, 1989; Maurie McInnis, *Slaves Waiting for Sale. Abolitionist Art and the American Slave Trade*, Chicago University Press, Chicago, 2011.

했지만, 다른 한편으로는 비천함 때문에 깊은 상징적, 사회적 평가 절하의 대상이 되었다. 사물의 운명을 강요당했지만, 그들은 뼛속까지 인간으로 남았다. 그들은 몸을 가지고 있다. 그들은 숨을 쉰다. 그들은 걷는다. 그들은 말하고 노래하고 기도한다. 그들 중 일부는 때때로 비밀리에 읽고 쓰는 법을 배운다.[35] 그들은 병에 걸리고, 치료의 실천들을 경유하여, 분열의 힘들에도 불구하고 치유의 공동체를 재건하기 위해 노력한다.[36] 그들은 결핍, 고통, 슬픔을 경험한다. 한계에 다다랐을 때 그들은 반란을 일으키고, 노예들의 봉기는 주인들에게 절대적인 공포의 주제가 된다.

게다가 비록 깊은 모욕과 낙인에도 불구하고, 이 본질적인 인간 존재들은 그들 소유주 눈에는 가치의 저장소이다. 화폐나 상품과 마찬가지로 그들은 온갖 경제적·사회적 거래의 매개 역할을 했다. 동산 動産이자 확장된 물질로서, 그들은 유통되고 투자되고 소비되는 것의 지위를 가진다.[37] 이러한 관점에서 노예제 세계는 살아있는 육체와 날마다의 땀을 통해 물질의 생산이 수행되는 세계이다. 이 살아있는 살은 경우에 따라 측정하고 정량화할 수 있는 경제적 가치를 지닌다.[38] 여기에는 가격이 매겨질 수 있다. 노예의 이마에 흐른 땀으로

---

35 Christopher Hager, *Word by Word. Emancipation and the Act of Writing*, Harvard University Press, Cambridge, 2013.

36 Sharla M. Fett, *Working Cures. Healing, Health, and Power on Southern Slave Plantations*, University of North Carolina Press, Chapel Hill, 2002.

37 Edward E. Baptist, *The Half Has Never Been Told. Slavery and the Making of American Capitalism*, Basic Books, New York, 2014.

38 Caroline Oudin-Bastide et Philippe Steiner, *Calcul et morale. Coûts de l'esclavage et*

생산된 물질은 살아있는 가치를 지니는데, 노예가 자연을 변형시키고, 에너지를 물질로 바꾸고, 그 자신이 물질적 형상과 에너지적 형상을 이루는 한 그렇다. 이러한 관점에서 노예는 주인이 향유하고, 수익을 얻고, 시장에서 아무런 제한 없이 되팔 수 있는 단순한 자연재 이상이다. 동시에 노예들을 다른 모든 존재와 구별 짓는 것은 본원적 양도 가능성aliénabilité foncière이다. 이 양도 가능한 성질을 정당화하는 것은 인종 원리에서 찾아야 한다.[39]

제로 세계

또한 인종의 표식 아래에서의 삶은 항상 마치 동물원에서의 삶과 동일했다. 실제로 동물원 구성의 근간에는 두세 가지 과정이 있다. 첫째, 동물의 납치, 포획 및 감금이다. 인간은 이 동물들을 죽이지 않고 필요에 따라 여러 개의 작은 생태계로 세분화된 광대한 우리에 가두는 방식으로 그들의 자연 서식지에서 끌어낸다. 이 갇힌 공간에서 동물들은 그들의 삶에 자연적 특성과 유동성을 부여하던 중요한 자원의 일부분을 박탈당한다. 그들은 더 이상 자유롭게 움직일 수 없다. 먹이를 얻기 위해 동물들은 이제부터 매일 자신을 돌보는 이들에게 전적으로 의존한다.

---

valeur de l'émancipation (xviiie- xixe siècle), Albin Michel, Paris, 2014.

39 Achille Mbembe, *Critique de la raison nègre, op. cit.*

둘째, 이렇게 길든 동물은 암묵적 금지의 대상이 된다. 극히 예외적인 경우를 제외하고는 도살할 수 없으며 직접 소비할 목적으로는 거의 죽일 수 없다. 따라서 동물의 사체는 고기의 속성을 상실하지만, 그렇다고 순수한 인간의 살로 변하지는 않는다. 셋째, 그러한 포획 동물은 엄격한 가축화 체제에 종속되지 않는다. 동물원의 사자는 고양이처럼 취급받지 않는다. 사자는 인간과의 친밀성을 공유하지 않는다. 동물원은 가정의 영역이 아니므로 인간과 동물 사이의 거리를 유지한다. 바로 이 거리가 전시를 가능하게 한다. 사실 전시는 관객과 전시 대상 사이의 분리 없이는 의미가 없기 때문이다. 그 밖의 측면에서, 동물은 유예 상태로 살아간다. 이제부터는 동물은 이것도 아니고 저것도 아니다.

역사를 통틀어 서구의 인간 동물원에 전시된 네그르들은 동물도 사물도 아니었다. 전시 기간 동안 그들의 인간성은 유예되었다. 동물과 동물의 세계, 인간의 세계, 그리고 사물의 세계 사이에 매달려 있는 유예 상태의 이 삶은 여러 측면에서 여전히 우리 시대의 법칙, 즉 경제의 법칙이다. 이제 경제는, 아니 궁극적으로 모든 경제는 수렵과 채집이라는 두 가지 활동으로 귀결되고, 겉모습과 달리 우리는 결코 여기서 벗어난 적이 없을지도 모른다.

고대 경제에서 사냥과 채집은 인간의 필요를 충족시키는 것을 목표로 하는 활동의 범주만은 아니었다. 수렵과 채집은 자기 자신과 타인, 그리고 자연, 사물, 살아있든 아니든 다른 종과의 관계를 맺는 두 가지 방식이기도 했다. 특히 동물 세계와 식물 세계와의 관계는 더욱 그러했다. 이 두 세계는 인간의 의지에 따라 영향을 받는 외부 실재

entités로 인식되었으며, 가용성에 따라 적절히 전유되었다. 필요하다면 그들과 함께 살지만, 또 다른 필요의 이유로 그 과정에서 주저 없이 그들과 싸웠고, 그 과정에서 그들을 완전히 파괴하기도 했다.

파괴는 한 번의 타격으로 일어나지 않았다. 여러 단계로 이어진 연쇄였다. 사냥 중에 덫에 걸리거나 사살된 동물의 경우, 포획 후 도축하는 작업이 이어졌다. 이 작업은 동물을 날로 먹거나 익힌 후(즉, 요리된) 먹을 수 있는 고기로 만드는 데 필수였다. 소비 과정은 먹기, 소화, 배설하는 과정으로 마무리되었다. 수렵과 채집의 패러다임은 원시 경제에만 국한된 것이 아니다.

근본적으로 모든 경제, 특히 자본주의 경제는 그 밑바탕에 원시성을 간직하고 있으며, 때때로 그 원동력이 숨겨져 있다가 드러나기도 한다. 파괴 또는 소거는 도구의 창조, 새로운 기술 및 조직 체계의 발명, 축적의 주기와 마찬가지로, 그 가능 조건이자 결정적인 순간이다. 그것은 적어도 연쇄의 끝, 그리고 순환이 다시 시작되기 직전의 마지막 단계다.

고대의 수렵과 채집 체제에서나 근대 경제 체제에서나, 파괴는 불가피한 것, 즉 사회적 및 생물학적 삶의 재생산 조건이라고 강조되었다. 그러나 파괴 또는 소거라는 말은 무엇보다 인간과 물질의 대면을 가리킨다. 즉, 물리적이고 유기적인 물질, 생물학적이며 액체이자 유동적인 물질, 살과 뼈와 피로 이루어진 인간과 동물의 물질, 식물성·광물성 물질과의 대면이다. 그것은 또한 삶과의 대립을 의미하기도 한다. 즉, 인간의 삶, 자연의 삶, 동물의 삶, 기계의 삶과의 대면이다. 그것은 삶을 생산하는 데 필요한 일, 즉 기호, 언어, 의미의 생산을 포함하는 일이다. 이는 기계에 포획된 인간이 물질로, 즉 인간의 물질이자 물질의 인간으로 변형되는 과정을 의미한다. 그것은 더 나아가 이들이 소멸해가는 조건까지도 의미한다.

이 삶과 물질의 소멸은 죽음과 동등하지 않다. 그것은 내가 제로 세계monde zéro라고 부를 어떤 극단적 외부dehors extrême를 향해 펼쳐지는 것이다. 이 제로 세계에서는 물질도 생명도 그 자체로서 끝나지 않는다. 그들은 무로 돌아가지 않는다. 단지 매번 끝이 연기되고, 유한성이라는 문제 자체가 보류된 채, 다른 무언가를 향해 이탈의 운동을 계속할 뿐이다. 제로 세계는 현재, 과거, 미래라는 전통적 범주로는 그것이 엮여 있는 시간을 좀처럼 포착할 수 없기 때문에, 그 변모의 과정과 향방을 형상화하기 어려운 세계이다. 이 파편과 황혼의 세계에서 시간은 [현재와 과거와 미래라는] 서로 다른 구획들 사이에서 끊임없이 진동한다.

다양한 유형의 상호작용은 우리가 관습적으로 대립시키는 개념들을 서로 연결한다. 과거는 현재 속에 있다. 이는 반드시 과거가 현재를 반복한다는 것은 아니다. 그러나 때때로 현재 속에서 굴절되고, 때로는 그 틈새로 스며들어 자신을 암시한다. 혹은 단순히 시간의 표면으로 다시 살아나, 시간의 표면을 회색빛으로 공격하고, 포화시키고, 읽을 수 없게 만들려고 한다. 가해자는 피해자 속에 있다. 고정된 것은 움직임 속에 있다. 말하기는 침묵 속에 있다. 시작은 끝에 있고 끝은 중간에 있다. 그리고 모든 것, 아니 거의 모든 것이 서로 얽힘, 불완전, 확장과 수축 속에 있다.

이 세계는 또한 그 살과 혈관에 기계가 낸 상처를 새기고 있다.[40]

크레바스, 깊은 구덩이, 그리고 터널들. 분화구의 호수들. 때로는 황토빛, 때로는 적색 라테라이트빛, 때로는 구릿빛으로 빛나는 대지. 횡단 단면, 계단식 경사, 층층의 단, 깊이의 변화. 마치 죽은 듯 어떤 물결도 일지 않는 잔잔한 물의 매서운 푸른빛. 달의 풍경 같은 절벽을 따라 이어진 길. 인간-개미, 인간-흰개미, 붉은 라테라이트-인간은 곡괭이로 비탈을 직접 파는 자들, 이 죽음의 터널로 뛰어드는 자들, 스스로를 파묻는 몸짓으로 광석을 채굴하는 그 무덤들과 몸과 색을 하나로 하는 자들. 그들은 개미나 흰개미처럼 무거운 짐을 머리에 이고 등에 지고 진흙탕에 온몸과 발을 빠뜨리며 오간다. 그리고 지상에는 고로[용광로]와 굴뚝, 그리고 피라미드인지 영묘靈廟인지 아니면 이 둘이 뒤섞인 것인지 알 수 없는 봉분들이 있다.

 분명히 무언가가 땅에서 추출되어 여기, 기계의 창자에서 으깨졌다. 이빨-기계. 거대한 창자-기계. 바위를 삼키고 으깨고 소화하는 항문-기계는 그 뒤에 거대한 배설의 흔적을 남긴다. 이와 동시에 철과 강철 더미가 있다. 붉은 벽돌, 버려진 창고들, 개미-인간들과 흰개미-인간들에 의해 하나씩 해체되어 드러난 것들. 여전히 서 있는 작업장들은 고철 등으로 장식되어 해골 밭과도 닮았다. 비바람에 녹슨 거대한 눈먼 기계들은 쓸모없어진 과거를 증언하는 잔재로, 이제는

---

40 옮긴이주. 여기서 묘사되는 풍경은 19세기 식민지 시기부터 이어져온 아프리카 열대 및 아열대 광산 채굴 지대를 가리킨다. 금·코발트·구리·보크사이트 등 자원의 대규모 채굴 과정은 토양 침식, 갱도와 분화구의 확장, 라테라이트 토양의 변형을 남겼으며, 이는 인간 노동과 기계적 폭력의 흔적으로 지층과 신체에 동시에 새겨진다.

결코 되풀이할 수 없지만 잊기 또한 어려워 보인다.

그러나 그 기계는 낡아 누더기, 그루터기, 해골, 조각상, 기념물, 비석, 심지어 유령이 되었다. 오늘날 깎고, 뚫고, 채굴하던 이 기계의 세계는 무너졌다. 그것은 이제 공허의 기호 아래에서만 존재한다. 그럼에도 쇠락한 기계는 그 수직성의 위용 속에서 그 덩치와 표식으로 여전히 풍경을 지배하며 그것을 내려다보고 있다. 순수한 인위성 속의 원原흔적archi-trace으로서 일종의 남근적, 주술적, 악마적 힘을 드러낸다. 이 세 가지 힘을 포착하기 위해 작가는 그림자 속의 수많은 형상, 목격자 없는 목격자들, 좀처럼 사라지지 않는 한 시대의 묘비-형상들을 무대로 다시 등장시킨다.

이 환영의 극장에서 사슬에 묶인 인간들, 맨발의 포로들, 죄수들, 짐꾼들, 반쯤 벗은 사람들, 초점을 잃은 시선의 사람들이 노예 캐러밴과 식민지 시기 강제노동의 밤에 등장한다. 마치 어제의 악몽이 갑자기 되살아나 현재의 현실에서 재현되는 것처럼, 그들은 우리에게 그 트라우마적 장면을 다시 경험하도록 초대한다. 노예의 목소리처럼 침묵 속에 묻히고 침묵을 강요당했던 하나의 언어, 하나의 목소리, 하나의 말을, 외관상으로는 황량한 이 무대에서 다시 말하게 하는 것이 그들에게 주어진 몫이다.

안티박물관

여기서 '노예'라는 말은 역사학자들과 인류학자들이 잘 묘사해온 다양한 상황과 맥락을 포괄하는 일반적인 용어로 이해할 필요가 있다. 카리브해, 브라질 또는 미국의 플랜테이션 체제가 중심에 있었던 대서양 노예 복합체는 근대 자본주의를 형성하는 데 분명 중요한 연결 고리였다. 이 대서양 복합체는 이슬람-사하라 횡단 복합체complexe islamo-trans-saharien와 같은 유형의 사회, 같은 유형의 노예를 생산하지 않았다. 그리고 대서양 횡단 노예제 체제와 식민지 이전 아프리카 사회의 토착 형태의 노예제 체제가 구별되는 점은 후자의 체제가 신대륙에서 얻은 것과 견줄만한 잉여가치를 추출할 수 없었다는 사실이다.

그러므로 특히 여기서는 특히 신대륙의 노예, 즉 행성 규모의 축적 과정에서 필수적인 톱니바퀴 중 하나였던 그 노예에 주목한다.

그렇다고 해서 역사의 거름이자 비옥한 토양인 이 형상이 박물관에 들어가는 것은 바람직하지 않다. 게다가 이를 반기는 박물관도 존재하지 않는다. 오늘날까지 대서양 횡단 노예제의 역사를 박물관에 전시하려는 대부분의 시도는 그 공허함이 도리어 두드러졌다. 그 안에서 노예는 기껏해야 다른 역사의 부속물, 그러니까 다른 사람, 다른 장소, 다른 사물에 대한 페이지 하단의 인용문 정도로 나타난다. 더구나 노예의 모습이 실제로 오늘날 존재하는 박물관에 들어간다면, 그 박물관은 자동으로 박물관이기를 멈출 것이다. 박물관은 스스로 종말을 고하는 셈이며, 그 경우 박물관을 다른 무엇, 다른 장소, 다른 전시, 다른 배치, 다른 호칭, 심지어 다른 이름으로 변형해야 할 것이다.

겉모습과 달리 박물관은 역사적으로 인류의 다양한 얼굴을 하나의 인류로서 무조건적으로 수용하는 장소는 아니었다. 오히려 근대 이래로 박물관은 강력한 분리의 장치였다. 정복되거나 굴욕을 당한 인류들의 전시는 항상 상처와 침해의 몇 가지 특정 기본 규칙을 따라왔다. 우선, 정복된 인류들은 [박물관에서] 정복한 인류들과 동일한 대우, 동일한 지위, 동일한 존엄을 누린 적이 결코 없었다. 그들은 항상 다른 분류 규칙과 다른 전시 논리의 적용을 받아왔다. 이러한 구분, 또는 분류 논리에 더해 배정[할당]의 논리가 추가되었다. 기본적 확신은 이렇다. 서로 다른 형태의 인류가 서로 다른 사물과 다른 형태의 문화를 만들어냈기 때문에, 그것들은 서로 구별된 장소에, 서로 다른, 그리고 불평등한 상징적 지위를 지닌 장소들에 보관되고 전시되어야 한다는 것이다. 그러한 박물관에 노예가 입장하는 것은 차이, 위계, 불평등 숭배의 근원에 놓여 있는 아파르트헤이트 정신을 배로 확증하는 일일 터다.

한편 박물관의 기능 중 하나는 동상, 미라, [주물이나 부적 같은] 페티시*fétiches*, 즉 숨을 빼앗기고 사물의 관성으로 되돌려진 대상을 제작하는 것이기도 했다. 미라화, 동상화, 페티시화는 모두 앞서 언급한 분리의 논리 위에 정확하게 놓인다. 여기서 문제가 되는 것은 [미라화, 동상화, 페티시화가] 이 형식이 오랫동안 품어왔던 기호[의미]에 평화와 안식을 제공하지 않는다는 점이다. 정복과 '평화' 전쟁 중에 수집된 두개골과 마찬가지로, 이미 형식 뒤에 있는 영혼은 이미 쫓겨났을 것이다. 오늘날 존재하는 그대로의 박물관에서 시민권을 얻기 위해, 노예는 박물관에 앞서 들어간 모든 원시적 대상들과 마찬가지로 자신의 힘과 원초적 에너지를 소진해야만 할 것이다.

이 거름-형상과 이 비옥한 토양-형상이 보여줄 수 있는 위협 또는 잠재적 스캔들은 길들여질 것이며, 그것이 전시의 전제 조건이 될 것이다. 이러한 관점에서 박물관은 박물관화가 되기 이전에는 살아있었던 힘, 즉 권력의 흐름이었던 힘들을 무력화하고 길들이는 공간이다. 이는 특히 서구의 탈기독 사회에서 박물관이 지닌 제의적 기능의 본질적인 측면으로 남아 있다. (정치적, 문화적 기능이기도 한) 이 기능은 기억의 망각 기능과 마찬가지로 사회의 생존 자체에 꼭 필요한 기능일 수 있다.

바로 그렇기 때문에, 노예에게 그의 스캔들의 힘을 보존해두어야 한다. 이 힘은 역설적이게도 스캔들을 있는 그대로 인정하지 않는 데서 비롯된다. 그것을 스캔들로 인정하지 않으려는 거부 속에서도, 이 스캔들은 이 인류의 형상에 반란의 힘을 부여한다. 이 스캔들이 스캔들로서의 힘을 보존하도록 하기 위해 이 노예는 박물관에 들어가서는 안 되는 것이다. 따라서 대서양 노예제도의 역사가 우리에게 촉구하는 것은 **안티박물관**antimusée이라는 새로운 제도를 설립하는 것이다.

노예는 오늘날 존재하는 그대로의 박물관에 자신의 부재를 통해 계속해서 출몰해야 한다. 노예는 어디에도 있고 동시에 어디에도 없어야 하고, 그의 출현은 항상 침입의 방식이어야 하며, 결코 제도의 방식으로 일어나지 않아야 한다. 이것이 노예의 유령적 차원이 보존되는 방식이다. 이것은 또한 노예무역이라는 가공할만한 사건에서 쉬운 결론들이 도출되는 것을 방지하는 방법이기도 하다. 안티박물관은 어떤 제도도 아니며, 다른 장소의 형상, 즉 급진적인 환대의 장소의 형상이다. 피난처인 안티박물관은 또한 인류의 모든 버려진 존재들과 우리 근대의 역사가 하나의 희생 제의적 체계였음을 증언하는 자들인 '대지의 저주받은 자들'을 위한 무조건적인 휴식과 안식처로 여겨져야 한다. 이러한 역사는 아카이브라는 개념으로는 담아내기가 녹록지 않다.

자가포식

항상 과거와 연결되어 있고 필연적으로 기억의 역사를 다루어야 하는 모든 아카이브는 실제로 일종의 균열을 지니고 있다. 그것은 동시에 개척로이자 열림이며, 분리이자 금, 깨짐이자 분열, 갈라짐이자 단절, 크레바스이자 실금, 심지어 찢어짐이다. 그러나 아카이브는 무엇보다 그 본질이 근원에서 상처로 이루어진 균열성의 물질이다. 사실 아카이브는 그 금을 가지고서만 존재한다. 우리는 언제나 거기에 들어가는데, 마치 좁은 문을 통과하듯 그 안으로 들어가 사건의 두께와 그 틈새를 깊이 들여다보려고 노력한다. 아카이브 자료에 침투한다는 것은 흔적을 다시 방문한다는 것을 의미한다. 그러나 무엇보다도 그것은 바로 그 경사면을 파고드는 것을 의미한다. 우리의 경우, 실제 사건이 아니라 그림자의 힘에 잠긴 역사적 사건들, 혹은 오히려 실제 사건보다 그림자를 고집스럽게 고정시키는 방식으로 기억을 만드는 경우가 자주 있었기 때문에 이는 위험한 시도였다. 우리는 종종 이미 존재하는 흔적 위에 자신의 실루엣을 그리고, 그림자의 윤곽을 붙잡아 [우리가] 그림자인 채로 그림자 속에서 우리 자신을 보려고 시도해야 했다.

그 결과는 때때로 당황스러웠다. 우리는 한 그림 속에서 우리 자신의 머리에 총을 쏘고 있다. 더 나아가 우리는 수백만 명의 생명을 앗아간 기근의 절정기에 있는 에티오피아의 아이가 된다. 우리는 우리 자신과 다름없는 죽은 고기를 청소하는 맹금에게 잡아먹히기 직전이다. 자가포식autophagie이라고 해야 할까. 이뿐만이 아니다. 인종분리 당시 미국 남부의 네그르로서 목에 밧줄이 걸린 채, 우리는 홀로 나무에 달려 있다. 목격자도 없이, 독수리의 자비에 맡겨진 채. 우리는 형상화 불가능성infigurabilité을 무대에 올리려 노력한다. 그것이 설령 실제 우리 자신의 인격이 아니더라도, 적어도 우리라는 등장인물의 구성요소라고 제시하고자 하는 것이다.

이러한 모든 몸짓을 통해 우리는 가볍게 시간과 정체성을 넘나들고, 역사를 잘라내고, 거울의 양쪽에 우리 자신을 단단히 배치한다. 그렇게 함으로써 우리는 이전의 흔적을 지우려 하는 것이 아니다. 우리는 과거의 이 흔적들 위에 우리의 여러 실루엣을 집게로 고정하여 아카이브를 포위하려는 것이다. 아카이브를 그대로 방치해둔다고 해서, 반드시 가시성이 확보되는 것은 아니기 때문이다. 아카이브가 생산하는 것은 거울 장치, 즉 현실을 생성하는 근본적 환각이다. 이제 현실을 만들어내는 두 가지 원초적 환상은 확실히 인종과 성이다. 그리고 두 가지 환상은 우리를 인종화하는 데로 이어지는 과정에서 매우 중요한 주제였다.

네그레스Négresse[네그르 여성] 신체가 그 대표적인 사례이다. 그 의미를 이해하기 위해서는, 흑인noire이 된다는 것은 필연의 힘에 의해 보이지 않는 이들의 편에 놓인다는 것이며, 그럼에도 불구하고 [지배자가] 항상 마음대로 재현할 수 있는 존재의 편에 놓인다는 점을 기억하는 것이 중요하다. 네그르, 특히 네그레스는 보이지 않는다. 볼 것이 없다고 여겨지기 때문에, 그리고 기본적으로 우리는 그들과 아무 상관이 없다고 여겨지기 때문에 보이지 않는다. 그들은 우리 중 하나가 아니다. 보이지 않는 그들에 관한 이야기를 하고, 그들을 그리거나, 그들을 재현하거나, 촬영하는 것은 역사 전반에 걸쳐 최고도의 권위적 행위였으며, 이는 욕망 없는 관계의 전형적 표현이었다.

인종차별의 소용돌이에 휘말려 식민의 시선에 의해 보이지 않게 되고, 역겹고, 피투성이가 되고, 외설적인 존재로 전락한 네그르의 몸crops nègres과는 달리, 우리 자신의 몸은 어떤 은폐도 겪지 않는다. 우리의 몸은 수줍은 것 같으면서도 그렇지 않다. 셍고르의 시에서 볼 수 있는 경우다. 조형적이고 양식화된 신체들은 아름다움과 그 선들의 우아함을 통해 빛난다. 사실상 맨몸이거나 관능적으로 묘사될 때조차 그것을 은유할 필요는 없다. 시인은 거의 장난스럽게, 그러한 관능을 바라볼 위험을 무릅쓴 이들이 더 이상 경계하지 않는 그 순간을 의도적으로 포착하려고 한다.

육체들의 이미지, 네그르 몸의 이미지는 실제로 감정들의 엇갈림chassé-croisé을 불러일으킨다. 그들을 보는 사람들을 유혹의 놀이로, 때로는 근본적으로는 모호함으로, 심지어 거부감[혐오]으로 이끌기도 한다. 누군가가 보고 있는 그 사람은 모든 면에서 정확히 같은 사람인가? 누군가가 그를 바라보지만 실제로 그를 보는 것인가? 윤기 나는 매끄러운 표면을 지닌 이 검은 피부는 무엇을 의미하는가? 타인들의 응시 아래 놓여 있고, 사방에서 보이며, 스스로를 타인의 몸 안에 놓아온 이 몸은 어떤 순간에 나에서 대상objet의 상태로 나아가는가? 이 대상이 어떻게 금지된 향락의 기호인가?

게다가 이전의 흔적들 속에 거주하려 하거나 심지어 그것을 전유하려는 경우와는 달리, 어떤 연민도 불러일으키지 않는 네그레스의 이미지가 있다. 이 이미지들은 첫째, 라캉이 "금지된 영역"이라고 부른 것의 극한의 가장자리에서 펼쳐지는 것이라고 시사했듯, 비범한 아름다움을 구현한다. 아름다움의 고유성은 그것을 경험하는 사람을 진정하게 만드는 효과를 발휘하는 데 있다. 이 이미지에서 고통은 부차적으로 보인다. 그 어떤 것도 우리가 시선을 돌리도록 부추기지 않는다. 이는 역사적 린치의 끔찍하고 피비린내 나는, 혐오스러운 이미지와는 거리가 멀다. 벌어진 입도 없고, 뒤틀리고 일그러진 얼굴도 없다.

그 이미지들이 연민을 불러일으키지 않는 이유는 그것들이 친밀한 움직임—몸이 자기 자신을 다루는 작업—의 일부이기 때문이다. 그것들은 때로는 사진이고, 때로는 거울적 이미지이며, 때로는 초상, 심지어는 [어딘가에 비친] 반영reflets이다. 그러나 무엇보다도 이 이미지들은 지표적indiciel 아이콘들로서, 대상과의 관계가 (이 이미지들이 그 저자auteur의 객관적 외양에 충실하다는 의미에서) 물리적인 동시에 (이 이미지들이 단지 대상의 지표적 흔적일 뿐이라는 의미에서) 유비적이다. 이 이미지들은 남성이든 여성이든 이것들을 보는 사람을 사로잡아, 경계를 풀도록 만들어진 것이다.

이러한 관점에서 볼 때 그들은 라캉이 회화에 부여한 진정의 효과와 관련이 있다. 욕망을 비활성화하기는커녕 바라보는 이들의 저항을 중립화하고 차단하며 환상에 불을 붙임으로써 욕망을 강화하기 때문이다. 원초적인 아름다움은 밤의 빛깔을 한 육체에서 흘러나온다. 이것은 금지된 아름다움이며, 바로 그 이유로 명백한 욕망을 생성한다. 그러나 동시에 그것은 남성적 불안을 생성한다. 그러한 아름다움은 거세할 수밖에 없다. 그것은 소비의 대상이 될 수 없다. 그것은 오직 정중하고 정숙한 향유의 대상이 될 수밖에 없다.

네그레스의 신체 이미지의 힘은 아카이브를 무장 해제하는 능력에서 비롯된다. 이러한 이미지를 통해 네그레스들은 자신을 대타자로서 보는 것을 받아들인다. 하지만 그들은 정말로 스스로를 이탈ex-patrier할 수 있을까? 그들은 자신의 몸을 작업하게 한다. 그런데 모든 몸은 그것이 무엇이든지 결코 완전히 자기 자신에 의해 규정되지 않는다. 몸은 또한 항상 대타자에 의해, 즉 그것을 바라보는 자, 응시하는 자, 그리고 우리가 바라보거나 바라보도록 내어주는 몸의 부위들에 의해 규정된다. 자아는 비록 뒤집힌 형태이긴 하지만, 항상 대타자의 시선 속에서 자신의 욕망을 재발견한다.

이렇게 욕망, 자기 자신에 대한 욕망까지 표면화하도록 허용하지만, 그것을 금지된 주이상스에 종속시킴으로써 우리는 이러한 이미지들이 가진 역사적 의미을 부여하는 힘을 제거하는 것은 아닌가? 원래 사물을 해체하고 아카이브—따라서 기표—의 질서 내에서 새로운 항목을 만들 의도가 단순한 자기관조, 자아의 과장이 되어버리는 것은 아닌가? 이런 식으로 자신을 전시함으로써 우리는 타인이 우리를 바라보는 것처럼 우리 자신을 바라보는 것일까? 그리고 그들은 우리를 볼 때 무엇을 보는가? 그들은 우리가 우리 자신을 보는 것처럼 우리를 보는가? 아니면 결국 하나의 신기루를 응시하는 것이 아닌가?

이러한 고찰들을 거치고 나면 우리는 아프로퓨처리즘 비평의 전제를 더 쉽게 이해할 수 있다. 이제 문제는 이 비판이 급진화될 수 있는지, 그리고 이 급진화가 반드시 인류에 대한 모든 개념의 거부를 전제로 하는지의 여부다. 파농에게서는 그러한 거부가 필수적이지 않다. 인류는 영원히 창조 중이다. 인류가 공유하는 바탕은 취약성 vulnérabilité인데, 이는 고통과 퇴화에 노출된 신체의 취약성에서 시작한다. 이 취약성은 다른 존재들에게 노출된 주체의 취약성이기도 한데, 그 다른 존재들이 경우에 따라 자신의 존재를 위협할 수도 있다. 이러한 취약성에 대한 상호 인정 없이는 배려가 자리하는 것은 물론이고, 돌봄은 더더욱 불가능하다.

자신이 타인의 영향을 받도록 자신을 내맡기는 것 혹은 다른 존재에 무방비 상태로 노출되는 것은 주인-노예의 패러다임에도, 무력함과 전능함의 변증법, 전투·승리·패배의 변증법에도 가두어질 수 없는 그러한 형태의 인정을 향한 첫걸음을 구성한다. 오히려 거기에서 발생하는 관계의 종류는 **돌봄의 관계**이다. 따라서 취약성을 인정하고 받아들이는 것—산다는 것은 심지어 죽음을 포함하여, 항상 노출된 채로 살아가는 것을 인정하는 것—이야말로 결국 인간성humanité을 대상으로 하는 모든 윤리적 사유를 전개하는 출발점이다.

파농에 따르면, 이 창조 중인 인간성humanité en création은 "타자의 얼굴", 즉 "나를 나 자신에게 드러내주는" 얼굴과의 만남이 낳은 산물이다.⁴¹ 그것은 파농이 "몸짓geste"라고 부르는 것, 즉 "관계를 가능하게 하는 것"이라고 부르는 것에서 시작된다.⁴² 실제로 인간성은 몸짓―따라서 돌봄의 관계―이 가능한 곳에서만 존재한다. 다시 말해 타자의 얼굴에 정동되도록 자신을 허용하는 곳, 몸짓이 침묵을 깨는 언어, 하나의 말parole과 연결되는 곳에서 발생한다.

그러나 어떤 것도 말에 직접 접근할 수 있다는 보장은 없다. 말 대신에 때때로 거친 비명과 울부짖음, 즉 환각만이 발설될 수 있다. 노예제와 식민주의의 고유한 특징은 고통의 존재들을 만들어내는 것이며, 이들은 즉 그들의 존재가 끊임없이 수많은 위협적인 대타자들에 의해 침범당하는 사람들이다. 이러한 존재들은 정체성의 일부로서, 끊임없는 압박의 시련을 견디며 대타자의 의지에 노출된 채 살아간다. 대부분 이들의 말은 환각에 사로잡힌 말이다.

그것은 놀이와 흉내에 핵심적 중요성을 부여하는 말이다. 이 말은 확산되는, 마치 소용돌이처럼 펼쳐지는 말이다. 이 휘몰아치고 격렬한 말은 공격적이고 항의적인 성격을 띠는 속에서도 "유아기적 좌절과 관련된 불안을 관통하는" 말이다.⁴³ 파농은 환각의 과정에서 세계의 붕괴가 목격된다고 설명한다. "환각적 시간과 환각적 공간은 현실에 대한 어떠한 주장도 전제하지 않는다." 왜냐하면 그것은 "끊임없이 탈주 중인"⁴⁴ 시간과 공간이기 때문이다.

---

41 Frantz Fanon, *Écritssur la liberte et l'alienation*, op. cit., p. 181.
42 *Ibid.*, p. 182.
43 *Ibid.*, p. 373.
44 *Ibid.*

이 상처 입은 이들에게 말을 하게 한다는 것은 그들의 약화된 능력을 되살리는 것을 의미한다. 파농이 다루는 의학적 사례에서 약화된 능력을 회복하는 것은 필요에 따라 [치유를 위한] 전면적 파괴anéantissement를 거치기도 한다.[45] 마취요법 시간을 대신하는 것은 베일에 싸인 채 말, 비명, 울부짖음의 틈새로 비집고 들어가는 그 부분, 주체의 은폐된 부분을 직접적으로 대면하는 것이다. 이러한 공격적 대면은 인격에 대한 폭행에 가까운 것으로, 방어를 무너뜨리고, 분열된 주체의 폐기물 부분과 찌꺼기 부분을 철저히 벌거벗긴 채 드러내는 것을 목표로 한다.

그 후 주체는 깊은 잠에 빠져드는데, 이는 혼미성 기억상실 단계로 가는 왕도다. 주체를 혼미성 기억상실 단계로 침전시킴으로써 그를 그 자신의 기원으로, 즉 그가 '세상에 나오는 순간', 의식의 시작점으로 되돌리는 것이 목표다. 전기충격 요법과 인슐린 쇼크 요법을 통해 그는 역방향의 경로를 시작하여 모든 인간이 한때 경험한 원초적 상황, 즉 절대적으로 취약한 상태, 아이와 어머니의 관계, 위생을 위한 보살핌, 젖먹이 아기, 처음으로 말한 단어, 첫 얼굴, 첫 이름, 첫 걸음, 첫 사물을 마주하게 된다. 따라서 부활은 인격의 '해체-재건' 과정이다. 그것의 궁극적인 목표는 자아와 세계의 재발견이다.

---

45 특히 다음 두 편의 글을 참고하라. "Sur quelques cas traités par la méthode de Bini" 그리고 "Indications de la thérapeutique de Bini dans le cadre des thérapeutiques institutionnelles", in *ibid.*, pp. 238-249.

자본주의와 애니미즘

그 외에, 인본주의에 대한 아프로퓨처리즘의의 비판은 자본주의에 대한 동등한 비판과 결합될 때만 심화시킬 수 있다.

자본주의는 그것이 시작된 이래로 세 종류의 충동에 의해 추동되어 왔다. 첫 번째는 인종 또는 종種(여기서는 네그르)을 끊임없이 만들어 내는 것이다. 두 번째는 모든 것을 계산 가능하고 교환 가능한 상품으로 전환하려는 것이다(일반화된 교환 관계의 법칙). 세 번째는 생명체 자체의 생산에 대한 독점을 추구하는 것이다.

'문명화 과정'이란 이러한 충돌을 조절하고 때로는 성공하고 때로는 실패하면서도 몇 가지 근본적인 구분을 유지하는 것이었다. 이 구분들이 사라지면 '인류의 종말'은 분명 가능할 것이다. 즉, 주체는 객체가 아니고, 모든 것을 산술적으로 계산하고 사고팔 수 있는 것은 아니며, 모든 것이 착취 가능하고 대체 가능한 것은 아니라는 정도의 구분이다. 또한 몇몇 왜곡된 환상은 반드시 승화되어야 하며, 그렇지 않으면 사회가 전면적으로 파괴되는 결과로 이어질 것이다.

신자유주의 시대는 이러한 제방이 차례로 무너지는 시대이다. 인간personne humaine이 사물이나 동물, 또는 기계와 뚜렷이 구별된다는 것은 더 이상 확신할 수 없다. 어쩌면 인간 개체는 본질적으로 하나의 사물이 되기를 열망할지도 모른다.[46] 인류 내에서 종과 아종을 만드는 것이 금기시된다는 것은 더 이상 확실하지 않다. 금기의 철폐와

---

46 Hito Steyerl, "A thing like you and me", *e-flux*, no. 15, 2010.

온갖 종류의 충동이 거의 전면적으로 혹은 완전히 해방되면서, 그것들을 끝없는 축적과 추상화 과정 속에서 그만큼 [가공 가능한] 자원이 될 수 있는 수많은 재료matériaux로 전환하는 것이 우리 시대의 근본적인 특징이다. 이러한 사건들과 비슷한 성격의 몇몇 다른 현상들은 자본주의와 애니미즘 사이의 융합이 상당히 진전되고 있음을 보여 준다.

경제의 원재료가 더 이상 실질적 영토, 천연자원, 인간이 아니기 때문에 더욱 그렇다.[47] 물론 영토, 천연자원, 인간은 여전히 필수적이지만, 경제의 자연적 환경은 이제 프로세서와 생물학적, 인공적 유기체의 세계이다. 그것은 화면들의 천체적 우주이며, 유동적인 미끄러짐과 빛남, 방사의 세계다. 그것은 인간의 두뇌와 자동화된 연산의 세계이며, 또한 점점 더 작아지고 더 미세화되는 도구로 작업하는 세계이기도 하다.

이러한 조건에서 네그르를 생산하는 것은 더 이상 정확히는 종속의 사회적 유대나 주인의 의지에 전적으로 노출되어 최대의 이윤을 뽑아내고자 하는 **추출용 신체**를 만드는 것을 의미하지 않는다. 또한 어제까지 네그르란 태양이 그 외양에 새겨놓은 흔적과 피부색으로 특징지어지는 아프리카 출신의 인간이었다면, 오늘날은 더 이상 반드시 그렇지는 않다. 우리는 이제 한때 네그르에게만 해당되었던 조건이 전도의 방식으로 점차 보편화되는 추세를 목격하고 있다. 이 조건이란 인간을 사물, 대상, 팔거나 살 수 있거나 소유할 수 있는 상품

---

47   Joseph Vogl, *Le Spectre du capital*, Diaphanes, Paris, 2013.

으로 환원하는 것이다.

물론 '인종적 주체들'의 생산은 분명 계속되고 있지만, 새로운 방식 아래서 진행된다. 오늘날의 네그르는 더 이상 단지 아프리카 출신의 사람, 즉 태양이 그 외양에 새겨놓은 흔적('표면의 네그르Nègre de surface')을 지닌 사람만이 아니다. 오늘날의 '심층의 네그르Nègre de fond'는 인류의 하위 범주, 즉 하위적 **인류의 한 유형**이다. 이들은 자본이 거의 필요로 하지 않는, 구역화와 추방의 운명해 처한 잉여적이고 거의 과잉인 부분이다.[48]

이 '심층의 네그르'는 이러한 인류의 한 유형으로, 그 어느 때보다 자본주의가 애니미즘적 종교의 방식으로 제도화되는 시기에 세계 무대에 모습을 드러낸다. 한편, 과거의 살과 뼈를 가진 인간은 사라지고 흐름의 인간homme-flux이 그 자리를 차지한다. 이 새로운 인간은 디지털화된 존재로, 온갖 종류의 합성 기관과 인공 보철물에 의해 전방위에서 침투당하고 있다. '심층의 네그르'는 이 소프트웨어 인간성humanité logicielle의 대타자이며, 種종의 새로운 형상이자, 자기물화autoréification로 자기자본화의 최선의 기회를 구성하는 새로운 자본주의의 시대를 대표하는 전형적 모습이다.[49]

마지막으로 천연자원의 대규모 착취 기술의 가속화된 개발이 세계를 수학화하려는 오래된 기획의 일부였다면, 이 기획 자체는 궁극

---

48 Saskia Sassen, *Expulsions. Brutality and Complexity in the Global Economy*, Harvard University Press, Cambridge, 2014.

49 Achille Mbembe, *Critique de la raison nègre, op. cit.*

적으로 하나의 목표, 즉 오늘날 대부분 디지털 방식으로 작동하는 경향이 있는, 생명의 관리를 목표로 했다.[50] 테크네트로닉 시대에[51] 인간은 점점 더 흐름의 형태, 추상화된 코드, 대체 가능한 존재 단위의 형태로 나타난다. 이제는 생명체를 포함해 모든 것을 제조할 수 있다는 생각이 있기 때문에 실존existence은 관리 가능한 자본으로 간주되고, 개인[개체]는 하나의 장치dispositif 내 입자로 간주되거나 또는 다른 코드들과 연결된 코드로 번역되어야 하는 정보의 조각으로 간주되는데, 이는 끊임없이 심화되는 추상화의 논리를 따른다.

이 거대 연산의 우주에서, 또 다른 지성의 체계가 생겨나고 있는데, 그것은 아마도 인류-기계적anthropo-machinique이라고 특징지어야 할 것이다. 따라서 우리는 새로운 인간 조건으로 이행하는 과정에 있다. 인류는 근대성과 인본주의에 관한 담론의 전형인 인간, 동물, 기계 사이의 거대한 구분을 뒤로하고 떠나고 있다. 오늘날의 인간은 이제 자기의 동물성과 자기의 기계성과 단단히 결합되어 있으며, 인공 두뇌들의 집합, 그리고 삶의 광범위한 디지털화의 기반을 형성하는 이중, 삼중의 구조와 연결되어 있다.

그렇기 때문에 과거의 주인과는 달리 오늘날의 주인은 더 이상 노

---

50 Éric Sadin, *op. cit.*

51 옮긴이주. 테크네트로닉 시대(âge technétronique)라는 용어는 즈비그뉴 브레진스키(Zbigniew Brzezinski)가 1970년 《두 시대 사이에서Between Two Ages》에서 제시한 것으로, 기술(technique)과 전자(electronic)의 결합을 뜻한다. 브레진스키는 이 시대를, 전자공학·컴퓨터·통신 기술의 급속한 발전으로 인간 활동이 점점 더 데이터화·코드화되고, 정치와 사회 조직 전반이 기술적·정보적 구조에 의해 지배되는 시기로 규정했다.

예를 필요로 하지 않는다. 노예를 갖고 있는 부담이 너무 커지자 주인은 대부분 노예를 처분하려고 했다. 그러므로 21세기의 가장 큰 역설은 주인 없는 노예와 노예 없는 주인의 계급이 계속 증가한다는 것이다. 물론 이윤을 늘리기 위해 인적 자원과 천연자원을 여전히 착취하고 있는 것도 사실이다. 그러나 이런 전환은 결국 논리적 귀결이다. 새로운 자본주의는 무엇보다 거울적spéculaire이기 때문이다.

이를 이해한 옛 주인들은 이제 노예들을 처분하려고 노력한다. 노예가 없으면 반란도 있을 수 없다고 생각하는 것이다. 봉기의 잠재력을 잘라내려면 노예가 가진 모방적 잠재력을 해방시켜주기만 하면 충분하다고 여긴다. 새로 해방된 자들이 그들이 결코 될 수 없는 주인이 되고자 하는 욕망에 자신을 소모하는 한 상황은 달라질 수 없을 것이다. 언제나, 어디서나 동일한 것이 반복되는 것, 이것이 규칙이 될 것이다.

살아있는 존재의 해방

그러한 구도 속에서 인종주의의 미래를 살펴볼 차례다. 역사적으로 볼 때, 적어도 정착 식민지나 노예제 국가에서 인종주의는 항상 자본의 보조금 역할을 했다. 예전에는 이것이 인종주의의 기능이었다. 계급과 인종은 상호 구성적 요소였다. 일반적으로 인종에 따라 특정 계급에 속하게 되고, 특정 인종에 속한다는 것은 사회적 이동 가능성과 특정 지위에 대한 접근성을 제한하는 요인이 되었다. 계급투쟁은 인종투쟁과 분리될 수 없었으며, 비록 두 형태의 적대가 때때로 독자적 논리에 의해 주도되기도 했지만 말이다.[52] 실제로 인종화 과정은 필연적으로 차별의 관행을 통해 작동했다. 인종은 사회적 차이를 자연화하고 원하지 않는 사람들을 법률로, 심지어는 강제로라도 [사회적·제도적] 틀 안에 가두는 것을 가능하게 했다.

오늘날에는 더 이상 생물학으로 정당화할 필요가 없는 새로운 종류의 인종차별이 등장하고 있다. 예를 들어, 이러한 인종차별은 외국인 사냥을 선동하거나, '문명'들의 양립 불가능성을 선언하거나, 우리가 같은 인류에 속하지 않는다고 주장하거나, 문화는 통약通約될 수 없다고 선언하고, 그들의 종교의 신이 아닌 다른 신은 거짓된 신이라고 주장하며 그것을 조롱하거나 거리낌 없이 모독할 수 있다고 여기는 것만으로 충분하다.

서구의 현재 위기 상황에서 이러한 유형의 인종주의는 민족주의를 보완하고 추동하는 역할을 한다. 지금은 한편으로는 신자유주의 세계화로 인해 민족주의, 나아가 민주주의 자체의 진정한 내용이 사라지고 진정한 의사결정의 중심이 멀리로 옮겨가는 상황이다. 또 한편 최근의 유전학과 생명공학 기술의 발전은 인종이라는 개념이 무의미하다는 생각을 확인시켜준다. 그러나 역설적이게도 이러한 진보는 인종이 없는 세계에 대한 아이디어에 새로운 자극을 주기는커녕, 지난 세기의 전형적인 분류 및 차별화라는 낡은 기획을 부활시키

---

52   Cedric J. Robinson, *Black Marxism. The Making of the Black Radical Tradition*, University of North Carolina Press, Chapel Hill, 1983.

고 있다.

자본주의의 국경 없는 (비록 불평등하긴 하지만) 확장의 일환으로 세계를 통합하는 복잡한 과정이 진행 중이다. 이 과정은 차이의 재발명, 동일한 세계의 재발칸화, 그리고 다양한 분리와 분절적 포섭의 경계선에 따른 세계의 재구획과 함께 진행된다. 이 선들은 사회와 국가 내부의 선인 동시에 행성 규모의 지배를 위한 분할선을 그린다는 점에서 수직적인 선이다. 지구 시스템의 유한성에 대한 자각이 그 어느 때보다 생생하고 인간종이 다른 생명 형태들과 얽혀 있다는 사실이 그 어느 때보다 분명해진 지금, [역설적이게도] 아파르트헤이트의 행성화는 세계가 곧 당면할 미래일 것이다.

그렇다면 이제부터 우리는 우리 시대의 구체적인 조건에서 예속된 자들의 해방 잠재력를 해방한다는 질문을 어떻게 새로운 용어로 제기할 것인가? '인간'이 아마도 곧 우리 자신을 능가할 인지적 권능을 부여받은 몇몇 다른 존재들 사이의 하나의 힘에 불과한 때, 자신을 구축하거나, 자신의 운명을 추적하거나, 다시 자신을 형성한다는 것은 무엇을 의미하는가? 그렇다면 여러 조각으로 쪼개진 인간의 형상이 인공적, 유기적, 합성적, 심지어 지질학적 힘들의 얽힘과 대면해야 하는 이때, 그것을 다루어야 한다는 것은 무엇을 의미하는가? 자신의 폭력과 인종주의적 열정을 보지 못하는 추상적이고 미분화된 인본주의라는 오래된 개념을 실격시키는 것으로 충분한가? 그리고 '인간종'이라는 호소가, 자기 자신이 멸종 위험에 처했기 때문에 비로소 자기 자신과의 관계를 재발견하는 방식으로 호출되는 경우, 그 한계는 무엇인가?

더욱이 동시대 조건 속에서 우리는 어떻게 세계적 차원에서 민주주의적 정치를 공고히 하는 데 기여할 수 있는 사유, 즉 차이보다는 상호 보완성의 사유를 출현시키는 것을 촉진할 수 있을까? 우리는 인류 역사상 가장 기이한 시대를 통과하고 있다. 근대 자본주의의 역설 중 하나는 시간을 창조하는 동시에 소멸시키는 것이다. 시간을 창조하고, 가속하고, 폭파시키는 이 이중의 과정은 '기억하기'라는 우리의 능력, 즉 집합적 의사결정의 공간을 함께 구축하고, 진정으로 민주적인 삶을 경험하는 능력에 치명적 영향을 미친다. 기억 대신에 우리는 이야기를 하는 능력, 온갖 종류의 이야기를 하는 능력을 수십 배 향상시켜왔다. 하지만 그것은 점점 더 많은 이들이 자신의 상태를 인식하지 못하도록 설계된, 강박적으로 되풀이되는 이야기들이 되고 있다.

이 새로운 조건은 무엇일까? 주인을 상대로 승리를 바라는 잠재적 희망은 더 이상 유효하지 않다. 우리는 더 이상 주인의 죽음을 기다리지 않는다. 우리는 더 이상 그가 죽을 수 있다고 믿지 않는다. 주인은 더 이상 필멸의 존재가 아니므로 우리 자신이 주인의 일부가 된다는 유일한 환상이 우리를 지배한다. 우리는 이제 오직 하나의 욕망, 즉 점점 더 화면들 위에서, 화면들을 통해서 살아가는 욕망만이 남았다. 화면은 새로운 무대이다. 화면은 단순히 허구와 현실의 거리를 없애려는 것에 그치지 않는다. 화면은 현실을 생성하는 장치가 되었고, 그것은 이 세기의 조건의 일부가 되었다.

그토록 오랫동안 민주주의를 주창해온 오래된 국가들을 포함해 민주주의는 거의 모든 곳에서 위기에 처해 있다. 아마 과거 어느 때보다도 민주주의는, 우리가 공유하고 있으며, 공동적인 것 안에서의 인간적 세계의 토대이자, 공적 공간이 돌보아야 할 것인 기억과 말의 온전하고 완전한 가치를 인정하는 데 큰 어려움을 겪고 있다.

여기에서 말과 언어를 언급하는 이유는 그것들이 가진 계시의 힘과 상징적 기능뿐 아니라, 무엇보다도 그 물질성 때문이다. 모든 진정한 민주주의의 체제에는 말의 물질성이 존재하는데, 이는 근본적으로 우리가 우리 자신과 세상에 대해 발언하고 이 세상에 작용하는 데 우리가 가진 것은 말과 언어뿐이라는 사실에서 비롯된다. 그런데 이제 말과 언어는 도구, 나노-대상,[53] 기술이 되었다. 그것들은 무한한 재생산의 순환에 흡수되어 스스로를 도구화하는 것을 멈추지 않는 도구가 되었다.

그 결과 우리의 의식을 강타하는 끊임없는 사건들의 흐름은 우리의 기억 속에 역사로서 새겨지지 않는다. 사건들이 기억 속에 역사로 각인되려면, 정신적이면서도 사회적인, 간단히 말해서 상징적인 특정한 작업을 거쳐야만 한다. 그러나 이러한 작업은 오늘날 우리 문명이 처한 기술적, 경제적, 정치적 조건 속에서 민주주의에 의해 거의 수행되지 않고 있다.

이러한 민주주의와 기억 간 관계의 위기는 우리가 삶을 살아가는 틀을 이루는 두 가지 명령, 즉 세계를 수학화하라는 명령과 도구주의 명령에 의해 더욱 악화하고 있다. 이 명령은 인간 존재로서 우리

---

53 옮긴이주. 나노-대상(nano-objets)은 나노미터(10^{-9}m) 수준에서 인공적으로 제작되거나 조작되는 물질, 입자, 재료, 장치 등을 지칭한다.

가 실은 구체적인 존재가 아니라 디지털 단위라고 믿게 만든다. 세계는 결국 해결해야 할 문제 상황의 집합으로 여겨지고, 이러한 문제 상황에 대한 해결책은 실험경제학과 게임이론의 전문가들에게서 찾을 수 있다고 여겨진다. 나아가 우리를 대신하여 그들에게 결정을 맡겨야 한다는 것을 믿게 만든다.

자본주의와 애니미즘의 합류에 대해 결국 우리는 무엇을 말해야 할까? 인류학자 필리프 데스콜라Philippe Descola가 회상하듯이 애니미즘은 19세기 말에 원시적 믿음으로 정의되었다. 당시 사람들은 이른바 원시인들이 무생물에 거의 불가사의한 힘과 능력을 부여한다고 생각했다. 그들은 동물, 식물, 사물 등 비인간적 자연 및 초자연적 존재들이 인간과 유사한 영혼과 의도를 가지고 있다고 믿었다. 이 비인간 존재들은 인간과 의사소통을 할 수 있고 매우 친밀한 관계를 맺을 수 있는 영혼을 지니고 있다고 믿었다. 이 점에서 원시인들은 우리와 달랐다. 원시인과 달리, 우리는 우리 자신과 동물의 차이를 알고 있었기 때문이다. 우리가 식물뿐 아니라 동물과도 다른 것은 우리가 주체로서 고유한 내면성, 자기표상 능력, 우리만의 의도를 가지고 있다는 사실이었다.

이러한 합류는 온갖 허구를 만들어내는 동시대 신자유주의 이데올로기의 부활에서 나타난다. 그 한 가지 예가 신경-경제학적 인간이라는 허구다. 이 인간은 전략적이고 냉정하고 계산적인 개인은 시장의 규범을 내면화하고 마치 실험경제학의 게임처럼 자신의 행동을 통제하고, 자신의 즐거움의 몫을 최적화하기 위해 자신과 다른 사람들을 도구화하는데, 감정적 능력이 유전적으로 미리 결정되어 있는 인간이다. 경제학과 신경과학의 교차점에서 태어난 이 허구는 정신분석학과 정치철학이라는 비극적 주체, 즉 자기 자신 및 타인과 갈등하면서도 서사와 투쟁, 역사를 통해 운명의 행위자가 되는 주체를 청산하는 데 이른다.

결론

통행자의 윤리

21세기는 하나의 고백과 함께 시작된다. 그것은 모든 것들의 극단적인 취약성, 전체Tout의 극단적인 취약성의 고백이다. 최근 에두아르 글리상이 시로 형상화한 '전 세계Tout-Monde'라는 개념부터가 그렇다.

지구적 조건은 결코 인간만의 유일한 조건이었던 적이 없었다. 그리고 내일은 오늘보다 훨씬 덜 그럴 것이다. 앞으로 어떤 권력도 여러 개의 핵으로 나뉘어 균열된 채로만 존재하게 될 것이다. 이 권력의 균열은 인간에게 자유를 경험할 수 있는 기회를 의미하는가, 아니면 오히려 우리를 분리의 벼랑 끝으로 이끌 것인가?

극도의 취약성의 시련 속에서 많은 이들이 [원초적 상태이자 순수했던 과거로서 이상화하는] 기원의 반복에 유혹되는 반면, 또 다른 이들은 공허함에 이끌린다. 이 둘은 모두 재생성이 차이의 급진화, 파괴의 힘에 의한 구원에서 비롯할 것이라고 믿는다.

그들은 보존하고, 유지하며, 지키는 것이 이제는 존재의 조건이자 지평이라고 믿는다. 다시 검이 모든 것을 결정하는 이 시각에, 정치 그 자체마저도 폐지될 위기에 처해 있다.

민주주의는 끊임없이 소진되며, 그 체제를 바꾸고 있다. 이제 민주주의의 대상은 환상과 우연뿐이라서 민주주의는 상징도, 의미도, 운명도 없는 예측할 수 없고 편집증적이고 무정부적인 권력이 되었다. 정당성이 결여된 민주주의에 남은 것은 장식뿐이다.

이제부터는 어떤 것도 신성불가침이 아니다. 양도할 수 없는 것은 없으며, 시효로 소멸되지 않는 절대적인 것은 없다. 어쩌면—그마저도 확실하지는 않지만— 오직 재산만이 예외일 것이다.

이러한 상황에서는 근본적으로 어느 누구도 사실상 특정 국가의 시민이 아닐 수도 있다.

우리는 우리가 태어난 나라를, 그들의 얼굴, 풍경들, 혼란스러운 다중성, 강과 산, 숲과 사바나, 계절, 새들의 노래, 곤충들, 공기, 땀과 습기, 진흙, 도시의 소음, 웃음, 무질서와 무절제, 그리고 어리석음까지, 우리 안 깊이 간직하고 있다.

그러나 걸음을 옮기는 동안, 이 나라들도 우리에게 낯설어졌고, 이제 우리는 가끔씩 이 나라들을 때때로 역광 속에서 엿보게 된다.

그럼에도 어떤 날에는 침묵 속에서 그 나라의 이름을 속으로 부르며, 다시 어린 시절의 오솔길을 따라 걷고 싶어진다. 우리는 우리가 태어났던 그 땅들에서 멀리 떠나왔지만, 결코 잊지 못했고, 한 번도 완전히 떨어져 나갈 수 없었고, 그 땅이 우리에게 걱정을 멈추게 한 적도 없었다. 알제리 전쟁의 한가운데서 자신이 태어났던 마르티니크 섬을 기억하는 파농이 그랬다.

이 기억은 동시에 거리 두기이고, 자기탈피autodépouillement이다. 그렇다면 이것은 자유롭게 살고 생각하기 위해 치러야 할 대가일까? 다시 말해, 그 자유는 어떤 결핍과 어떤 이탈에서 출발하는 것, 즉 더 이상 잃을 것이 없는 사람의 위치에서 비롯하는 것이다. [그가 잃을 것이 없는 이유는] 그는 처음부터 어느 정도 자신을 위해 무엇이든 점유하려는 것을 포기했거나, 혹은 이미 모든 것 또는 거의 모든 것을 잃었기 때문이다.

하지만 왜 자유와 생각할 수 있는 능력, 모든 형태의 상실을 받아들이는 태도가—따라서 계산과 무상함에 대한 일정한 관념—이렇게 긴밀하게 결합되어야 하는가?

모든 것 또는 거의 모든 것을 잃는다는 것—더 나아가 모든 것으로부터 분리되거나 모든 것 또는 거의 모든 것을 포기하는 것—이 이 세계와 이 격동의 시대 속에서 우리가 평온함을 얻기 위한 조건인가? 우리가 가진 것은 우리가 존재하는 것에 비하면 거의 가치가 없고, 우리가 얻는 것은 우리가 잃는 것과 먼 관계에 있을 뿐이지 않은가?

또한 모든 것 또는 거의 모든 것으로부터 분리되거나, 모든 것 또는 거의 모든 것을 포기한다는 것은 이제 더 이상 우리가 '아무데도' 있지 않다는 것, 아무것에도 어떤 이름에도 더 이상 책임지지 않는다는 것을 의미하는 것인가?

그렇다면 우리가 어딘가에 태어났다는 사실—즉, 살과 뼈로 된 관계, 땅과 혈통이라는 이중의 법칙—이라는 우연과 진정으로 단절할 수 없다면 과연 자유란 무엇이란 말인가?

우리가 누구인지, 우리가 어떻게 인식되고, 타인이 우리를 누구로 여기는지가 어떻게 이 우연한 사건에 의해, 그렇게 돌이킬 수 없이 결정될 수 있을까? 왜 그것이 우리가 무엇에 대해 권리를 갖는지, 그리고 그밖의 것들을—우리가 무엇을 얻기를 희망할 때마다 반드시 제시해야 하는 증거, 서류, 그리고 정당화의 총합을—그렇게도 결정적으로 좌우하는가. 존재할 권리부터, 삶이 결국 우리를 데려가는 그곳에 있을 권리, 자유롭게 이동할 권리에 이르기까지.

세계를 횡단하며 우리가 태어난 곳이 지니는 우연성과 그것이 담고 있는 자의성과 제약의 무게를 가늠하는 것, 삶과 존재의 시간이라는 돌이킬 수 없는 흐름을 결합시키며, 우리가 나그네라는 지위를 받아들이는 법을 배우는 것—어쩌면 이것이 최종적으로 우리 인간성의 조건이자, 우리가 문화를 창조하는 기반일지도 모른다. 어쩌면 이것이 결국 우리 시대의 가장 다루기 힘든[치료 불가능한] 질문이자, 파농이 그의 약국, **통행자**passant의 **약국**에서 우리에게 물려주었을 질문들이다.

사실 '통행자'만큼 의미가 풍부한 용어도 드물다.

우선 이 통행자passant라는 단어에는 몇 가지 다른 단어가 포함되어 있다. 첫 번째는 [걸음, 부정, 리듬 등의 의미를 지닌] '파pas'다. 이는 부정형(아직 존재하지 않거나, 오직 그 부재를 통해서만 존재하는)인 동시에 달리거나 걷기, 어떤 이동 안에서의 리듬, 운율, 심지어 속도, 즉 (그 안에) 움직임이 있는 것을 뜻한다. 그리고 또 마치 이면처럼 '과거passé'가 있다. 이 과거는 이미 일어난 일의 흔적으로서의 과거가 아니라, 일어나고 있는 과정 중의 과거다. 즉, 그것이 틈입하는 순간, 그것이 발생하는 그 행위 안에서, 그리고 마치 균열을 통해 일어나는 바로 그 순간, 사건으로 태어나고 사건이 되려고 애쓰는 과거다.

다음으로 '통행자passant'가 있다. 이는 '다른 곳'의 형상인데, 통행자는 단지 지나갈 뿐이며, 정확히는 다른 곳에서 와서 다른 하늘로 향하고 있다. 그는 '통과하고(지나가고)' 있기 때문에 적어도 잠시간은 우리는 그를 환영해야만 한다.

그러나 여기에는 '전달자passeur'도 있고, 더 나아가 '통로passage'와 '승객passager'도 있다. 그렇다면 통행자는 이 모든 것을 동시에 지닌 존재일까? 차량, 다리 또는 통로, 배의 뱃머리 줄을 덮는 판자, 다른 곳에 뿌리를 두고 있으면서도 어딘가에 잠시 머물다 때가 되면 귀향하는 자일까? 그러나 만약 그가 돌아오지 않고, 우연히라도 길을 계속 이어가며, 한 곳에서 다른 곳으로 이동하고, 필요한 경우 지나온 길을 되짚어보면서도, 항상 자신의 출생지 주변에만 머물면 어떤 일이 벌어질까? 그가 스스로를 '난민'이나 '이주민', 더 나아가 '시민'이나 선주민—뿌리의 사람—이라고도 자처하지 않는다면 과연 어떤 일이 벌어질까?

우리 시대를 논의하면서 통행자의 형상, 삶의 덧없음을 불러낼 때, 우리는 망명, 피난, 도피 또는 유목생활을 찬미하는 것이 아니다.

보헤미안적이고 뿌리 없는 세계를 찬양하는 것도 아니다.

오늘날의 상황에서는 그러한 세계가 애초에 존재하지 않는다. 그 대신 내가 이 긴 책 전반에서 시도한 것은 가파른 길을 걷기 위해 애쓴 한 인간의 형상을 환기하고자 하는 것이다. 그는 조국을 떠나 다른 곳, 다른 나라에서 살았으며, 그곳들을 진정한 거처로 만들고, 그 과정에서 자신을 인정해준 이들의 운명과 자신의 운명을 묶어버린 사람, 그리고 그 얼굴에서 그들 자신의 얼굴, 곧 도래할 인류의 얼굴을 본 사람이다.

세계-내-인간-되기는 출생이나 출신, 인종의 문제가 아니다.

그것은 여정과 흐름, 그리고 변신transfiguration의 문제이다.

변신의 기획은 주체가 의식적으로 자신의 삶 속에 있는 부서진 부분을 받아들일 것을 요구한다. 주체는 때로는 있을 법하지 않은 우회로와 접근을 감수하게 하며, 우리가 보통은 분리하는 것들에 공동의 표현을 부여하려 한다면 그 틈새에서 활동할 것을 요구한다. 파농은 자신이 처한 불안정하고 유동적인 지도의 위상을 온전히 받아들이기 위해, 일정한 거리를 둔 채 경이의 여지를 남기면서도 그러한 각 장소로 스며들었다. 그가 '장소'라고 부른 것은, 타인과의 만남을 통해 자기 자신을 인식하게 되는 경험 전부였다. 그 인식은 반드시 개별적이고 고유한 개인으로서의 자기라기보다는, 더 큰 인류의 한 조각, 그 씨앗 같은 파편으로서의 자신에 대한 인식이다. 이 인류는 멈추지 않는 시간의 필연성과 씨름하고 있으며, 그 시간의 가장 핵심적 속성은 흘러간다는 것이다. 그것은 바로 지나감의 전형이었다.

그러나 한 장소에 거주할 수 있는 것은 오직 그 장소에 자신이 거주하도록 허용해야만 가능하다. 하지만 한 장소에 거주한다는 것은 이 장소에 속하는 것과 같지 않다. 자기의 출생지가 자신의 나라라는 사실은 하나의 우연이지만, 그렇다고 해서 모든 책임에서 면제되는 것은 아니다.

그런 점에서 출생 그 자체가 숨기는 비밀은 그다지 없다. 출생은 관습, 문화, 전통, 의례, 우리 각자가 뒤집어쓰고 있는 일련의 가면들, 우리가 숭배하는 모든 것에 그것을 이어붙이려는 우리의 모든 시도에도 불구하고 과거의 세계에 대한 허구만을 제공한다.

궁극적으로 특정한 어떤 장소에도 속하지 않는 것, 이것이야말로 '인간의 고유성'이다. 인간은 다른 생명체들과 다른 종들의 복합체이며, 모든 장소에 함께 속해 있기 때문이다.

한 곳에서 다른 곳으로 끊임없이 이동하는 법을 배우는 것은 어쨌든 인간의 운명이기 때문에 인간의 과제가 되어야 한다.

그러나 한 장소에서 다른 장소로 이동한다는 것은 또한 각각의 장소와 연대와 거리감이라는 이중적 관계를 엮는 것을 의미하기도 한다. 현존과 간격, 연대와 거리감의 경험, 하지만 결코 무관심은 아닌 이 경험을 통행자의 윤리라고 부르자.

이는 오직 한 장소에서 거리를 두었을 때만 그 장소에 더 나은 이름을 붙이고 더 잘 거주할 수 있다고 말하는 윤리다.

자유롭게 머무르고 이동할 수 있다는 것은 **세계를 공유하는 것**, 에두아르 글리상이 '세계적 관계relation mondiale'라고 부른 것의 필수조건이 아닐까? 출생, 국적, 시민권이라는 우연을 넘어선 인간은 어떤 모습일까?

이 모든 질문에 대해 일일이 답하는 대신, 앞으로 다가올 사유는 필연적으로 통과, 횡단, 순환에 관한 사유가 될 것임을 관찰하는 것으로 충분하다. 이것은 흐르는 삶, 지나가는 삶에 관한 사유가 될 것이고, 이를 하나의 사건으로 번역하려고 애쓰는 삶을 사유하는 것이 될 것이다. 이는 과잉excès의 사유가 아니라 잉여excédent의 사유, 즉 가격이 없기 때문에[값을 매길 수 없기에] 희생, 소비, 상실에서 벗어나야만 하는 사유가 될 것이다.[1]

그러한 사유를 전개하기 위해서는, 세계에 많은 것을 주었고 그 대가로—종종 힘과 책략으로— 많은 것을 빼앗아간 유럽이 더 이상 그 세계의 중심축 아니라는 점을 인정해야 한다. 이제 우리가 여기에서 직면하는 문제들에 대한 해결책을 더 이상 저기에서 찾을 필요가 없다. 더 이상 유럽은 세계의 약국이 아니다.

하지만 유럽이 더 이상 세계의 중심축이 아니라고 말하는 것이 곧 유럽의 아카이브가 소진되었다는 뜻일까? 그렇다면 애초에 이 아카이브는 단지 하나의 특수한 역사의 산물에 불과했던 것이 아니었던가? 유럽의 역사는 수세기에 걸쳐 세계의 역사와 뒤섞였고, 다시 세계의 역사는 유럽의 역사와 뒤섞여왔기 때문에, 이 아카이브는 유럽만의 것이 아니지 않은가?

세계에는 더 이상 하나의 약국만 있는 것이 아니기 때문에, 욕망 없는 관계와 증오 사회의 위험에서 벗어나려면, 이제 진정으로 세계의 모든 다발faisceaux에 거주해야 한다. 복수의 장소에서 출발해, 우리 모두가 권리의 당사자이므로 가능한 한 책임감 있게 그것들을 횡단해야 하며, 동시에 전적인 자유의 관계 속에서 필요할 때에는 거리를 두어야 한다.

번역뿐만 아니라 갈등과 오해를 수반하는 이 과정에서, 몇 가지 의문들은 저절로 해소될 것이다. 그런 다음 상대적으로 명확한 상태에서, 완전한 보편성의 가능성은 아니더라도 적어도 지구를 우리 모두

---

1   옮긴이주. 과잉의 경우 끊임없는 소비 경제에 종속되며 소모되거나 희생되는 것과 연결된다면, 잉여는 값을 매길 수 없을 정도로 넘쳐흐르는 여분의 것이다. 음벰베는 소비로 전락되는 과잉의 경제에서 벗어나 잉여의 사유로의 이행을 제시하며, 기존 질서로 환원될 수 없는 역량에 주목한다.

에게 공동적인 것으로, 우리의 공동 조건으로 여기는 생각에서 비롯된 요구들이 나타날 것이다.

이것이 프란츠 파농을 읽고 무사히 [아무런 영향 없이] 빠져나오는 것이 거의 불가능한 이유 중 하나다. 그의 목소리, 글쓰기, 리듬, 언어, 공명, 경련, 수축, 그리고 무엇보다도 그의 호흡에 사로잡히지 않고 그를 읽기가 어렵다.

지구의 시대에 우리는 끊임없이 뚫고, 관통하고, 송곳처럼 파고드는 언어, 스스로를 투사체projectile로 만들 줄 아는 언어, 일종의 절대적 충만함, 현실을 끊임없이 두드리는 의지로 만드는 방법을 아는 언어가 사실상 필요로 할 것이다. 그 기능은 자물쇠를 폭파하는 데 그치지 않고, 우리를 노리고 있는 재난으로부터 생명을 구하는 데도 있을 것이다.

이 지구적 언어의 각 파편은 몸, 살, 피부 및 신경의 역설에 뿌리내릴 것이다. 고착, 감금, 질식의 위협, 분열과 절단의 위협에서 벗어나려면, 언어와 글쓰기는 바깥의 무한을 향해 끊임없이 자신을 투사해야 하며, 예속된 사람과 그의 근육, 폐, 심장, 목, 간, 비장으로 이루어진 몸을 질식시키려는 올가미를 풀어내기 위해 스스로 일어서야 한다. 그것은 불명예스러워진 몸, 수많은 절개로 이루어진 몸, 잘려 나갈 수 있고 분할될 수 있는 몸, 스스로와 싸우는 몸, 하나의 몸 안에서 서로 충돌하는 여러 개의 몸이다. 한쪽에는 적대의 몸, 끔찍한 짐이자 불명예로 짓눌린 혐오스러운 가짜 몸이 있고, 다른 한쪽에는 타인에게 도둑맞고, 훼손되고, 혐오당한 몸이 있다. 우리가 해야 할 일은 바로 이 후자의 몸을 문자 그대로 되살리는 것이다. 이는 진정한 창세의 행위이다.

다시 생명을 얻은, 식민화된 존재의 타락한 신체와 다른 이 새로운 몸은, 새로운 공동체의 일원이 되도록 초대될 것이다. 자신의 계획대로 펼쳐져, 이제 그는 앞으로 다른 몸들과 함께 걸어갈 것이며, 그렇게 함으로써 세상을 다시 창조할 것이다.

이것이 바로 우리가 파농과 함께 다음과 같이 마지막 기도를 드리는 이유이다.

"오, 내 몸이여, 나를 항상 질문하는 사람으로 만들어주소서!"[2]

---

2 Frantz Fanon, *Peau noire, masques blancs, op. cit.*, p. 251 [프란츠 파농,《검은 피부, 하얀 가면》, 노서경 옮김, 문학동네, 2022].

해제

죽음정치:
민주주의와 증오의 정치에 관하여

《죽음정치Politiques de l'inimitié》의 저자 아쉴 음벰베Achille Mbembe(1957~)는 카메룬 오텔레에서 태어난 역사학자이자 정치철학자로, 탈식민주의 이론과 비판이론, 그리고 생명정치 담론을 확장한 동시대의 대표적 사상가이다. 그는 프랑스 파리 소르본대학교에서 역사학 박사학위를 취득하고, 파리정치대학에서 정치학 고등연구과정을 수료했다. 이후 컬럼비아대학교 역사학 조교수(1988~1991), 브루킹스연구소 선임연구원(1991~1992), 펜실베이니아대학교 조교수(1992~1996)로 재직했다. 1996년부터 2000년까지는 세네갈 다카르의 아프리카 사회과학 연구 이사회CODESRIA 사무총장으로 활동했다. 현재는 남아프리카공화국 요하네스버그 비트바테르스란트대학교 사회경제연구소WISER 연구교수로 재직 중이다. 듀크대학교 프랭클린 인문학연구소의 정기 방문교수로도 초청받고 있다. 그는 하버드대학교, 예일대학교, 프린스턴대학교 등 주요 연구기관에서도 강의와 세미나를 이어가며 국제 학술 교류의 중심에서 활발히 활동하고 있으며, 학술지 《퍼블릭 컬처Public Culture》의 편집위원으로도 참여하고 있다.

음벰베의 연구는 주로 식민주의의 유산, 주권 권력, 폭력, 그리고 생명과 죽음의 정치를 중심으로 전개된다. 《죽음정치》 이전의 저작인 《포스트식민성에 대하여De la postcolonie》(2000)는 아프리카의 탈식민적 상황을 권력, 주체성, 역사적 기억의 관점에서 분석한 선구적 저술로, 이후 포스트식민 연구와 인류학, 정치철학 전반에 지대한 영향을 끼쳤다. 특히 《네그르 이성 비판Critique de la raison nègre》(2013)에 관해, 카리브 흑인성과 탈식민주의를 연구하는 영국의 사회학자이자 문화 연구자인 폴 길로이는 "남반구의 곤경에서 길어 올린 소중한 지혜의 파편들로 울림"으로 찬사하며, "인종주의와 흑인 사유의 얽힌 계보를 노예 수용소와 노예선에서 시작해 수많은 봉기와 탈식민화의 뒤얽힌 장치들을 거쳐, 오늘날의 암울하고 절망적인 상황까지 추적"한다는 점을 높이 산다. 인도의 역사학자 디페시 차크라바르티 Dipesh Chakrabarty 역시 "제국, 인종, 노예제, 흑인성, 해방을 아우르는 방대한 아카이브를 면밀히 탐사하는 음벰베의 여정은 근대성의 기원과 본질, 그리고 세계 자본주의의 동시대적 변형을 깊이 성찰"하게 한다고 평가한다. 《브루탈리즘Brutalisme》(2020), 《지구적 공동체The Earthly Community》(2022/2023)에서는 자본주의와 기후위기를 사유하면서 지구적 공동체의 조건을 탐색하며 인류세와 포스트휴먼 사유에 이르는 이론의 지평을 확장하고 있다.

음벰베의 이론은 포스트식민 담론, 아프리카학, 정치철학, 국제관계학뿐 아니라 문화 연구, 젠더 이론, 퀴어 연구, 환경 인문학, 예술 이론 등 다양한 분야에서 폭넓게 인용된다. 또한 그의 작업은 학문적 영역을 넘어 정치적·사회적 현실을 분석하는 데에도 중요한 이론적 자원이 되어왔다.

음벰베의 학술적 기여는 국제적으로도 높이 평가되어 게슈비스터-숄상Geschwister-Scholl-Preis(2015), 에른스트 블로흐상Ernst Bloch Prize(2018), 게르다 헨켈상Gerda Henkel Prize(2018), 홀베르그상Holberg Prize(2024), 스피노잘렌스Spinozalens(2025) 등을 수상했다. 미국 예술과학 아카데미American Academy of Arts and Sciences 국제회원(2017)이며, 파리 제8대학교와 루뱅 가톨릭대학교에서 명예 박사 학위를 수여받았고, 쾰른대학교의 알베르투스 마그누스 교수직Albertus Magnus Chair(2019) 등을 역임했다.

생명정치, 그리고 죽음정치

음벰베의 죽음정치necropolitics에 대한 이해는 미셸 푸코의 생명정치에 관한 탈식민적 맥락의 비판적 독해와 확장에서 출발한다. 푸코는 1977년부터 '영토 국가état territorial'에서 '인구 국가état de population'로의 이행을 분석하는데, 이 과정에서 생물학적 의미의 생명과 주권 souveraineté, 새로운 권력의 양상에서 보이는 국민 건강의 중요성을 강조하는 바가 급증하는 상황과 그 변화의 추이에 주목한다. 그러나 이때 푸코는 근대 국가의 권력을 주로 프랑스와 유럽의 맥락에서만 분석했을 뿐, 식민지와 인종주의가 권력이 작동하는 데 어떤 구조적 역할을 했는지에 관해서는 충분히 논의하지 않는다. 푸코는 주권의 변화를 생명권력biopouvoir이라는 개념으로 제시하는데, 주권자가 신민을 '죽게 만들거나 살게 내버려두는 권리'인 고전적 주권 이론에서의 생살여탈권[1]과 달리, 생명권력은 "살게 만들고 '죽게' 내버려두는 권력"이다.[2] 생명권력에서 생명은 죽음의 한계와 죽음의 윤곽선을 그리는 핵심을 차지하며, 살아있는 인간이자 정확히 말해 '인간-종homme-espèce'인 인구를 의미한다. 인구로서 생명은 "생명에 고유한 과정 전체, 탄생, 죽음, 출산, 질병 등으로서의 과정에 영향을 받는 거대한 대중을 형성하는 인간"이다.[3] 이러한 인간의 생명은 온전히 개인에도, 사회에도 속하지 않으며, 집단의 관점에서 최적화된 종으로서의 생명이며, 생명정치는 인간-종인 인구를 통치하는 바에 있다.

'인구'는 개별적 차원에서라면 예측 불가능하고 우발적인 사건들을 집단적 수준의 생명으로 파악하고 일정한 상수로 제시한다. 생명권력의 기술은 인간-종의 삶 전반을 관리하면서 "탄생과 사망의 비율, 출산율, 인구의 번식력 등과 같은 과정 전체"에 개입하고,[4] 이를 통제한다. 생명권력은 출생률과 사망률, 건강 수준, 수명을 통계 내며 직접적으로 인구를 조절한다. 그렇다면 생명정치의 최종 목표는 무엇인가? 바로 "인구의 조건 개선, 인구의 부, 수명, 건강 증진"과 그에 따른 효율성의 증대이다.[5] 생명정치에서 탄생과 사망의 비율, 출

---

1 신민은 '주권자의 의지와 효과에 의해서만 삶과 죽음에 대한 권리'를 가질 수 있다. 물론 권리는 주권자가 신민을 '살게 만들' 수는 없고 '죽게 만들' 수만 있다는 점에서 근본적으로 비대칭적이다. 즉, 고전적 주권 이론의 생살여탈권은 '죽게 만들 수 있는 권리'를 의미한다.
2 미셸 푸코,《사회를 보호해야 한다》, 김상운 옮김, 난장, 2018, 288~289쪽.
3 앞의 책, 291쪽.
4 앞의 책, 291쪽.
5 미셸 푸코,《안전, 영토, 인구》, 오트르망 옮김, 난장, 2011, 159쪽.

산율, 인구의 번식력은 통치의 핵심으로, 생명권력은 조절 메커니즘의 통치술로 개별적인 현상이나 한 개인이 아니라 인구로서 인간을 살게 만들거나 죽게 내버려둔다.[6]

그러나 음벰베는 '살게 만드는' 생명정치로의 변화와 생명권력의 통치술이 서구 근대 국가의 통치성인 주권 권력 분석에는 유효하나, 서구 유럽 중심적 한계가 있음을 짚는다. 근대 식민주의와 제국주의의 맥락에서 살게 하고 죽게 내버려두는 푸코의 생명권력이 위협적 타자를 설정하고 그 타자의 절멸을 목적으로 삼는 증오와 전쟁, 그리고 민주주의 위기를 설명하기에 충분하지 않다는 것이다. 동시대의 정치에서 목격할 수 있듯, 권력은 단순히 생명을 관리하고 죽음을 방치하는 데 그치지 않는다. 음벰베에 따르면 오히려 끊임없이 적대적 타자를 상상 속에서 창출하고, 그들을 절멸의 대상으로 삼으며, 죽음을 조직적으로 배치하는 것이 근대 이후 정치의 핵심이라는 것이다.

음벰베는 "주권자란 예외상태에 관하여 결정하는 자이다"[7]라는 주권에 대한 카를 슈미트의 정의에 착목하고 조르조 아감벤이 발전시킨 법을 중지시키는 예외상태 개념으로 주권과 죽음의 관계를 분석한다. 예외상태 개념은 흔히 나치즘, 전체주의, 절멸수용소와의 관계

---

[6] 규율권력은 개별 신체에 집중하여 신체들을 분리, 정렬, 계열, 감시하여 개별 신체의 공간적 배분과 개별 신체들의 주변에서 가시성의 모든 장의 조직화를 보장하는 모든 절차로 등장한다. 물론 생명권력의 기술은 규율권력의 기술을 배제하지는 않는다. 중요한 점은 생명권력의 기술이 변형을 동반하는 새로운 방식이며, 무엇보다도 개별 신체가 아니라 인간의 생명이자 인구인 인간-종을 겨냥한다는 점에 있다.

[7] 칼 슈미트,《정치신학》, 김항 옮김, 그린비, 2010.

속에서 논의되나, 아감벤에게 수용소는 수용자들이 정치적 지위를 박탈당하고 그들을 '벌거벗은 생명'으로 환원시키는 지구상에 나타난 가장 절대적인 '비인간적 조건'이 실현된 장소이다.[8] 예외상태는 단순한 법의 중지가 아니라, 법의 외부인 무법無法을 내부화하여 통치 기술로 자리 잡는다. 음벰베가 아감벤의 예외상태에 주목하는 이유는 수용소의 정치적·법률적 구조 속에서 예외상태가 법률 질서의 일시적 중단에 머무르지 않고, 오히려 법률의 정상적 상태 외부에 항구적으로 잔존하며 하나의 통치 장치로 제도화된 외부가 되기 때문이다.

죽음정치에서 음벰베는 제국과 식민지의 시공간으로 거슬러 올라가, 주권과 예외상태의 관계를 살펴 식민지로 대표되는 예외상태가 항구적 통치의 기술이 되어 서구 사회 내부에서 작동하게 되는 궤적을 추적한다. 식민지는 예외상태의 전형적 공간으로, 법적 규범이 작동하지 않는 무법 상태에서 주권이 절대적 권력을 행사하는 곳이다. 다시 말해 식민주의와 인종주의 체제에서 주권은 단순히 예외를 결정하는 것이 아니라, 죽음을 조직적으로 배치하는 권력이다. 음벰베는 이러한 맥락에서 주권이 근대적 통치에서 어떻게 죽음을 조직하는지를 그려내며, 식민지와 플랜테이션, 그리고 아파르트헤이트 사회를 분석의 사례로 제시한다.

음벰베는 예외상태에 대한 결정권으로 주권을 제시한 슈미트, 그리고 주권에 의한 예외상태를 통해 생명을 정치적 지위를 상실한 '벌

---

[8] 조르조 아감벤, 《호모 사케르》, 박진우 옮김, 새물결, 2007.

거벗은 생명'으로 환원한다는 아감벤의 논의를 따른다. 그러나 두 이론의 서구 중심적 한계를 넘어 아프리카의 식민 경험과 인종주의, 그리고 탈식민적 맥락으로 그 논의를 확장하여 주권이 죽음을 정치적 관리와 분할의 중심 기제로 행사함을 제시하는 것이다. 음벰베에 따르면 식민지 지배 권력은 지배받는 존재를 관리 가능한 '생명'으로 다루지 않았다. 오히려 그들을 언제든 죽일 수 있는 존재, 곧 죽음에 내맡겨진 집단으로 만들었다. 동시대 내전, 군사 점령지, 난민 수용소는 이러한 식민적 죽음정치의 연속선상에 있다는 것이다. 이러한 상황에서 주권은 단순히 법을 중지시키거나 생명을 벌거벗은 상태로 만드는 데 그치지 않고, 누가 죽어야 하고 누가 살아야 하는지를 적극적으로 판정하고 배치하는 권력이 된다. 죽음은 더 이상 단순한 종말이나 예외적 상황이 아니라, 통치의 일상적 기제로 작동한다.

음벰베는 또한 푸코의 생명권력을 인종주의와 연결시켜 나노인종주의로 확장한다. 푸코를 따르자면 근대 국가의 살해 기능은 인종주의를 통해 정당화된다. 인종적 구분은 어떤 집단의 죽음을 용인하게 하는 조건으로 기능했고, 나치 국가의 경우 전쟁과 정치가 구별 불가능할 정도로 결합되었다. 음벰베는 이 지점을 조명하여 근대성 자체가 타자의 존재를 치명적 위험으로 지각하는 상상적 구조를 지니고 있으며, 근대적 주권은 본질적으로 '살기 위해 죽이는 권력'으로 구성되어 있다고 제시한다. 가스실과 시체 소각장 같은 절멸수용소의 메커니즘은 식민지적 폭력, 산업혁명 이후의 도구적 합리성과 관리적 합리성의 결합 위에서 가능해진 것이다. 그 결과 식민지와 플랜테이션 체제, 아파르트헤이트 사회 등은 모두 생명권력, 예외상태, 포위상태가 결합된 죽음정치의 장으로 나타난다. 이러한 맥락에서 '평화'는 곧 '끝없는 전쟁'을 의미하게 되며, 법적 질서와 정치적 합의라는 근대적 이상은 사실상 죽음의 조직과 관리라는 이면을 감춘 것에 불과한 것으로 판명난다.

음벰베의 죽음정치는 근대성의 철학적 기획과 그 형이상학을 비판한다. 근대 국가의 기틀로 강조되는 합리적 이성과 자유로운 주체의 보편성이 실제로는 죽음, 그리고 정념과 불가분하게 얽혀 있다는 것이다. 이러한 음벰베의 분석은 주체의 성립을 죽음과의 대면 속에서 찾아낸 헤겔 철학의 지형에서 정치를 인간의 생을 사는 죽음으로 이해하면서, 더 나아가 조르주 바타유를 관통해 죽음, 주권, 주체의 관계를 전복적으로 읽어내기에 이른다. 바타유에게 주권은 단순히 정치 권력이 아니라, 효용성과 노동의 질서에서 벗어난 자유로운 순간과 관련한다. 낭비, 향락, 희생과 같은 행위가 일으키는 존재 초과가 주권적 삶을 경험케 한다는 것이다. 자기보존에 봉사하지 않고, 존재 전체를 소모하는 절대적 낭비인 죽음은 주권의 궁극적 형식으로 기능한다.[9] 희생 제의에서 목격되듯이, 죽음은 공동체적 차원에서 신성sacré을 드러내고, 효용적 질서를 중단시키며, 공동체를 재구성하는 계기를 마련한다.

이러한 바타유의 사유에서 출발해 음벰베는 헤겔로부터 죽음과 주체의 관계를 넘어서는 방향을 제시한다. 정치가 이성의 행사라기보다 정념의 작동을 필연적으로 동반할 뿐 아니라 죽음의 작용을 배

---

[9] 조르주 바타유, 《저주받은 몫》, 최정우 옮김, 문학동네, 2022.

치하는 방식으로 이해되어야 한다는 것이다. 이것이 바로 음벰베가 제안하는 죽음정치의 핵심이다. 죽음정치는 푸코의 생명권력이 설명하지 않는 혹은 설명할 수 없는 절멸과 파괴, 테러와 공포를 배치하는 동시대적 주권의 작동을 비추는 개념으로 자리 잡는다.

이 책의 구성

한국어판 《죽음정치: 증오의 정치에 관하여》는 서론, 네 개의 장과 결론으로 구성된 프랑스어판 《증오의 정치 Politiques de l'inimitié》(2016)를 우리말로 옮긴 것이다. 다만 저자의 요청에 따라 영문 논문인 〈죽음정치 Necropolitics〉[10]를 프랑스어판 2장 다음인 3장에 배치했고, 3장과 4장을 각각 4장과 5장으로 바꾸어 한국어판으로 출간하였다.

이 책의 주요한 내용을 장별로 정리하면 다음과 같다. 1장 〈민주주의로부터의 이탈〉에서 음벰베는 오늘날 민주주의의 위기를 근대 민주주의의 기원과 그 조건 속에서 추적한다. 근대 민주주의는 제국 열강의 식민화 정책, 즉 인구의 재배치와 재인구화를 통해서만 성립할 수 있었으며, 그 점에서 동류 중심의 체제였다. 그러나 민주주의는 언제나 그 내부에 배제된 타자들을 포함하고 있었다. 난민, 이주민, 노예, 잉여 인구, 그리고 권리 없는 생명, 곧 조에 zoē라 불리는 존재들이 그것이다. 이들은 언제든 권리를 박탈당할 수 있는 불안정한 생명

---

10   Achille Mbembe, "Necropolitics", *Public Culture*, vol.15, no.1, 2003.

으로, 민주주의의 포용은 곧 배제를 전제로 하는 이중 구조임을 드러 낸다. 따라서 '보편적 민주주의'라는 이상은 처음부터 실현 불가능한 환상일 뿐이다.

음벰베가 강조하는 것은 민주주의가 언제나 이러한 배제를 통해서만 작동해왔다는 점이다. 오늘날 민주주의가 직면한 위기는 바로 이 구조의 연속선상에서 발생한다. 국경은 차단과 배제의 선으로 기능하고, 시민권은 순혈주의를 기준으로 분리되고 차등화되면서, 평등의 원칙이 근본적으로 붕괴한다. 민주주의는 내부의 배제뿐 아니라 전쟁과도 결부되는데, 전쟁은 더 이상 예외적 사건이 아니라 성스러운 의례처럼 일상적 원리로 자리 잡아 민주주의를 병들게 한다. 보호의 얼굴을 한 전쟁은 민주주의의 본래 토대를 갉아먹으며, 자유민주주의 국가들을 오히려 민주주의로부터 퇴장하도록 압박한다. 그 결과 오늘날 세계는 자기 자신 외에는 아무것도 중요하지 않다고 간주하는 새로운 조건 속에 놓이게 된다.

2장 〈증오의 사회〉는 민주주의와 증오의 구조적 관계를 본격적으로 탐구한다. 민주주의는 보편성을 내세우면서도 실제로는 끊임없이 적을 만들어내는 체제였다는 것이다. 이 적은 단순한 경쟁자가 아니라 존재 자체를 부정하는 실존적 적대자로 규정되며, 사회는 불안한 대상을 상상적으로 생산한다. 과거의 유대인과 멸칭인 '네그르'로 불린 흑인이 그러했다면, 이제 무슬림, 난민, 외국인이 그 자리를 대신한다. 이 논의는 역사적 지평과 공간적 사례로 확장되어 이스라엘-팔레스타인 점령지, 남아프리카공화국의 아파르트헤이트, 유럽 식민주의가 만들어낸 장치들을 집중적으로 다룬다. 특히 이스라엘의 팔레스타인 점령은 장벽, 검문소, 봉쇄, 표적 살해와 같은 첨단의 통제 기술들로 죽음정치를 작동시키면서 삶 전체를 해체하는 폭력이 실행되는 구체적 실험실이 되어버렸다. 이는 아파르트헤이트와 유사하지만 훨씬 더 세밀하고 치명적인 방식으로 팔레스타인의 삶을 폐허로 만든다. 나아가 분리 기획은 선주민으로 하여금 심리적으로 병리적 상태로 몰아세우는 근대 식민지의 원칙을 계승한다. 제국의 지배는 선주민에게 인간적 자아와 왜곡된 이미지 사이에서의 분열을 강요했다. 이는 제국의 절멸 기획과 그에 따른 불안의 산물이자 증오를 재생산하는 메커니즘이었다.

결국 증오의 사회에서 적은 그 부재조차 트라우마로 경험되며, 적을 설정하고 제거하는 행위가 사회적 통과의례로 자리한다. 음벰베는 "정치는 친구와 적의 구별"이라는 카를 슈미트의 정의를 되새기면서, 오늘날 적이 얼굴과 이름조차 없는 편재적 존재로 나타남을 지적한다. 이러한 상황에서 증오와 적대는 단순한 정서가 아니라 민주주의 자체를 규정하는 구조적 힘이다. 음벰베는 이를 통해 분리의 현대적 기획이 단순한 배제가 아니라, 타자를 절멸의 위협에 노출시키는 불안의 구조임을 드러낸다. 중요한 것은, 적대의 대상은 실제로 존재하지 않음에도, 상상적 환영으로 끊임없이 재생산되며, 나노인종주의의 실행으로 구체화된다는 점이다.

3장 〈죽음정치〉는 푸코의 생명정치를 넘어서는 죽음정치 개념을 정식화하는 데 초점이 맞춰져 있다. 음벰베는 식민주의와 동시대 전쟁의 맥락을 통해 권력이 무엇보다 죽음을 조직하고 분배하는 힘이라는 사실을 강조한다. 다시 말해, 누가 살아야 하고 누가 죽어도 되는지를 결정하는 권력, 그리고 특정 집단을 '살 가치가 없는 삶'으로 규정하여 살아있는 동안에도 '이미 죽은 자처럼' 취급하는 권력이 오늘날 정치의 실질적 토대라는 것이다. 죽음정치는 단순한 살해 행위를 넘어, 집단을 '죽음으로 내모는 조건'을 제도적으로 창출한다. 난민 수용소, 점령지, 수용소, 봉쇄 지역은 대표적인 사례로, 이곳에서 사람들은 법적 권리 없이 죽을 수밖에 없는 상태에 놓인다. 주권은 더 이상 생명을 보호하는 기제로 기능하지 않고, 오히려 죽음을 관리하고 분배하는 기술이 된다. 음벰베는 이러한 권력 기술을 식민지의 역사적 맥락 속에서 추적한다. 제국의 지배자는 선주민을 공동체의 외부로 배제하며, 식민지는 예외상태가 제도화된 공간으로 자리한다. 이곳에서 법과 규범은 중지되고, 폭력은 합법적으로 작동한다. 따라서 식민지 주민은 언제든 학살, 추방, 수용소의 수용 대상이 되는데, 특히 수용소는 단순히 지리적 배치가 아니라 인간을 '산송장'으로 만드는 기술이다.

음벰베는 자살 공격 또한 죽음정치의 산물로 해석한다. 자살 폭탄 테러리스트는 자신의 삶을 파괴함으로써 동시에 타자의 삶을 파괴한다. 자살 공격은 죽음권력이 만들어낸 조건 속에서 나타나는 '반전된 정치적 행위'이다. 자살 테러리스트는 자신을 파괴함으로써 적과의 관계를 단절하고, 주권적 권력이 강제하는 삶-죽음의 분배 질서에 저항한다. 그러나 동시에 그는 오직 죽음을 통해서만 정치적 주체가 될 수 있다는 점에서, 죽음권력이 설정한 조건을 극복하지 못한 채 그 극단적 표현을 보여준다. 죽음정치는 특정한 시공간에 한정되지 않고, 근대 정치의 본질을 드러내는 구조로 작동한다. 식민지는 예외적 공간이 아니라 근대 권력의 거울이며, 죽음정치는 민주주의와 자유의 언어를 표방하는 체제 내부에서도 끊임없이 작동한다. 냉전 이후 세계화와 신자유주의, 그리고 '테러와의 전쟁'은 죽음정치적 조건을 전 지구적으로 확산시켰다. 난민 수용소, 수용소, 교도소, 드론 폭격, 국경 장벽은 모두 동시대 죽음정치의 징후다. 오늘날 자유와 민주주의를 내세우는 국가들조차 식민지적 죽음의 기술을 내면화하고 재생산하고 있다는 것이다.

4장 〈파농의 약국〉에서 음벰베는 민주주의의 기원을 추적하며, 노예제, 식민주의, 제국주의를 민주주의 바깥의 예외적 조건이 아니라 민주주의 자체를 가능하게 한 토대로 제시한다. 억압과 배제는 민주주의의 거울이자 그 내부에 내전적 균열을 각인한 흔적이다. 따라서 오늘날 테러와 반反테러의 관계 역시 외부 위협의 문제가 아니라, 민주주의가 자기 자신과 맺는 내적 적대 구조의 표현이라는 점에서 이해된다. 음벰베는 민주주의가 폭력을 배제한 적이 없으며, 오히려 폭력과 공모함으로써 작동해왔다는 점을 강조한다. 이 지점에서 그는 프란츠 파농의 문제의식을 적극적으로 도입한다. 파농에게 탈식민화는 단순한 제도 개혁이 아니라 운동이자 폭력을 동반한 작업이다. 특히 파농은 폭력을 단순한 파괴의 원리로만 보지 않고, 파괴와 창조, 삶의 원리 사이의 긴장 속에서 사유한다. 물론 무질서와 혼돈을 반복적으로 제도화하는 폭력은 새로운 가능성을 열지 못한다. 파농에게 폭력이 창조적일 수 있는 것은 그것이 식민 권력의 질서를 무력화하고 피식민자가 자기 삶의 형식을 다시 창조할 수 있도록 열어줄 때뿐이다. 따라서 폭력은 구원의 잠재성과 동시에 파괴의 위험을 항상 내포한다.

음벰베는 20세기의 전쟁 경험을 통해, 앞서 서술한 파괴와 창조라는 긴장을 지닌 폭력의 양가성 중 파괴를 드러낸다. 제1차 세계대전은 전쟁법이라는 문명적 규범을 붕괴시켰고, 식민주의, 파시즘, 나치즘은 사회 전체를 병리적으로 잠식했다. 특히 수용소는 나치 이전에도 이미 쿠바, 필리핀, 남아프리카공화국 등 제국주의 전쟁에서 등장했으며, 그것은 단순한 적의 격리가 아니라 인간을 분할하고 제거하는 제국주의적 통치 논리의 핵심 장치였다. 파농은 알제리 전쟁에서 이를 직접 목격하고, 수용소 체제가 광기와 집단학살 충동을 낳는 토양임을 분석한 바 있다.

또한 음벰베는 파농의 인종주의 분석을 따라, 인종주의가 단순한 편견이 아니라 구조적이고 유연한 체계임을 확인한다. 인종주의는 두개골 측정이나 피부색 비교와 같은 원초적·생물학적 차원뿐 아니라, 언어, 복식, 섹슈얼리티 등 삶의 양식을 공격하고 이국화하는 문화적 차원으로 나타난다. 특히 문화적 인종주의의 과정에서 주체는 자신의 불안과 수치심을 타자에게 전가한다. 인종주의자는 단순히 혐오하는 자가 아니라 공포에 사로잡힌 자로, 흑인에게 네그르라는 가면을 씌워 그를 과잉의 성적 잠재력을 지닌 존재로 환상화한다. 그 결과 흑인은 인종주의적 상상계 속에서 거대한 네그르 팔루스로 동일시되며, 동시에 두려움과 매혹의 대상이 된다.

인종주의는 단순한 차별 감정을 넘어 사회 전체를 광기로 몰아넣는다. 인종화된 주체는 언제나 타자의 자리에서 자기 존재를 증명해야 하며, 그 과정에서 자기혐오와 분열, 사물화를 경험한다. 타자는 언제나 거부될 위험 속에서 불안정한 위치를 가지며, 은폐와 가장의 전략을 취할 수밖에 없다. 이 지점에서 음벰베에게 파농의 통찰은, 폭력이 단순한 파괴가 아니라 억압과 재현의 구조를 깨뜨리고 주체가 세계 속으로 새롭게 등장하게 만드는 창조적 조건임을 드러낸다. 폭력은 피식민자의 분노와 살해 충동을 정치적 에너지로 전환시키며, 새로운 인간성과 공동체의 탄생을 가능하게 한다. 그러나 이 폭력은 언제나 광기와 파괴의 위험을 동반한다는 점에서, 그 양가성을 벗어날 수 없는 정치적 역학으로 남는다.

5장 〈숨 막히는 한낮〉에서 음벰베는 파농이 말한 '다가올 아프리카'라는 물음을 출발점으로 삼아, 탈식민 아프리카가 여전히 식민주의의 유령과 민족 부르주아의 약탈로 가득 찬 모순의 공간이었음을 분석한다. 흑인들의 역사는 세계사의 일부이며, 강제이주와 분산의 경험을 통해 근대 세계의 형성에 깊이 관여했지만, 서구 인본주의는 이들을 망령처럼만 표상했다. 에메 세제르와 프란츠 파농은 인본주의가 식민주의와 인종주의와 얽힌 채 타자를 사물화한다고 비판했고, 이에 대한 응답으로 아프리카 중심주의와 아프로퓨처리즘은 서로 다른 방식으로 새로운 길을 모색했다. 특히 아프로퓨처리즘은 인간과 비인간의 경계를 넘어 흑인의 사물화 경험을 미래적 인간성의 예언적 표식으로 전환한다.

음벰베는 '제로 세계'라는 개념을 통해 노예제, 식민 노동, 광산 채굴의 풍경 속에 드러나는 파괴와 유예된 삶을 묘사한다. 이러한 기억은 박물관적 전시의 틀 속에 포섭될 수 없으며, 오직 '안티박물관'이라는 유령적 출현을 통해서만 보존될 수 있다. 아카이브는 단일한 기억의 저장소가 아니라 균열과 그림자의 장치로 작동하며, 특히 네그레스(흑인 여성)의 신체 이미지는 응시와 욕망의 전복을 통해 아카이브를 무력화하고 재구성한다. 파농에게 인간성은 타자의 얼굴과의 만남, 상호 취약성의 인정 속에서만 생성되며, 식민주의와 노예제는 이 인간성을 환각적 울부짖음으로 변형시켰다.

마지막으로 음벰베는 자본주의와 애니미즘의 융합을 지적한다. 신자유주의는 인간을 코드와 흐름으로 환원하며, 과거 네그르에게만 국한되던 사물화의 조건이 이제 전 인류에게 보편화되고 있다. 그 결과 '심층의 네그르'는 잉여 인류로 자리 잡으며, 주인 없는 노예와 노예 없는 주인의 시대가 도래한다. 이러한 과정 속에서 민주주의는 기억과 언어의 물질성을 상실한 채 위기에 빠지고, 음벰베는 결국 새로운 윤리적·정치적 사유 없이는 민주주의와 인간성의 미래를 보장할 수 없다고 결론짓는다. 여기서 새로운 사유란 취약성과 돌봄, 그리고 말의 물질성에 대한 재인식을 기반으로 하는 윤리적, 정치적 전환이다.

파농과 글리상과 더불어:
통행자의 윤리 그리고 죽음정치 이후

음벰베의 죽음정치는 푸코의 생명정치와 아감벤의 예외상태 개념뿐 아니라, 프란츠 파농, 에두아르 글리상 등 탈식민 사상가들의 문제의식을 적극적으로 전유해 구축된 개념이다. 특히 파농이 제기한 폭력의 급진성과 인간 존재의 조건에 대한 분석은 음벰베의 사유에 중요한 토대를 제공한다.

파농은 《검은 피부, 하얀 가면》에서 인종주의와 식민주의가 식민지인의 심리와 일상에 깊이 각인되는 과정을 드러냈으며, 《대지의 저주받은 사람들》에서는 탈식민화가 본질적으로 폭력의 과정임을 강조했다. 그에게 식민지는 철저히 폭력으로 분할된 세계였고, 식민지인은 언제든 죽음에 노출되는 존재였다. 따라서 식민지의 종식은 단순한 제도의 개혁이 아니라 새로운 인간의 탄생을 의미했다. 음벰베는 이러한 통찰을 이어받으면서도, 폭력을 해방의 수단으로만 보지 않고 권력 구조 속에 내재한 장치로 분석한다. 파농에게 병든 인간은 타자와의 교감이 단절된 존재였으며, 인간이 된다는 것은 타자에게 노출됨을 받아들이는 것이다. 음벰베는 이 통찰을 발전시켜, 인류가 공통의 취약성과 유한성 속에서 관계를 맺을 수 있는 잠재성을 탐색한다.

이러한 비전은 글리상의 '전 세계' 개념과 맞닿아 있다. 글리상은 서구 근대가 주장한 '하나의 세계 Le Monde'를 동일성과 보편성을 강요하는 제국적 세계관으로 비판하며, 차이와 다양성이 소거되지 않고 공존하는 탈식민적 세계를 '전 세계'라 칭한다. 전 세계는 단일 중심을 갖지 않고, 혼종과 우연적 만남, 차이 속의 관계가 끊임없이 생성되는 과정적 장이다. 특히 그는 카리브해의 역사적 경험을 토대로, 언어, 문화, 정체성이 억압과 고통 속에서도 새로운 융합을 이루는 크리올화의 개념을 제시한다. 글리상의 이러한 사유는 타인의 고통 곁에 머물며 증언하고 관계를 복원하려는 음벰베의 통행자의 윤리와 맞닿는다.

결국 음벰베의 《죽음정치》는 민주주의의 계보학을 실행하면서, 지리적 범위를 하나의 국가나 민족 단위에 한정하지 않고 행성적 차원의 '공동적인 것'을 제시한다. 이러한 '공동적인 것'은 목적론적이며 발전 지향적 근대의 시간성을 문제 삼고 지층으로 누적되어 비틀리고 퇴적되는 지구행성의 시간성을 드러낸다. 여기에서 우리는 음벰베의 《죽음정치》가 단순히 타자를 포함하는 민주주의의 상을 그려내는 것만이 아니라, 타자와 나를 구별하고 대립하는 체계를 넘어서는 '민주주의'와 그에 도래한 미래, 그 미래가 잠긴 과거, 그리고 이에 맞닿은 동시대의 '죽음정치'를 감각하게 하는 작업임을 알 수 있다.

죽음정치 개념은 이후 다양한 동시대 이론가들에 의해 확장되었다. 자스비어 푸아르Jasbir Puar는 《불구화할 권리The Right to Maim》에서 단순히 죽이거나 살리는 권력의 양분법을 넘어, 신체를 살려두되 불구화하는 권력, 즉 '불구화'를 현대 주권의 기술로 개념화하는데, 이는 죽음과 삶의 경계에서 새로운 관리 장치를 드러내는 개념이다. 로런 벌랜트Lauren Berlant는 국가와 시장 구조가 장기적으로 생산하는 소진과 파괴를 '느린 죽음slow death'으로 명명했는데, 이는 비만, 빈곤, 건강 정치 등 일상적 삶의 영역에서 권력이 어떻게 생명을 침식하는지를 보여준다. 주디스 버틀러Judith Butler 또한 《불확실한 삶》과 《지금은 대체 어떤 세계인가》에서 '어떤 삶이 애도될 수 있는가', 즉 '어떤 존재가 정치적으로 "인간"으로 인정되는가'라는 질문을 통해 죽음정치의 문제를 심화시켰다. 버틀러에게 취약성vulnerability은 약점이 아니라 공동체 형성의 토대이며, 애도 가능성grievability의 불평등은 곧 생명과 죽음의 정치적 분배를 드러낸다.

이처럼 죽음정치는 파농과 글리상의 사유를 매개로 탈식민적 맥락에서 형성된 개념이자, 이후 푸아르, 벌랜트, 버틀러 등 다양한 이론가들에 의해 새로운 방향으로 재해석되며 현재적 의미를 갱신해 왔다. 음벰베의 작업은 단순히 식민주의 분석을 넘어, 행성 시대의 불평등, 데이터 식민주의, 전쟁과 점령, 팬데믹, 기후위기를 사유하는 결정적 전환점이 된다.

죽음정치는 행성 시대의 '인간의 조건'을 성찰하게 하며, 이스라엘의 팔레스타인 점령과 난민 위기, 디지털 감시 사회, 기후위기의 상황 등에서 여전히 긴급하게 요청되는 개념이다. 특히 국경이 강화되고 파시즘의 망령이 떠도는 동시대, 극우 포퓰리즘의 부상과 민주주의의 퇴각을 살피고 행성적 사건으로서의 기후위기 앞에서 '민주주의'에 관해 질문하고 상상하는 데 시의적절한 것이다.

이 책이 번역되어 출간되기까지 수많은 우여곡절이 있었다. 그럼에도 불구하고, 출간을 앞둔 지금의 심정은 다행과 안도의 감정에 가깝다. 서론, 결론, 3장, 4장의 대부분, 5장은 김은주가 번역하고, 1장, 2장, 4장의 일부는 강서진이 초벌 번역하였다. 생을 마음 다해 사랑하며 끝까지 최선을 다하다 지금은 지구 별을 떠난 강서진이 남긴 초벌을 다시 살피고 내가 번역한 장을 합쳐 교정과 수정을 거쳐 완역하였다.

번역의 기간과 과정은 '죽음'이 어떻게 삶을 관통하는가, 그리고 생명은 얼마나 연약하고 또한 뜨거운가를 사유할 수 있는 시간이었다. 이 시간을 지탱할 수 있었던 동력은 초고를 함께 읽어준 사람들과 이 책을 함께 버티어낸 편집자 이정신 선생님 덕분이었다. 책의 번역 출간에 힘을 보태준 도서출판 동녘과 서울시립대학교 인문학연구소에도 감사의 인사를 전한다.

2025년 8월
김은주